ΜΕ ΕΛΠΙΔΑ

ΚΑΙ

ΤΟΛΜΗ

ΜΕ ΕΛΠΙΔΑ

ΚΑΙ

ΤΟΛΜΗ

Απομνημονεύματα σε δίσεχτους καιρούς

Ανάγκης, Πολέμου και Καταστροφής

ΣΠΥΡΟΣ ΓΛΑΡΕΤΑΣ

ΜΕ ΕΛΠΙΔΑ ΚΑΙ ΤΟΛΜΗ

Επιμέλεια από τον Κωνσταντίνο Γλαρέτα
Ανεξάρτητη έκδοση

Για περισσότερες πληροφορίες απευθυνθείτε :
glaretas@gmail.com

ISBN: 979-8-218-43000-9

ΠΡΩΤΗ ΕΚΔΟΣΗ: Μάιος 2024

Στην Ελίνα και τον Σπύρο

Για την επιθυμία τους να γνωρίσουν τον παππού τους

Π Ε Ρ Ι Ε Χ Ο Μ Ε Ν Α

ΕΙΣΑΓΩΓΗ

Αυτή η αυτοβιογραφία αποτελεί μαρτυρία μίας ασυνήθιστης ζωής που βιώθηκε κατά τη διάρκεια μίας ταραχώδους περιόδου στην Ελλάδα. Ξεκινώντας από τις αρχές του 20ου αιώνα, καλύπτει τον Β' Παγκόσμιο Πόλεμο και την γερμανική κατοχή μέχρι τις αρχές του εμφυλίου πολέμου. Τα πρώτα τμήματα, που καλύπτουν τα έτη 1912 έως 1943, γράφτηκαν από τον πατέρα μου το 1985. Για την πιο πρόσφατη περίοδο, από το 1943 έως το 1947, άντλησε υλικό από τις ημερολογιακές του σημειώσεις, γραμμένες την εποχή των γεγονότων.

Σε όλη αυτή την περίοδο, η ζωή του σημαδεύτηκε από αξιοσημείωτη ανθεκτικότητα και θάρρος. Πολέμησε ενεργά ενάντια στην ιταλική εισβολή στην Αλβανία και αργότερα εντάχθηκε στις δυνάμεις της αντίστασης κατά τη διάρκεια της κατοχής στην προσπάθεια του να σώσει γνωστούς του ανθρώπους που τους είχαν απαγάγει οι αντάρτες.

Ταυτόχρονα, βίωσε και βαθιές προσωπικές απώλειες. Ξεκινώντας από τον θάνατο των γονιών του σε νεαρή ηλικία, ακολούθησε η τραγική απώλεια της αδελφής του, και αργότερα των δύο αδελφών του, κατά τη διάρκεια του πολέμου και της γερμανικής κατοχής, αντίστοιχα. Αυτές οι εμπειρίες, χαραγμένες ανεξίτηλα στην ψυχή του, αποτυπώνονται με συγκινητικό τρόπο στα γραπτά του.

Η έλλειψη τυπικής εκπαίδευσης και το μεγάλωμα με συγγενείς δεν εμπόδισαν τον πατέρα μου να επιδιώξει με ακράδαντη θέληση τη γνώση και την προσωπική ανάπτυξη. Η αστείρευτη δίψα του για μάθηση και η διακαής επιθυμία του για πνευματική καλλιέργεια υπήρξαν οι πυξίδες του στη ζωή.

Η απόφαση να δημοσιευθούν τα απομνημονεύματά του μετά τον θάνατό του αποτελεί φόρο τιμής σε έναν άνθρωπο που άφησε ανεξίτηλο στίγμα σε όλους όσους συνάντησε. Το στοχαστικό του πνεύμα, ο μεστός και κρουστός του λόγος διανθισμένος από χιούμορ και η ζεστασιά και το ενδιαφέρον του για όσους τον γνώρισαν, τον έκαναν αγαπητό σε όλους.

Η ιστορία του δεν χρησιμεύει μόνο ως μια συγκινητική υπενθύμιση της ανθρώπινης ικανότητας για ανθεκτικότητα, αλλά και ως έμπνευση για να επιμείνουμε στις προκλήσεις της ζωής, διατηρώντας υψηλά τις θεμελιώδεις αξίες της ανθρωπιάς και της ηθικής ακεραιότητας.

Κωνσταντίνος Γλαρέτας

ΓΕΝΕΑΛΟΓΙΑ

Γεννήθηκα στο Γυμνό Άργους τον Φλεβάρη του 1912, από γονείς γεωργούς. Ήμασταν συνολικά τέσσερα παιδιά, και γεννηθήκαμε: ο Μήτσιος το 1910, η Γιωργίτσα το 1911, εγώ το 1912, και ο Κώστας το 1915.

ΝΙΚΟΛΗΣ ΓΛΑΡΕΤΑΣ

Τον πατέρα μου τον λέγανε Νικολή Γλαρέτα - Κουντουκά το παρατσούκλι - του Μιχάλη και της Σταμάτας, το γένος Δασκαλάκη, τη δε μάνα μου τη λέγανε Πηνελόπη, το γένος Γιαννακοπούλου, και καταγόταν από το Καπαρέλι Αργους.

Πρώτος γνωστός πρόγονός μου ήταν ο Μιχάλης ο Γλαρέτας. Ο προπαπούλης μου ίσως να καταγόταν από το χωριό Γλαρέντζα, κάπου κοντά στην Κυλήνη, και στο Λιόντι που μετώκησε τού δώσαν το όνομα της προέλευσής του, κάτι σύνηθες για τότε. Ο Μιχάλης πάντως ο Γλαρέτας γεννήθηκε στο Λιόντι, είχε δε τρείς αδερφές, που παντρεύτηκαν η μία κάποιον Παπανδριανό, η άλλη κάποιον Δραίνα, η Κολλιό, και η τρίτη πήρε έναν ονόματι Δαρσινό, Ρουμελιώτη το παρατσούκλι.

Ο παππούλης μου λοιπόν, ο Μιχάλης ο Γλαρέτας, παντρεύτηκε τη Σταμάτα Δασκαλάκη, η οποία είχε μία αδερφή, την Παναγούλα, που παντρεύτηκε το Νικολάκη τον Πρέσβελο, από τη Λυρκεία.

Ο Μιχάλης κι η Σταμάτα απόχτησαν ένα μόνο παιδί, τον

πατέρα μου, που πρέπει να γεννήθηκε γύρω στα 1880, ο δε παππούλης μου πέθανε σύντομα μετά απ' αυτό. Η κυρούλα μου ξαναπαντρεύτηκε κάποιον ονόματι Δημήτρη Πιπέρη, που ήταν και κουτσός, ανεπιβεβαίωτες δε φήμες λένε ότι ήταν από Τούρκο πατέρα. Απόχτησαν τέσσερα παιδιά το Βαγγέλη, το Σταύρο, το Γιώργη, και το Θανάση - και δυό κορίτσια, τη Γιαννούλα και τη Ντίνα.

Ο πατέρας μου λοιπόν έμεινε από μικρός ορφανός, και δεν είναι τίποτα γνωστό από την παιδική του ζωή, εκτός - όπως μου έλεγε η θεία μου η Ντίνα - ότι τα Πιπεράκια τον υπεραγαπούσαν, πολύ αργά δε μάθανε - τα ξεναδέρφια του δηλαδή - ότι ο Νικολής ήταν από άλλον πατέρα, και ότι τον λέγανε Γλαρέτα.

Ως στρατιώτης υπηρέτησε στην ανακτορική φρουρά, που σημαίνει ότι είχε μπόι, φημιζόταν δε ως καλός χορευτής, και επίσης ως μανιώδης κυνηγός. Σχετικά μάλιστα με το κυνήγι άκουσα ότι κάποτε παράγγειλε από το βουνό στο μπακάλη του χωριού να του στείλει σκαγιομπάρουτα, τη δε παραγγελία του την έγραψε πάνω σε... μια πέτρινη πλάκα. Και έμαθα επίσης ότι κάποτε πήγε στην ξαδέρφη του - κι αργότερα πεθερά μου - ως πεσκέσι, μια πέρδικα.

Κατ' αρχήν παντρεύτηκε κάποια ονόματι Γιωργίτσα Δαρσινού, απόχτησαν μάλιστα κι ένα κοριτσάκι, αλλά δυστυχώς, μάνα και κόρη φύγανε σύντομα από τη ζωή.

Αργότερα παντρεύτηκε την ψυχοκόρη κάποιου άκληρου παππά, από το Γυμνό, που τη λέγανε Φωτούλα, αλλά δυστυχώς, σύντομα του πέθανε και η δεύτερη γυναίκα. Κάτι που αξίζει να γραφτεί σχετικά, είναι ότι ο παππάς τον αγαπούσε τόσο πολύ, που παρ' ότι η ψυχοκόρη του δεν άφησε παιδιά, δεν του πήρε πίσω την προικώα περιουσία.

Όντας πολύ νέος ακόμα, κάτω από 30, βρήκε το κουράγιο και παντρεύτηκε και τρίτη φορά, παίρνοντας τη μάνα μου, την Πηνελόπη Γιαννακοπούλου. Άρχισαν ν' αποχτούν παιδιά, το

ένα μετά το άλλο - κάθε χρόνο και παιδί. Αγαπιόντουσαν πολύ και νοιώθανε ευτυχισμένοι, αλλά όπως όλο τον κόσμο έτσι κι αυτούς τους ανέτρεψε ο πόλεμος - οι Βαλκανικοί πόλεμοι. Ο πατέρας μου επιστρατεύτηκε, φυσικά, αλλά τίποτα δεν είναι γνωστό για την πολεμική του δράση. Μετά τον πόλεμο ανασυντάχτηκε γρήγορα, γιατί ο Νικολής ήτανε φοβερός δουλευταράς, αφού επαρκούσε να καλλιεργεί δυό περιουσίες, του Λιοντιού και του Γυμνού. Είχε μάλιστα προκαλέσει το φθόνο κάποιων πατριωτών του, για τη μεγάλη του προκοπή, γι' αυτό και μια θεοσκότεινη χειμωνιάτικη νύχτα, μια παρέα από δαύτους του
στήσανε καρτέρι στη θέση Καλογριά, σε μια ρεματιά όλο καναπίτσες, γδύθηκαν, τον περικύκλωσαν, κι άρχισαν να χοροπηδάνε, να ξεφωνίζουν και να ουρλιάζουν, όμοια φαντάσματα.

Ο πατέρας μου πίστεψε πως πράγματι ήταν ξωτικά, και γι' αυτό τούς πέταξε την τριχιά, γιατί έτσι - όπως είχε ακούσει - τα στοιχειά θ' αρχίζανε να παίζουνε με την τριχιά, οπότε και θα μπορούσε να τους ξεφύγει. Αντ' αυτού, εκείνοι οι βρωμεροί αρπάξανε την τριχιά, και τη φέρανε γύρω - γύρω στα ζά, συνεχίζοντας τα ουρλιαχτά και τα πηδήματα και τα ξεφωνητά. Κύριος είδε πως ξεμπέρδεψε, αλλά σίγουρα πέρασε φοβερή τρομάρα. Το περιστατικό αυτό το ξομολογήθηκε στον παππά, ένας από τους θύτες, λίγο πριν πεθάνει.

Έτσι, θέλεις απ' αυτή την αιτία, θέλεις από τις κακουχίες του πολέμου, η από τη θανατερή γρίπη που ξέσπασε στο χωριό εκείνο τον καιρό, σύντομα ο πατέρας μου πέθανε, κατά φθινόπωρο του '15. Και λίγους μήνες αργότερα πέθανε και η μάνα μου, από οξεία πνευμονία.

Τους γονείς μου δεν τους γνώρισα καθόλου, δυό είναι δε όλα κι όλα τα περιστατικά που σχετικά θυμάμαι, κι αυτά θαμπά. Το πρώτο αφορά κάποιον άντρα ξαπλωμένο δίπλα στο αναμμένο τζάκι, σε πλήρη αφασία - ασφαλώς θα ήταν ο πατέρας μου, τη βραδιά που πέθανε - και μερικές γυναίκες να πηγαινοέρχονται μέσα στο σπίτι, πολύ ανήσυχες. Το δεύτερο περιστατικό έχει σαν πλάνο κάποιο αρκετά προχωρημένο πρωινό, που έχουμε ξυπνήσει εμείς τα παιδιά, βρισκόμαστε χωρίς κανέναν γύρω μας, και κλαψουρίζουμε. Ερημιά. Μόνο λίγες ηλιαχτίδες γλιστράνε προς τα μέσα από τα κεραμίδια, και τις νοιώθουμε σαν να μας χαϊδεύουμε, σα να μας παρηγοράνε... Ίσως να ήταν η ημέρα και ώρα της κηδείας της μάνας μας.

ΣΥΓΓΕΝΕΙΣ ΣΤΟ ΚΑΠΑΡΕΛΙ

ΦΡΟΣΥΝΗ ΓΙΑΝΝΑΚΟΠΟΥΛΟΥ, η Καραβάνη, το γένος Καπετάνου, από το Απάνου Μπέλεσι, που πρέπει να γεννήθηκε γύρω στα 1850.

Ο Παπούλης της, από τη συργιά του πατέρα της, λεγόταν Κλαδούρας, και ήταν οπλαρχηγός του '21. Σαν αρχηγός Καπετανάτου που ήταν, τον φωνάζανε Καπετάνιο, γι' αυτό και ως επίθετο, αντί Κλαδούρας, επικράτησε τελικά το όνομα Καπετάνος.

Η κυρούλα μου λοιπόν, η Φροσύνη, είχε δυό αδέρφια, το Βασίλη και τον Τάσση, και μια αδερφή, τη Βενετσιάνα, που παντρεύτηκε κάποιον ονόματι Νταγρέ.

Η κακομεταχείριση κι ο συχνός ξυλοδαρμός του μικρότερου αδερφού, από τον μεγαλύτερο, και το μεθύσι, προκάλεσαν το μαχαίρωμα και το θάνατο του Βασίλη από τον Τάσση. Ο φονιάς έκανε πολλά χρόνια φυλακή, στο Παλαμήδι, είκοσι δε ολόκληρες ώρες ποδαρόδρομο κάνανε συχνά όλον αυτόν τον καιρό οι αδερφές του, για να πηγαίνουν να τον βλέπουνε και να του πάνε και λίγα τρόφιμα.

ΓΙΑΝΝΑΚΟΠΟΥΛΑΙΟΙ (ΚΑΡΑΒΑΝΑΙΟΙ). Πρώτος γνωστός παρουσιάζεται ο Σπύρος ο Γιαννακόπουλος, Κόκκας το παρατσούκλι. Ήτανε ζορμπαλάς και τρομοκράτης, και με τέτοια μέσα, δηλαδή με το ξύλο και τη φοβέρα απόχτησε κάμποση περιουσία στο χωριό. Παντρεύτηκε τρεις φορές, κι από την κάθε γυναίκα του απόχτησε κι από ένα παιδί.

Τον παππούλη μου τον λέγανε Γιάννη, τ' άλλα δε δυο παιδιά τα λέγανε Αριστείδη και Μήτρο.

Ο Γιάννης λοιπόν ο Γιαννακόπουλος παντρεύτηκε την κυρούλα μου την κυρά - Φροσύνη, απόχτησαν δε δυό αγόρια, τον Αλέξη και τον Παναγιώτη, και τέσσερα κορίτσια, την Αγγελικώ, την Πηνελόπη, την Παρασκεύη, και την Ελένη. Τ' αγόρια πήγαν στην Αμερική, αλλά ο Παναγιώτης γύρισε σύντομα στην Ελλάδα, τόσο για να πολεμήσει - όπως έλεγε - στους βαλκανικούς πολέμους, όσο και για να προστατέψει τις αδερφές του. Ο δε Αλέξης εξαφανίστηκε, και ποτέ δεν έγινε γνωστό τι του συνέβη.

Ο παππούλης μου ήταν μετρίου αναστήματος, καστανός, και φορούσε φουστανέλες και πίγκες,[1] και σιλάχι.[2] Ήτανε δε και φαλακρός, γι' αυτό και φορούσε πάντα ένα μαύρο, αντρίκιο στριφτό μαντήλι, σαν αυτά που φοράνε οι Κρητικοί. Συνήθως δούλευε στα χωράφια, σποραδικά δε και τυροκόμαγε. Τον θυμάμαι μ' ένα ντουφέκι στον ώμο, να γυρίζει συχνά τον κάμπο και τη γύρω περιοχή, αλλά σπάνια τρώγαμε κυνήγι. Χόμπι του θαρρώ πως ήταν να κεντρώνει άγρια δέντρα, ιδίως αγριλιές. Κάθε τόσο επίσης, κρατώντας μια βεδούρα με αγιασμό, και λίγα βάγια, γύριζε "κι άγιαζε" τα σπαρτά. Πότε - πότε έβγαινε και δημοτικός σύμβουλος, κάποτε δε έγινε και πρόεδρος του χωριού.

---

[1] Πίγκες ή τσαρούχια είναι χρωματιστά δέρματινα υποδήματα με φούντα

[2] Σελάχι και σιλάχι: δερμάτινη ζώνη με πτυχές στο μπροστινό μέρος, η οποία χρησίμευε ως θήκη για φορητά όπλα. [< τουρκ. silāh «όπλο»].

Μ' αγαπούσε πολύ, κι αν ζούσε - και του το επέτρεπε κι ο μπάρμπας μου ο Παναγιώτης, που ίσως προτιμούσε να μ' έχει ισόβιο τσιοπανάκο στη στάνη του - ίσως μ' έστελνε περισσότερο στο σχολείο, η τουλάχιστον πιο νωρίς σε μαγαζί.

Με πολλή συγκίνηση αναθυμάμαι ένα μικρό εικονογραφημένο βιβλιαράκι που μου 'φερε κάποιο βράδυ, γυρίζοντας από τ' Άργος - ήμουνα τότε στην πρώτη - δεύτερη τάξη του δημοτικού. Σχεδόν το άρπαξα από τα χέρια του, και κυριολεχτικά το ρούφηξα, μπροστά στη φωτιά, στο τζάκι. Πέθανε χειμώνα καιρό. Θυμάμαι μάλιστα πως κείνο το βράδυ - πέθανε νύχτα, εγώ δε ήμουνα στη στάνη - ονειρεύτηκα πως μ' άρπαξε ένας λύκος από το κεφάλι, κι από την τρομάρα μου ξύπνησα. Σε λίγο άκουσα την καμπάνα του χωριού να χτυπάει λυπητερά, το δε πρωί μάθαμε πως χτύπαγε για τον παππούλη μου το Γιάννη τον Καραβάνη, που είχε πεθάνει.

Η κυρά-ΦΡΟΣΥΝΗ - η Καπαρελιώτισα κυρούλα μου - ήταν μια πολύ πονεμένη γυναίκα. Αρκεί μόνο ν' αναφερθεί ότι τ' αδέρφια της αλληλοσφάχτηκαν, ότι το πρώτο της παιδί, νεότατο ακόμα, χάθηκε στην Αμερική, και επίσης ότι έθαψε τον άντρα της, τη νύφη της, δυό κόρες της, και τρείς γαμπρούς της!!!... Σπάνια γελούσε, και τότε, όχι με την καρδιά της. Πάντως είχε καλές σχέσεις με τη νύφη της, τη θειά μου τη Δημήτρω - άλλος άγιος άνθρωπος εκείνη. Επίσης ήτανε αγνή γυναίκα, ντόμπρα και καλόκαρδη. Μ' εντυπωσίαζε ακόμα το γεγονός ότι παρά την αγραμματοσύνη της, φερνότανε με άνεση προς τους "διαβασμένους", που κατά καιρούς περνούσανε από το σπίτι. Τελευταία φορά που την είδα, λίγο πριν πεθάνει, είχε πολύ γεράσει, και το κεφάλι της έτρεμε. Θεός σχωρέστην, πολύ, πολύ πικράθηκε στη ζωή, πολύ, πολύ βασανίστηκε. Στη χορεία των προγόνων μου, η ιερή μνήμη της στέκεται κορυφαία στην ανάμνησή μου. Θεός σχωρέστην.

Ο ΠΑΝΑΓΙΩΤΗΣ, ο μπάρμπας μου δηλαδή, που εξ αιτίας της σκληρότητας, της βαρβαρότητάς του, τον λέγανε και "Βούλγαρο", στο χωριό, παντρεύτηκε τη Δημήτρω Καραμήτρου, από τα Τσιπιανά της Αρκαδίας. Απόχτησαν δυό παιδιά και τέσσερα κορίτσια, ήτοι: Το Γιάννη, τον Κώστα, τη Σοφία, τη Φροσύνη, την Αθανασία, και τη Μαρία. Ήταν γεροδεμένος άντρας, και πολύ χεροδύναμος, κι άξιος, αλλά δυστυχώς και πολύ νευρικός, κι όχι σπάνια, ακαταλόγιστος. Τον τρέμαμε όλα τα παιδιά στο σπίτι. Είχε παραπλανηθεί. Πίστευε πως η φοβέρα κι η βλαστήμια, κι ο ξυλοδαρμός, ήταν κύρια γνωρίσματα ανδρισμού. Το ξύλο που συχνά και επί χρόνια - σπάνια δικαιολογημένα - μας πάτησε εμάς των παιδιών, κι η τρομοκρατία που μας έκανε, δεν περιγράφονται.

Δεν ξέρω πως νοιώθανε τ' άλλα παιδιά, αλλ' η δική μου ψυχή είναι απαίσια παραμορφωμένη από τις αμέτρητες ουλές που μου προκάλεσε η βαρβαρότητά του. Θεός σχωρέστον. Δεν ήξερε τι έκανε. Εδώ πάντως πρέπει να λεχθεί και τούτο, προς μεγάλη τιμή, τόσο εκείνου όσο και της γυναίκας του, ότι δεν μας ξεχώριζαν από τα παιδιά τους. Ότι ΠΟΤΕ δεν κάνανε την παραμικρή σε βάρος μας διάκριση. Σε τίποτα. Κι αυτό ως γνωστό μετράει πολύ στην παιδική ψυχή.

Η ΑΓΓΕΛΙΚΩ παντρεύτηκε κατ' αρχήν κάποιον Καραντζούλη, κι απόχτησε κι ένα παιδί, το Σπύρο. Σύντομα πέθανε ο πρώτος της άντρας, ξαναπαντρεύτηκε δε κάποιον ονόματι Παπαδόπουλο, από το Σχοινοχώρι, κι απόχτησαν τρία παιδιά και δυό κορίτσια. Είχανε όλοι τους τραγική μοίρα. Το πρώτο παιδί, ο Νίκος, σκοτώθηκε στην Αλβανία. Το δε αντρόγυνο, και το δεύτερο παιδί το Γιάννη, καθώς και τα δυό κορίτσια, τους σφάξανε όλους τους οι κακούργοι του Ε.Α.Μ. Γλύτωσε μόνο το μικρό παιδί, ο Χρήστος, γιατί συνέπεσε να λείπει από το σπίτι.

Η ΕΛΕΝΗ κατ' αρχήν κλέφτηκε με κάποιον, που επίσης ήτανε από την Καρυά, και τον λέγανε και κείνον Καραντζούλη, απόχτησαν δε ένα παιδί, που στην κατοχή το σφάξανε οι Εαμίτες. Ο άντρας της σκοτώθηκε στη Μικρασία, μετά δε παντρεύτηκε κάποιον ονόματι Φαρμάκη, επίσης από την Καρυά. Απόχτησαν ένα παιδί, που έγινε και παπάς, καθώς και τρία - τέσσερα κορίτσια. Σαν όνειρο θυμάμαι τα πιστρόφια, το γυρισμό δηλαδή του συμπεθεριού, που είχε συνοδέψει τη νύφη, ως την Καρυά.

Η ΠΑΡΑΣΚΕΥΗ παντρεύτηκε κάποιον Θοδωρόπουλο, από τη Λάρισα. Απόχτησαν ένα κορίτσι, τη Ντίνα, που σε μέση περίπου ηλικία, τρελάθηκε, η δε θειά μου πέθανε νωρίς. Ήταν ψηλή, κι όμορφη, και λυγερόκορμη, αυτήν δε μόνο από τις θειάδες μου στο Καπαρέλι, γνώρισα κάπως καλύτερα. Πηγαίναμε συχνά μαζί στη στάνη, κάποτε δε μάλιστα πρόλαβε και σκότωσε ένα φίδι, που το είχα πατήσει, και που παρ' ολίγο να με δαγκώσει. Δεν θυμάμαι που και πότε παντρεύτηκε, συγκρατώ μόνο ότι κάποτε ο Μπάρμπα - Κώστας μου 'δωσε ένα μήλο, φιρίκι. Ήταν η πρώτη φορά που έτρωγα μήλο, κι ακόμα θυμάμαι τη νοστιμάδα του. Μετά το γάμο της η θειά μου ερχόταν περιοδικά στο χωριό, όπου γεννήθηκε και η Ντίνα. Μερικές μάλιστα φορές ερχότανε στο σχολείο, για να της γράψει ο δάσκαλος τη σύσταση, στα γράμματα που έστελνε στον άντρα της.

Αργότερα έμαθα ότι ο μπάρμπας μου ο Παναγιώτης ξυλοφόρτωσε άσχημα κάποια μέρα τον παππούλη μου - και πατέρα του - κι εκείνος, για εκδίκηση, άφησε στη διαθήκη του όλα τα καλά χωράφια στη θειά μου την Παρασκευή. Έτσι, όταν αυτό έγινε γνωστό, μετά το άνοιγμα της διαθήκης, δημιουργήθηκε μεγάλη έχτρα ανάμεσα στα Καραβανέικα και Θοδωροπουλέικα. Αξιοσημείωτο είναι ότι η κυρούλα μου πήρε το μέρος του Παναγιώτη, κι ούτε λίγο ούτε πολύ, ζήτησε να τη θάψουν... χωριστά από τον άντρα της !...

Της ΠΗΝΕΛΟΠΗΣ - της μάνας μου δηλαδή - το ιστορικό

έχει ήδη γραφτεί. Παντρεύτηκε τον πατέρα μου γύρω στα 1908, απόχτησαν τέσσερα παιδιά, ο πατέρας μου πέθανε το 1915, εκείνη δε συγχωρέθηκε μερικούς μήνες αργότερα, το 1916. Ήταν όπως λένε κι αυτή γυναικάρα, και πολύ άξια, αλλά και πολύ συναισθηματικιά, πολύ μαραζιάρα. Σαν έχασε τον άντρα της, τον μοιρολόγαγε - όπως άκουσα - μέσα κι έξω από το σπίτι, για καιρό...

Για τους αμύητους, είναι πολύ δύσκολο να καταλάβουν πόσο τραχιά ήταν η ζωή της αγροτιάς εκείνα τα χρόνια, τότε που η καλλιέργεια γινόταν με τα ζά και το υνί του Ησίοδου, ο θερισμός γινόταν με το δρεπάνι, η μεταφορά της σοδειάς με τα ζά, εκείνα δε χρησιμοποιούσαν οι άνθρωποι και στον αλωνισμό, για να σέρνουν το ντουγένι. Και δεν ήταν σπάνιο το περιστατικό να σκάει κάποιο ζωντανό στο αλώνισμα, από την πολλή κούραση, και τον καύσωνα. Άσε το λίχνισμα για το διαχωρισμό του καρπού από τ' άχερο, και προ παντός άσε τη μεταφορά του άχερου, με τις λιοπάνες, στα καλύβια... Κι ήταν ακριβώς εδώ που πολυζορίστηκε η μάνα μου, για να προλάβει να βάλει τ' άχερο στ' αχούρι, γιατί τη φοβέριζε η βροχή. Ίδρωσε και ξαναΐδρωσε φαίνεται, πολλές φορές, κι άρπαξε πούντα, κι ολομόναχη όπως ήταν σε ξένο τόπο, χωρίς από πουθενά κάποια βοήθεια, υπέκυψε. Και χάθηκε. Και μείναμε στο δρόμο εμείς, τέσσερα μικρά παιδιά, το πιο μικρό βυζανιάρικο. Και καθώς αναθυμάμαι τα όσα επακολούθησαν, τις τόσες και τόσες κακουχίες, και τους απαίσιους εξευτελισμούς - ιδίως αυτούς - τις κοπαδιαστές συμφορές που μας βρήκαν, και προ παντός τον τραγικό χαμό των αδερφιών μου, δεν διστάζω και πολύ να ειπώ: καλύτερα να πεθαίναμε και μείς τότε, μαζί με τη μάνα μας...

Αλλά τώρα ας γυρίσουμε σελίδα. Ίσως αυτά που θα εξιστορηθούν ν' αξίζουν να διαβαστούν. Ίσως βοηθήσουν κάποιον, έστω λίγο. Ίσως προβληματίσουν μερικούς άλλους. Πάμε...

ΚΑΠΑΡΕΛΙ

Μετά το θάνατο της μάνας μας, ο παππούλης υποθέτω, μας μετέφερε στο Καπαρέλι. Λέγεται μάλιστα πως επειδή ήμασταν μικρά - ιδίως ο Κώστας, μόλις μερικών μηνών - μας μετέφερε... μέσα σε κοφίνια.

Στο Καραβανέικο σπίτι ζούσαν τότε ο παππούλης κι η κυρούλα, ο θείος μου ο Παναγιώτης με τη γυναίκα του και τα πρώτα τους δυό παιδιά, καθώς κι οι θείες μου η Παρασκευή, κι η Ελένη, δηλαδή 8 άτομα, που τώρα γίναμε δώδεκα. Δώδεκα στόματα, σ' εκείνα τα δίσεχτα χρόνια, ήταν σίγουρα πολύ σοβαρό πρόβλημα.

Δεν θυμάμαι τίποτα. Ούτε θανάτους, ούτε μεταφορά, ούτε την επαφή μας με το νέο περιβάλλον. Θαμπά μόνο ανακαλώ στη μνήμη μου τη μορφή της θειάς μου της Ελένης, η οποία σβήνει κι αυτή σύντομα, προφανώς γιατί τότε κοντά κλέφτηκε η θειά μου, με τον Καραντζούλη.

Τη ζωή μου στο Καπαρέλι την αγροίκησα, κάπως ξάστερα, όταν ήμουν έξη - επτά χρονών, όταν πήγα στο σχολείο. Και το σχολείο ήταν για μένα μια σωστή αποκάλυψη. Κοίταζα με μεγάλη έκπληξη και θαυμασμό τις ζωγραφιές, και τα γράμματα του Αναγνωστικού, την πλάκα, το κοντύλι, τον κοντυλοφόρο κ.λπ., κ.λπ., και νόμιζα πως ονειρευόμουνα... Θυμάμαι ακόμα ότι ο δάσκαλος μας έδωσε και από ένα σκονάκι μαύρη μπογιά, για να τη λιώσουμε, να κάνουμε μελάνι. Μπροστά δε στο δάσκαλο ένοιωθα δέος, φοβερό δέος...

Θαυμαστός, παραμυθένιος κόσμος, αλλ' ανατράπηκε σύντομα. Γιατί από τη δεύτερη κιόλας χρονιά, άρχισαν να με στέλνουν συχνά στη στάνη, με αποτέλεσμα, λόγω των απουσιών, να χάνω την επαφή με την ύλη. Θυμάμαι χαρακτηριστικά ότι στο τέλος της τέταρτης τάξης - που ήταν και η τελευταία μου - έλλειπα συνεχώς πάνω από δυό - τρείς μήνες. Ήρθε δε η κυρούλα μου στο βουνό για να με πάρει, για να παραβρεθώ στις εξετάσεις. Τρόμαξα, γι' αυτό και αρνήθηκα, αλλά τελικά με κατάφερε και πήγα. Στο διάβασμα τα κουτσοκατάφερα, αλλά τα 'κανα θάλασσα στον πίνακα, στη λύση κάποιου μικροπροβλήματος αριθμητικής. Τότε ο δάσκαλος φώναξε κάποια συμμαθήτρια μου, που τη λέγανε Ελένη, κι έλυσε το πρόβλημα. Κι εγώ τη θαύμασα την Ελένη, και σχεδόν... την ερωτεύτηκα. Επέπρωτο αργότερα, ν' αγαπήσω στ' αλήθεια κάποιαν άλλη κοπέλα, που είχε το ίδιο όνομα... Τελικά ο δάσκαλος με προβίβασε. Καταχρηστικά βέβαια, και μόνο με το βαθμό βάσης, δηλαδή καλώς 4 που ήταν τότε, για το δημοτικό.

Το σόλοικο είναι πως παρά ταύτα, στο χωριό με θεωρούσαν... φωστήρα! Γι' αυτό και κάποτε μια γειτόνισσα με κάλεσε να διαβάσω την κόρη της, και θυμάμαι χόρτασα ψωμοτύρι.

Στο σχολείο, έστω περιοδικά, πήγαμε όλα τ' αγόρια, ενώ τα κορίτσια, η Σοφία δηλαδή κι η Γιωργίτσα, μείναν εντελώς αγράμματες. Γιατί ήταν πάγια ταχτική τότε, εν ονόματι ίσως της επιβίωσης του συνόλου, να θυσιάζονται - σχετικά με το σχολείο - τα κορίτσια, για τ' αγόρια.

Ο πρώτος μου δάσκαλος ήταν ένας παππάς, τον λέγανε Παπαγεωργίου. Μίλαγε θαυμάσια, κι επίσης ήξερε καλά τη δουλειά του. Για παράδειγμα, για να καταλάβουμε καλύτερα το μάθημα της γεωγραφίας, μας πήγε κάποια μέρα σ' ένα χείμαρρο, κοντά στο χωριό, όπου και μας έδειξε στην πράξη τι είναι κόλπος, νησί, ακρωτήρι, κ.λπ. Ο δεύτερος δάσκαλός μου λεγόταν Παπαδημητρίου, κι ήταν από τη Σκοτεινή της Αλέας. Ήταν σωστός ένας άντρακλας, φοβερά επιβλητικός, επαρκής κι αυτός στη δουλειά του, κατατσάκιζε δε με τη βέργα τα χέρια των παιδιών που ατακτούσαν.

Κρεμόμουνα από τα χείλη των δασκάλων μου, ιδίως σε θέματα εθνικής ιστορίας, και θρησκευτικών. Μας κάνανε να νοιώθουμε πολύ περήφανοι που ήμασταν Έλληνες, ο δε νους μας κατακλυζότανε συνεχώς από εικόνες εθνικού μεγαλείου και δόξας, όπως: των περσικών πολέμων, του Μαραθώνα, της Σαλαμίνας, των Θερμοπυλών, κ.λπ, και επίσης της παλιγγενεσίας του 21, όπως: της Αγιαλαύρας, των Δερβενακίων, του Βαλτετσίου, κ.λπ. κ.λπ. Και φυσικά και από τα ινδάλματα του έθνους, όπως: τον Μεγαλέξανδρο, τον Παυσανία, το Μιλτιάδη, το Θεμιστοκλή, τον Περικλή, το Σωκράτη, το Ρήγα το Φεραίο, το Θανάση το Διάκο, τον Παπαφλέσσα, τον Κολοκοτρώνη, κι άλλους, κι άλλους. Και θυμάμαι πως αργότερα, στον πόλεμο της Αλβανίας, αυτά τα οράματα, αναδύονταν ζωντανά στη σκέψη μου, και στέκονταν μπροστά μου, έμπνευση και οδηγός μαζί.

Ως προς τα θρησκευτικά, θυμάμαι πως όταν κάποτε ο δάσκαλος μας μίλησε για τον Άγιο Πέτρο, ότι ζήτησε να τον σταυρώσουν ανάποδα, γιατί δεν θεωρούσε τον εαυτό του άξιο να σταυρωθεί όπως ο Χριστός, εντυπωσιάστηκα τόσο πολύ που - παρ’ ότι ήμουν ντροπαλός, και φοβητσιάρης - παραφύλαξα και μπήκα κρυφά στο Γραφείο του δασκάλου, και βρήκα και διάβασα, πάλι και πάλι αυτή την περικοπή.

Στην εκκλησιά πηγαίναμε σπάνια, αλλά χαιρόμασταν πολύ όταν πηγαίναμε, παρ’ ότι πηδάγαμε από τους πόνους που μας προκαλούσε η σόδα του σαπουνιού, αφού αναγκαστικά πλέναμε τα πόδια μας, πριν πάμε να λειτουργηθούμε. Και τα πόδια μας ήταν πάντα σκασμένα και πληγιασμένα, ιδίως στις φτέρνες, από τα κρύα και τις παγωνιές, ή τις καλαμιές, και τις σφαλαρίδες. Κάποτε είπα και το Πάτερ Ημών, και θυμάμαι ότι... φούσκωσαν τα στήθια μου από χαρά και περηφάνια. Οραματίστηκα μάλιστα πως ίσως κάποια μέρα να γινόμουνα ιεροκήρυκας, ν' ανέβαινα στον άμβωνα, και νάβαζα λόγο, το λόγο του θεού...

Λάτρευα τα βιβλία, κι όπου πετύχαινα κανένα το περιμάζευα. Κι είχα κάνει ένα μικρό δεματάκι, που το κουβάλαγα μαζί μου, με τα γίδια, και ψευτοδιάβαζα, ιδίως την Οδύσσεια, που με συγκινούσε ιδιαίτερα.

Αλλά κάποια μέρα, καθώς καψώθηκα στο παιχνίδι με τους βώλους, με ένα άλλο, ξενόφερτο τσιοπανόπουλο - που το είχε προσωρινά ρογιάσει ο μπάρμπας μου - ρισκάρισα μια κι έξω όλα μου τα βιβλία και τάχασα! Το ξένο τσιοπανόπουλο πήρε το δεματάκι με τα βιβλία, κι έφυγε, κι ούτε ξαναφάνηκε. Και θυμάμαι με βάρεσε ταμπλάς, καθώς το κοίταζα ν' απομακρύνεται με τα βιβλία μου, και να χάνεται στον ορίζοντα...

Ήμουνα για μέρες φοβερά βαλαντωμένος. Κανείς δεν με ρώτησε σχετικά, και σε κανέναν δεν είπα τίποτα για τη φοβερή - έτσι τόνοιωθα τότε - εκείνη συμφορά μου.

ΚΑΛΗΜΕΡΑ ΖΩΗ

Η παιδική μας ζωή είναι ως γνωστό αστέρευτη βρύση έντονων αναμνήσεων. Κι αυτό γιατί τα βιώματά μας εκείνης της περιόδου είναι παρθενικά, και πρωτόγνωρα. Κι έτσι χαράζονται βαθιά στο τόσο εύπλαστο, παιδικό μνημονικό μας. Θα παρουσιάσω τώρα μερικές από τις δικές μου αναμνήσεις, έτσι στην τύχη, χωρίς χρονολογική σειρά.

Θ' αρχίσω από τους στρατολάτες, κάτι που ακόμα και τώρα με συγκινεί. Εκείνα τα χρόνια, ο κόσμος της ανατολικής Αρκαδίας επικοινωνούσε με το Άργος, από τις Πόρτες που το λένε, κι έτσι περνούσε αναγκαστικά από το Καπαρέλι. Κι επειδή είχαμε πολλούς γνωστούς και συγγενείς από κείνα τα μέρη, κάθε τόσο ξεπέζευε ντουνιάς στο σπίτι. Και πολύ χαιρόμουνα την παρουσία αυτών των ανθρώπων, την κρουστή και δυνατή φωνή τους, την ανοιχτόκαρδη συμπεριφορά τους.

Άλλοτε πάλι - σαν βρισκόμουνα στον κάμπο, με το κοπάδι - χαιρόμουνα να τους αγναντεύω από μακριά να διαβαίνουν ομάδι, άλλοι πεζή κι άλλοι καβάλα στα ζά τους, στολισμένα με πολύχρωμες κουβέρτες. Μερικοί να τραγουδάνε, άλλοι να χωρατεύονται, και κάποιοι άλλοι να ξεσπάνε σε τριχτά γέλια. Πολύ μ' ευχαριστούσε αυτό το θέαμα, καθώς κι η χλαλοή, ήταν κάτι σαν μια μικρή παρέλαση, σαν μια μικρή γιορτή.

Κάποια μέρα μας έστειλε δυό - τρία παιδιά ο δάσκαλος αποστολή στο Κεφαλόβρυσο, κάποιο χωριό πιο πάνω από μας. Θυμάμαι δε ότι μου έκανε μεγάλη εντύπωση το πολύ νερό που έτρεχε στο ανοιχτό υδραγωγείο του χωριού, το Κεφαλάρι όπως το λένε. Μου φάνηκε σα να ήταν ίδιο ποτάμι...

Όλα κι όλα ήμασταν περίπου είκοσι πέντε, τα παιδιά στο σχολείο. Στις αρχές λοιπόν της τρίτης τάξης, θυμάμαι ότι πήγα με μερικά άλλα παιδιά στο Κάτω Μπέλεσι - κάποιο κοντινό χωριό - για να πάρουμε τα βιβλία της χρονιάς. Στο γυρισμό, επειδή έκανε ακόμα ζέστη, καθίσαμε σε μια ρεματιά κάτω από κάτι πλατάνια, για να ξεκουραστούμε. Εκεί λοιπόν άνοιξα ένα αναγνωστικό, όπου και τυχαία μεταξύ άλλων πατριωτικών θεμάτων, διάβασα και το ποίημα που αναφέρεται στο Σούλι της Ηπείρου:

"Τ' άλογο, τ' άλογο Ομέρ Βρυώνη, το Σούλι εχούμησε, και μας πλακώνει, τ' άλογο, τ' άλογο, ακούς σουρίζουν, ζεστά τα βόλια τους μας φοβερίζουν..."

Μέθυσα. Μεταρσιώθηκα. Μονομιάς μεταφέρθηκα στο πεδίο της μάχης, κι άρχισα ν' ακούω και να ζω ολοζώντανες εικόνες από τη φρίκη του πολέμου: ταμπούρλα να χτυπάνε, σάλπιγγες να καλούν σε έφοδο, φλάμπουρα ν' ανεμίζουν, σπαθιά να σχίζουν τον αέρα, τα καριοφίλια να ξερνάνε φωτιά και βόλια, άλογα να φρουμάζουν αλαφιασμένα κι ασυγκράτητα να καλπάζουν προς τη φωτιά και τον όλεθρο, άγριες φωνές και βλαστήμιες από τους πολεμιστές, που αλληλοσφάζονταν, γοερούς βόγγους κι αναφιλητά από τους λαβωμένους... Συνταράχτηκα!... Τι σου είναι η παιδική φαντασία...

Κακό πράγμα η πείνα, και τη γνώρισα και την έζησα όσο δεν λέγεται. Διατηρώ δε ευγνώμονα ανάμνηση σε μερικά πρόσωπα, που περιοδικά μου δίνανε λίγο ψωμί, όπως στο Γιώργη τον Κρικρή, τη θειά - Δημήτρενα την Καρρού, καθώς και τη γριά - Νταίνα. Ειδικά αυτή μου πρόσφερε το χειμώνα λίγο ζεστό τραχανά, η σταρόζουμο. Με είχε δε συνηθίσει, και της κόνευα πότε - πότε. Αλλά κάποιο πρωί που λογάριαζα να πάω κατά κει, είχε χιονίσει, και μάλιστα για καλά. Κι αυτό συνέβη σε πολύ μικρή ηλικία, όταν δεν είχα ακόμα φορέσει τσαρούχια, κυκλοφορούσαμε δε όλα τα παιδιά, χειμώνα - καλοκαίρι, τελείως ξυπόλητα. Ταλαντεύτηκα. Αλλά η πρόκληση - το σταρόζουμο δηλαδή - ήταν μεγάλη, γι' αυτό και το κουτούρησα. Και τρέχοντας μέσα στο χιόνι, σα λαγός, ξυπόλητος όπως είπαμε, έφτασα στο κονάκι της. Με καλοδέχτηκε με ψυχοπόνιο, και μου σέρβιρε ένα ολόκληρο σαγάνι με ζεστό σταρόζουμο. Βρέθηκα για λίγο στον παράδεισο... Θεός σχωρέστην.

Η πείνα, συνοδευόταν συχνά και με λαιμαργία, και με λιχουδιά. Και τα "κατορθώματά μου" οφείλονταν συχνά και στα τρία αυτά κίνητρα. Έτσι, μια φορά που βρέθηκα με τη θειά μου την Παρασκευή στο Σχινοχώρι, στο χάνι, που διατηρούσε η άλλη μου θειά, η Αγγελικώ, παραμόνεψα κι έκλεψα από το μαγαζάκι δυό ολόκληρες χούφτες λουκούμια! Σαν τα γράπωσα, πήδησα έξω από κάποιο παράθυρο και τόβαλλα στα πόδια, μη τυχόν και με πιάσουν. Κι όταν πια ξέφυγα, και κρύφτηκα σε κάτι καναπίτσες εκεί γύρω, τα καταβρόχθισα σαν το λύκο!...

———— ✣ ————

Ακόμα κάτι, για να γελάσουμε. Πρόκειται για μερικά κρεμμύδια που κλέψαμε, εγώ κι ένα άλλο τσιοπανόπουλο, και μάλιστα με την... επίκληση και προστασία του Πάτερ Ημών ! Να πως έγινε: Κοντά στο χωριό και δίπλα στο δρόμο, υπήρχε μια συστάδα από πανύψηλα δέντρα, εκεί δε - παλαιότερα - θάβανε τα παιδάκια που πέθαιναν αβάφτιγα. Και γι' αυτό, λέγανε ότι τη νύχτα βγαίνανε φαντάσματα. Εκεί λοιπόν ακριβώς, κάποιος είχε φυτέψει κρεμμύδια, που ήταν πολύ αναπτυγμένα, και μου πέφτανε τα σάλια κάθε φορά που περνούσα από κει, και τα 'βλεπα. Κι αποφάσισα... να επέμβω. Είπα το σχέδιό μου σ' άλλα δυό τσιοπανόπουλα, και το ενέκριναν. Έτσι, λίγο μετά τα μεσάνυχτα κάποια νύχτα με φεγγάρι, ο Αλέκος κι εγώ - το άλλο παιδί είπε ότι νύσταζε - ξεκινήσαμε για την κλεψιά. Αλλά στο δρόμο ο Αλέκος θυμήθηκε για τα στοιχειά, και κιότεψε. Μη φοβάσαι, του λέω εγώ. Ξέρω το Πάτερ Ημών απέξω, θα το λέω συνεχώς καθώς θα βγάζουμε τα κρεμμύδια, κι έτσι τα φαντάσματα δεν θα βγουν.

Τότε θάρρεψε ο Αλέκος, και κοντολογίς γεμίσαμε στα πεταχτά τα σακούλια μας με τα "λάφυρα" - εγώ λέγοντας συνεχώς το Πάτερ Ημών – και φύγαμε τρέχοντας. Εγώ μάλιστα αποχώρησα πισωπερπατώντας, για λίγο, ώστε αν τυχόν και φανούν τα ξωτικά, να τα... κεραυνοβολήσω με την προσευχή!...

Κάτι ακόμα, επίσης για γέλια. Μια χρονιά είχε πέσει ψόφος στο χωριό, και σχεδόν κάθε μέρα πετάγανε ψοφίμια στ' αλώνια, όπου χάλαγε ο κόσμος από τον καυγά των σκυλιών, πιο θα φάει το πιο πολύ κάρμα. Ήτανε πρωί, και μου δώσανε μια βεδούρα με τριφτάδες, κι ένα ταγάρι με ψωμί, να τα πάω στη στάνη. Λίγο πιο πέρα είδα μερικά σκυλιά να ξεσκίζουν ένα ψοφίμι, όπου ξαφνικά ένα από δαύτα ξεκόπηκε από τ' άλλα, και χίμηξε καταπάνω μου! Τρόμαξα, και τόβαλλα στα πόδια, αλλά εκείνο μ' έφτασε και μου άρπαξε από πίσω το βρακί, και το κατάσκισε. Οπότε εγώ, από την τρομάρα μου, όχι μόνο πέταξα τη βεδούρα με το φαγητό, και το ταγάρι με το ψωμί αλλά και τα 'κανα πάνω μου !... Γύρισα στο σπίτι κλαίγοντας, κάποια δε μουσαφίρισσα, από τα Τσιπιανά, μου είπε:

— Α ρε Κουρούνη[3] Σπύρο, τι έπαθες !...

Τελικά άλλαξα βρακί, κι ακολουθώντας κάποιο άλλο μονοπάτι, μακριά από εκείνα τα σκυλιά, βγήκα από το χωριό και πήγα το ψωμί στη στάνη.

Κάποιος αλητήριος, ονόματι Καλιερής Γιώργης, έφερε μια μέρα έξω από το σχολείο μια αλεπού, που την είχε πιάσει με το δόκανο. Η αλεπού ήταν ακόμα ζωντανή - μόνο το πόδι της είχε σπάσει. Και ο κακούργος την έγδαρε μπροστά στα μάτια μας, μπροστά στα παιδιά όλου του σχολείου !

Παρ' ότι τις μισούσαμε τις αλεπούδες, γιατί μας τρώγανε τις κότες, και τα σταφύλια, εν τούτοις νοιώσαμε πολύ - πολύ άσχημα. Το ούρλιασμα κι ο σπαραγμός του ζώου, σου ξέσχιζαν την ψυχή, το δε θέαμα ήταν απαίσιο, ανατριχιαστικό...

Το ίδιο μούτρο, ο Γιώργης δηλαδή ο Καλιερής, είχε στ' αμπέλια, στον κάμπο, μια αχλαδιά που είχε κάτι αχλάδια, μούρλια... Πολύ λιμπιζόμουνα εκείνα τ' αχλάδια, αλλά κι έτρεμα το Μπάρμπα - Γιώργη. Τελικά τ' αψήφησα όλα, και κάποια μέρα που βρέθηκα κάπου εκεί κοντά, κι αφού έκρυψα τα πρόβατα στο σκάπετο,[4] για να μην με προδώσουν, πήγα και κούρσεψα την αχλαδιά. Μετά έφυγα τρέχοντας, γιατί σαν ν'

---

[3] κουρούνης (ο) αρσενικό του κουρούνα = άτυχος, ταλαίπωρος, άθλιος
πηγή: - Λεξικό του Λευκαδίτικου Γλωσσικού Ιδιώματος

[4] Σκάπετο /τὸ/ (σκάπετος, Ἰ. scappare) = χῶρος κρυπτόμενος ὄπισθεν ὑψώματος ἢ ἐμποδίου, τόπος ἀφανής διαφεύγων τὴν ἀπευθείας θέαν.Πηγή: Χρυσούλα Σκλαβενίτη, συντάκτης στο Λεξικό του Λευκαδίτικου Γλωσσικού Ιδιώματος..

άκουσα φωνές, ίσως κάποιος με είχε ιδεί. Γι' αυτό και σαν έφτασα στο κοπάδι, το 'κρυψα το ταγάρι με τ' αχλάδια. Όπου σε λίγο, να 'σου απότομα ξεμπουκάρει μπροστά μου ο Καλιερής! Κέρωσα από το φόβο μου.

— Γιατί τα 'κλεψες τ' αχλάδια, ρε;! μου λέει.

— Ποια αχλάδια, Μπάρμπα - Γιώργη; μπόρεσα και ψέλλισα.

Με κοίταξε για λίγο, σκεφτικός, και χωρίς να ειπεί τίποτα, γύρισε κι έφυγε. Δεν πιστεύω ότι τον έπεισα. Μάλλον σκέφτηκε την ορφάνια μου, και το χάλι μου. Κι έτσι... απόφυγα το μαρτύριο της αλεπούς, γλύτωσα δηλαδή το γδάρσιμο, από τον αιμοβόρο τον Καλιερή.

ΓΕΝΙΚΑ ΒΙΩΜΑΤΑ ΣΤΟ ΚΑΠΑΡΕΛΙ

Ας περάσουμε για λίγο σε κάτι πιο γενικό. Σχεδόν όλοι οι κάτοικοι του χωριού είχαν γιδοπρόβατα, επί πλέον κάνανε και λίγο στάρι, καθώς και λίγο λάδι. Εκτός εξαιρέσεων ο κόσμος ζούσε φτωχά. Κι ως προς τη ντυμασιά εμάς των παιδιών, ήταν όλη κι όλη ένα κοντοβράκι και μια πουκαμίσα, αντί δε για παπούτσια φορούσαμε γουρνοτσάρουχα, η τσαρούχια από λάστιχο. Και θυμάμαι ότι μας βασάνιζαν μόνιμα οι ψύλλοι κι οι ψείρες, το δε χειμώνα υποφέρναμε πολύ από τις χιονίστρες, και επίσης βήχαμε απαίσια.

Πολλά ήταν τα περιστατικά που με συγκλόνισαν στη δεκαετία που έζησα στο Καπαρέλι (1916 - 1926), αλλά θα περιοριστώ σε τέσσερα - πέντε μόνο.

Τρείς άντρες σκάβανε επί μέρες στα ριζά του βουνού, κοντά στο χωριό, για να βγάλουν χώμα για κεραμίδια. Είχαν κάνει μια στοά, και προχωρούσαν προς το βάθος, οριζόντια, όπου η στοά κατέρρευσε, και τους σκότωσε και τους τρείς!

Μεταξύ τους ήταν κι ένα παλληκάρι ως είκοσι χρονώ, πολύ ζηλευτό, πολύ λαμπρό παιδί. Να χαθούν τρείς άνθρωποι, σ' ένα μικρό χωριό, και μάλιστα κατά τόσο τραγικό τρόπο, δεν ήταν μικρό πράγμα. Συγκλόνισε όσο δε λέγεται τον κόσμο, κι ο θρήνος που έγινε δεν περιγράφεται.

Αλλά το πιο φοβερό κακό που θυμάμαι, το πιο χειρότερο κακό απ' όλα, ήταν η Μικρασιατική καταστροφή! Ήταν κατά κυριολεξία μια νύχτα Βαρθολομαίου για τον ελληνισμό της Ιωνίας. Ένας εθνικός τυφώνας, που στο διάβα του σκόρπισε τον όλεθρο και την αλλοφροσύνη, κι άφησε πίσω του μόνο ερείπια και φωτιές και στάχτες, κι αβάσταχτο ανθρώπινο πόνο.

Η ταπείνωση του στρατού μας, η αιχμαλωσία, ο εμπρησμός της Σμύρνης, οι σφαγές και τα μαρτύρια του άμαχου πληθυσμού, κ.λπ. προκάλεσαν στο πανελλήνιο τέτοια φρίκη, τόση οδύνη και τόση απόγνωση, που δεν περιγράφονται. Ήταν σα να 'χαμε μπροστά μας χιλιάδες - χιλιάδες φέρετρα, χιλιάδες - χιλιάδες από μαυροφορεμένο κόσμο, παντού μοιρολόι και κακό, ηφαιστειακές δε φωτιές και καπνοί να μαίνονται ολόγυρά μας. Εφιαλτικό σκηνικό όσο δεν περιγράφεται. Με δυό λόγια, η Ελλάδα μαρτύρησε. Η Ελλάδα σταυρώθηκε !...

Θυμάμαι δε ότι ήμουνα τόσο επηρεασμένος από τις διηγήσεις για τα κακουργήματα που κάνανε στους Έλληνες οι Τσέτες (Τούρκοι αντάρτες), που κάποιους τσαμπάσηδες που είδα ένα πρωί εκείνες τις μέρες να τρέχουν πάνω στ' άλογά τους προς το χωριό, να τους εκλάβω για Τσέτες, και να καταπιώ την ψυχή μου, από το φόβο μου !...

Κι είχαμε και προσωπικό θύμα σ' αυτήν την τραγωδία, της Μικρασίας δηλαδή: Σκοτώθηκε ο άντρας της θειάς μου της Ελένης. Και σαν μάθαμε το μαύρο χαμπέρι, με πήρε η κυρούλα μου και πήγαμε στην Καρυά να ιδούμε και να παρηγορήσουμε τη θειά μου. Αλλά εκείνη έλλειπε, ήταν στο βουνό με τα γίδια. Στο σπίτι βρήκαμε τον πεθερό της, να κουρεύει μ' ένα προβατοψάλιδο το ορφανό - τριών χρονών θαρρώ.

Το τρίτο, συγκλονιστικό βίωμά μου, ήταν το κακούργημα που έκανε κάποια μέρα ο μπάρμπας μου ο Καραβάνης, που έγδυσε τσίτσιδα τη Σοφία και τον Κώστα - η Σοφία ήταν 12 χρονών, αλλά νταρντάνα - και τα γύρισε τα παιδιά γύρω-γύρω στο χωριό, ολόγυμνα, για να «συνετιστούν», τάχα, και να μην ξανακάνουν αγροζημιές. Συγκεκριμένα μας είχαν κοπεί από το κοπάδι μερικά γίδια, και είχαν πάει σε κάτι καλαμπόκια. Τα έπιασε ο δραγάτης, και τα πήγε στο χωριό και αξίωνε κάποιο πρόστιμο για να τα ελευθερώσει, αυτό δε το συμβάν ο μπάρμπας μου το θεώρησε μεγάλη προσβολή! Εγώ το γλύτωσα το μασκαραλίκι γιατί έμεινα με το κοπάδι – δεν πήγα δηλαδή με τη Σοφία και τον Κώστα να περιμαζέψουμε τα γίδια από τα καλαμπόκια. Φευγοδίκαγα δυό μέρες, αλλά τελικά γύρισα στη στάνη, οπότε μου πάτησε τέτοιο στυλιάρωμα ο Καραβάνης, που σχεδόν μ' άφησε λιπόθυμο.

Κάποιο πρωί, καθώς εγώ κι η Σοφία περνούσαμε το κοπάδι από το στανοτόπι κάποιου ονόματι Παναγιώτη Καπαρέλου, τον ακούμε να βρίζει και να φωνάζει, και ξάφνου τον βλέπουμε να πετάγεται μπροστά μας, κρατώντας ένα μεγάλο χασαπομάχαιρο! Παραλύσαμε από το φόβο μας! Και να 'σου αρχίζει να χτυπάει τη Σοφία, με το χασαπομάχαιρο, σ' όλο της το σώμα, τόσο που προς στιγμή νόμισα ότι τη σκότωσε ! Δεν θυμάμαι ποιος περιμάζεψε τη Σοφία. Εγώ ακολούθησα το κοπάδι, την άφησα δε εκεί, πεσμένη κάτου, αιμόφυρτη και να ουρλιάζει από τους πόνους.

Παράμεινε πάνω από ένα μήνα κρεβατωμένη, λόγω των πολλών πληγών, που είχε σ' όλο της το σώμα, φορούσε δε μόνο ένα μεγάλο πουκάμισο, της μάνας της, για να μην τρίβεται το ρούχο επάνω της, και την αγγιάζει. Φοβήθηκα πως μετά απ' αυτό ο μπάρμπας μου θα έκανε έγκλημα, αλλ' ευτυχώς συγκρατήθηκε. Εμένα δεν με πείραξε ο Μουρλο - Παναγιώτης, αλλά καταλαβαίνετε τι τρομάρα πέρασα.

Από άγνοια, η μακαρίτισσα η κυρούλα μου, μου προξένησε κάποτε τέτοια προσβολή, και τέτοιο ψυχικό άλγος, που με χτύπησε στο λαιμό η στενοχώρια, και μ' έριξε κάτου με πυρετό! Ήταν απόγευμα, μόλις είχαμε σχολάσει από το σχολείο, και παίζαμε με μερικά άλλα παιδιά πετώντας το λιθάρι, ποιος θα το πάει πιο ψηλά. Εκείνη την ώρα ήρθε η κυρούλα μου μ' ένα ταγάρι ψωμί, για να το πάω στο μπάρμπα μου, ψηλά στο βουνό.

Ποτέ δεν είχα παρακούσει <u>κανέναν</u>, αλλά εκείνη την ώρα ήμουν τόσο καψωμένος με το παιχνίδι, που αντίθετα με άλλες φορές που τσακιζόμουνα όταν με κράζανε, εκείνη την ώρα αδιαφόρησα, και συνέχισα να πετάω το λιθάρι. Και η μακαρίτισσα αποχώρησε για το σπίτι, με το ψωμί, εγώ δε εξακολούθησα να παίζω, και ούτε καν συνειδητοποίησα την παρακοή μου.

Όπου την άλλη μέρα το πρωί, τη βλέπω να προβάλλει στην πόρτα της αίθουσας, και να λέει:

— Κυρ - Δάσκαλε το Σπύρο να τον βάλλεις τιμωρία, γιατί χτες βράδυ δεν πήγε το ψωμί στο μπάρμπα του, και τον άφησε νηστικό!

Εγώ καταταράχτηκα! Δεν είχα όπως είπα συνείδηση της παρακοής μου. Και το να με ντροπιάσει έτσι η μακαρίτισσα, στο δάσκαλο, και μπροστά σ' όλα τα παιδιά της τάξης, ήταν για μένα σωστή ηθική εκτέλεση! Ο δάσκαλος μ' έβαλλε δυό ώρες τιμωρία, που μου φάνηκαν δυό αιώνες.

Βγαίνοντας από το σχολείο μετά την τιμωρία, πέρασα αναγκαστικά μπροστά από τη βρύση, όπου εκείνη την ώρα μερικές γυναίκες πλένανε, κι άλλος κόσμος έπαιρνε νερό, η πότιζε τα ζά του. Νόμιζα δε πως όλος αυτός ο κόσμος μίλαγε σε βάρος μου, κι έλεγε: «Νάτος ο Σπύρος, το παλιόπαιδο, να χαθεί να χάνεται, που χτες βράδυ παράκουσε την κυρούλα του, κι άφησε το μπάρμπα του νηστικό. Να χαθεί να χάνεται...»

Σούρθηκα ως το σπίτι σε κακό χάλι, και κατά κυριολεξία σωριάστηκα κάτου από τη στενοχώρια μου, με μεγάλο πυρετό, και με φοβερό πόνο στο λαιμό. Κανείς δεν κατάλαβε το δράμα μου. Όλοι νόμισαν πως είχα κρυώσει. Ο δάσκαλος μόνο ίσως διαισθάνθη κάτι, γιατί το μεσημέρι της άλλης μέρας ήρθε κι έφαγε στο Καραβανέικο, κάτι που δεν το συνήθιζε. Με κοίταξε με κάποιο ενδιαφέρον, κι αυτό ήταν όλο κι όλο. Κι εγώ συνέχισα, επί τριήμερο θαρρώ, να ψένομαι από τον πυρετό, και πολύ να δυσκολεύομαι από τον πόνο στο λαιμό, να καταπιώ η να μιλήσω.

Υπερευαισθησία; Συναισθηματισμός καθ' υπερβολήν; Ναι, αυτό είναι. Και θυμάμαι τα λόγια του σοφού Παπανούτσου: «Ο ευαίσθητος άνθρωπος αγωνίζεται σκληρά να συμφιλιώσει μέσα του τις δυνάμεις που με τις αντιθέσεις τους κομματιάζουν τον ψυχικό του κόσμο. Σε τέτοιους όμως αγώνες (όλοι λίγο ως πολύ το γνωρίζουμε) το αποτέλεσμα είναι συχνά αβέβαιο, συχνότερα εφήμερο, και πάντοτε οδυνηρό.»

ΣΤΗ ΣΤΑΝΗ

Την κύρια καλλιεργούμενη έκταση του χωριού τη χώριζε στα δυό, ένα ποταμάκι, που κατέβαινε από ψηλά, από το χωριό Νιοχώρι. Λόγω δε των αναγκών της κτηνοτροφίας, σπέρνονταν εναλλάξ οι δυό περιοχές, γνωστές ως Γριβίνα, και Ελιές.

Η περιοχή Ελιές βρισκόταν στους πρόποδες του βουνού που λεγόταν Μιλιδόνι, τη δε Γριβίνα τη στεφάνωνε το απέναντι βουνό, το Μεγαλοβούνι. Η Γριβίνα μας άρεθε περισσότερο, γιατί ήταν πιο μεγάλη, και είχε και πολλά νερά για να ποτίζουμε τα γιδοπρόβατα.

Το δε βουνό, το Μεγαλοβούνι δηλαδή, είχε πιο πολλή βοσκή, μερικές μεγάλες σπηλιές για να σταλίζουμε τα κοπάδια το καλοκαίρι, και επίσης μια βρύση με κρυστάλλινο νερό, τη βρύση του Καλιμάνη, που λέγαμε. Γενικά η όλη περιοχή ήταν πιο φιλόξενη, ιδίως το βουνό, που ήταν ευκολόβατο, και επίσης χαρούμενο στην όψη.

Το Μιλιδόνι αντίθετα ήταν εντελώς άνυδρο, πολύ τραχύ και πολύ δύσβατο - όλο ρουμάνια. Γι' αυτό γι' αυτό και στις Ελιές ξεχειμωνιάζαμε μόνο, όταν ήταν η σειρά τους, τα δε καλοκαίρια τα περνούσαμε όλα απέναντι, στη Γριβίνα, στο Μεγαλοβούνι. Ακόμα και την άνοιξη περνούσαμε κάπου - κάπου τα κοπάδια προς τα εκεί, λόγω δε της σπαρσιάς, ήταν ολόκληρη επιχείρηση το πέρασμα της στάνης απέναντι, και χάλαγε ο κόσμος από τις φωνές και τα πετροβολήματα, για ν' αποφευχθούν οι αγροζημιές.

Θα σταθώ για λίγο στις τρείς θεότητες - έτσι χαραχτήριζα τότε τα βουνά που περικύκλωναν το χωριό: Το Μεγαλοβούνι, το Μιλιδόνι, και τις Πόρτες - προέκταση του Αρτεμισίου, που χωρίζει την Αργολίδα από την Αρκαδία. Τα βουνά αυτά, για ξεχωριστούς το καθένα λόγους, με επηρέαζαν βαθύτατα. Και δε χόρταινα να τ' αγναντεύω, και να τα περπατάω ως το σημείο που μπορούσα, να εξερευνώ δε επίμονα, με τη φαντασία μου, τα αθέατα σημεία τους.   Εκείνα την ημέρα, κι ο έναστρος ουρανός τη νύχτα, ήταν οι πιο προσφιλείς μου απασχολήσεις...

Ο   ΧΕΙΜΩΝΑΣ στη στάνη ήταν πολύ κουραστικός. Είχαμε πολλές - πολλές βροχές και λάσπες, πολλά κρύα, χιόνιζε συχνά, και συχνά επίσης έριχνε πάγο, το πρωί, που κυριολεχτικά μας «έψενε».   Αλλά το χειρότερο απ' όλα ήταν ο σκάρος,[5] το χειμώνα, ιδίως όταν φύσαγε, κι έβρεχε.

Βγάζοντας το κοπάδι από το μαντρί, τις μεταμεσονύχτιες ώρες, το πηγαίναμε σε κάποια απόσταση όπου υπήρχε φάγνα[6], κι αφήναμε τα ζωντανά να βοσκήσουν.   Μετά ανάβαμε φωτιά και πυρωνόμασταν, λέγαμε και καμιά παρόλα, η κανένα παραμύθι, από καιρό δε σε καιρό σφυρίζαμε κι αχουγιάζαμε,[7] και γαύγιζαν και τα σκυλιά, για να μην πέσει λύκος.   Έτσι πέρναγε κάνα δίωρο, και μετά με φωνές και σφυρίγματα, και πετώντας αναμμένα δαυλιά, μαζεύαμε το κοπάδι και γυρίζαμε στο μαντρί.   Και την ώρα που πέφταμε πάλι στην καπότα, για να ζεσταθούμε και να συνεχίσουμε τον ύπνο, νοιώθαμε πως βρισκόμασταν στον παράδεισο...

Αλλά υπήρχε κι άλλος, πρόσθετος και σοβαρός λόγος ν' αντιπαθούμε το χειμώνα.   Ήταν ότι πεινάγαμε περισσότερο.

---

[5] σκαρίζω (μεταβατικό) βγάζω τα πρόβατα ενώ είναι νύχτα, για νυχτερινή βοσκή ή νωρίς το πρωί

[6] τροφή των ζώων

[7] χουγιάζω < (άμεσο δάνειο) σλαβικής προέλευσης hujati + -άζω (λαϊκότροπο) φωνάζω δυνατά από απόσταση

Γιατί αντίθετα με τις άλλες εποχές, που... μας πριμοδοτούσαν από πλευράς τροφής - γκόρτσα, καλαμπόκια, σταφύλια, χλωρά λαθούρια και ρεβίθια, κ.λπ. - το χειμώνα, εκτός από το πρωινό και βραδινό σιτηρέσιο - λειψό και κείνο - δεν υπήρχε τίποτα, τίποτα άλλο να βάλλουμε στο στόμα μας.

Την ΑΝΟΙΞΗ την περιμέναμε πραγματικά σαν άνοιξη, σα λαμπρή που λέμε, για τους εξής κύριους λόγους:

1ον Γιατί μετριάζονταν όλα τα κακά του χειμώνα, κι επί τέλους ζεσταινόμασταν.

2ον Γιατί τελείωνε η σαρακοστή, που πάντα την κρατάγαμε, κι έτσι λαμπρέβαμε. Κρέας βέβαια τρώγαμε λίγο, και σπάνια, αλλά πίναμε λίγο γάλα - που περίσσευε τώρα από τα κατσίκια - τρώγαμε λίγη γιαούρτη κ.λπ.

3ον Γιατί αρχίζαμε το πλιάτσικο. Δηλαδή μπαίναμε σε ξένα χωράφια και κουρσεύαμε ότι φαγώσιμη χλωρασιά βρίσκαμε: λαθούρια, ρεβίθια, κουκιά, στάρι σε λαψάνες, κ.λπ., που μας φαίνονταν παντεσπάνι. Και,

4ον Γιατί ημέρευε το βουνό, φύτρωνε λίγο χορτάρι, και προ παντός γιατί άρχιζε να βγαίνει το ροιδάμι[8] κι έτσι να βόσκουνε καλύτερα τα ζωντανά, πράγμα που μας έφερνε άφατη χαρά.

Αλήθεια, πολύ - πολύ χαιρόμασταν όταν τα γιδοπρόβατα βρίσκανε και τρώγανε πολύ χορτάρι, η ροιδάμι. Με συγκίνηση θυμάμαι πως κάποια νύχτα ο μπάρμπας μου μ' έναν άλλον

---

[8] ροδάμι ο νέος βλαστός

τσιοπάνη βουλώσανε τα τροκάνια, και πήγαμε κι απολύσαμε τα κοπάδια σε κάτι ξένα λαθούρια, και βόσκανε όλη νύχτα! Και μια άλλη φορά εγώ ο ίδιος, την παραμονή που τόσκασα από το Καπαρέλι, απόλυσα όλο το κοπάδι μέσα σε μια αμποδημένη έκταση, που είχε πολύ χορτάρι. Καλά που έφυγα, αλλιώς ο μπάρμπας μου θα μ' έκανε κατά κυριολεξία τ' αλατιού, γιατί αυτό ήταν πολύ σοβαρή αγροζημιά.

Το ΚΑΛΟΚΑΙΡΙ είχε τις δικές του χάρες: Τρώγαμε περισσότερο γάλα, λίγο φρέσκο τυρί, ωμό φρέσκο τραχανά, ιδιαίτερα δε μας άρεθαν τα ξύσματα, από το καζάνι που τον πνίγανε. Τρώγαμε επίσης αρκετά σύκα, πολλές μούρες, κάποτε και αχλάδια, άλλοτε πάλι κλεφτά καλαμπόκια, και προ παντός τρώγαμε πολλά - πολλά γκόρτσα - όσα θέλαμε.

Πιάναμε και ψέναμε και κανένα σκαρόπουλο, αλλά θυμάμαι πως κάτι τέτοιο μας πίκραινε, και το αποφεύγαμε κατά το δυνατόν. Μια δε φορά που με τη Σοφία, είδαμε μετά από μια τέτοια μας πράξη, τη μάνα των πουλιών να στριφογυρίζει πάνω από την άδεια φωλιά, και να οδύρεται για τα μικρά της, που λείπανε, βάλλαμε και μείς τα κλάματα...

Ο μ ά ρ κ α λ ο ς ήταν μια γνήσια ιεροτελεστία της φύσης. Βαθιά μας εντυπωσίαζε ο σεξουαλικός οργασμός, ο ίστρος που ξαφνικά αναστάτωνε τη ζωή του κοπαδιού. Χαιρόμαστε την ένωση των ζώων σαν αυτή κάθε αυτή βιολογική πράξη, αλλά και γιατί σκεπτόμασταν τ' αρνάκια και τα κατσικάκια, που λίγο αργότερα θα γεννιόντουσαν απ' αυτήν την ένωση.

Το μ ο υ ν ο ύ χ ι σ μ α των τραγιών - και των κριαριών φυσικά - ήταν κάτι το πολύ σκληρό, κάτι το πολύ οδυνηρό. Το σπαραχτικό βόγγημα τους την ώρα της επέμβασης, ήταν μαχαιριά στην καρδιά μας. Κι ήταν απέραντη η συμπόνια μας για τα ως χτες τόσο λεβέντικα και περήφανα αυτά ζώα - αναφέρομαι κυρίως στα τραγιά - που τώρα, διωγμένα από το σεξουαλικό τους παράδεισο, περπατούσαν άκεφα και συλλοϊσμένα, κάτι σαν νικημένοι στρατηγοί...

Ο κ ο ύ ρ ο ς μάλλον μας στενοχωρούσε, ιδίως των αρνιών, γιατί χάνανε τη φυσική ντυμασιά τους που τάκανε τόσο ελκυστικά.

Ο γ έ ν ν ο ς μας χάριζε την πιο δυνατή, την πιο ευχάριστη συγκίνηση. Η χαρά που νοιώθαμε καθώς πιάναμε στα χέρια μας τα νηογέννητα αρνάκια η κατσικάκια ήταν άλλο πράγμα. Τρώγαμε και κορκοφύγκι, το πρώτο δηλαδή γάλα του ζωντανού που γένναγε, αλλά θυμάμαι δεν μας άρεθε.

Την αυτή κι ίσως πιο δυνατή συγκίνηση νοιώθαμε σαν γεννιότανε και κανένα μοσχαράκι, η κανένα πουλαράκι. Α, είναι κάτι το πολύ - πολύ όμορφο να βλέπεις νιογέννητα τέτοια πλασματάκια.

Ο ερχομός του Φ Θ Ι Ν Ο Π Ω Ρ Ο Υ μας γέμιζε από μεγάλη χαρά, γιατί άρχιζε να βρέχει και δρόσιζε ο καιρός, κι ακόμα γιατί ψένονταν τα σταφύλια, που ήταν η μεγαλύτερη λιχουδιά μας, και τα ταράζαμε στην κλεψιά. Λαίμαργος μάλιστα καθώς ήμουνα, κάποτε που βρέθηκα στ' αμπέλια την παραμονή του τρυγητού - από την άλλη μέρα δεν θα είχε μείνει πουθενά, ούτε τσαμπί, γιατί ήταν γενικός ο τρύγος - έφαγα τόσα πολλά σταφύλια, που έπεσα κάτου και δεν μπορούσα να σηκωθώ!...

Αλλά και χλωρά κρεμμύδια και σκόρδα τρώγαμε πολλά, και πράσα. Αυτά (τα πράσα) τα παίρναμε από τ' Άργος, γι' αυτό και τους Αργίτες τους λέγαμε πρασάδες. Ναι, ξέχασα τα κούμαρα, τα πολλά, όλο μέλι, κατακόκκινα κούμαρα, που τα ταράζαμε...

Τα παιχνίδια μας ήταν πολύ απλά. Παίζαμε το τσιλίκι, το ντοκά - μια μικρή πέτρα, πάνω σε μια μεγάλη, και την κοκέβαμε - τη σντρίλια κ.λπ. Κάποτε παραβγαίναμε στο τρέξιμο, η το πήδημα, η παλεύαμε, ρίχναμε μακριά το λιθάρι, και άλλα. Απλά πράματα, αλλά τα χαιρόμασταν.

Με τα σκυλιά επίσης, κάναμε του κόσμου τις τρέλες. Ήτανε οι καλύτεροι φίλοι μας. Προ παντός παίζαμε με τα κάπως μικρότερα, γιατί τα πολύ μεγάλα μας φέρνανε δέος που τα βλέπαμε, και τα φοβόμασταν και λίγο.

Και τώρα κάτι το καταπληχτικό μ' ένα σκυλί μας, ένα σωστό λιοντάρι, που το λέγαμε Γκατζιώνη. Είχαμε πάει κάποτε με το μπάρμπα μου, με δυό ζά, ψηλά στα έλατα, για να κόψουμε μερικά, που τα θέλαμε για σκεπή, μαζί μας δε ήταν κι ο Γκατζιώνης. Κόψαμε τα έλατα, και μετά καθίσαμε και φάγαμε λίγο ψωμί, και κάτι για προσφάι, ως συνήθως. Μετά φορτώσαμε τα μουλάρια και κατεβήκαμε στο χωριό. Στο δρόμο δοκηθήκαμε[9] ότι έλλειπε το σκυλί, αλλά υποθέσαμε ότι θα είχε πάει στο μαντρί. Αλλά ούτε εκεί βρέθηκε, την άλλη μέρα που πήγαμε στη στάνη. "Βρε να πάρει ο διάβολος", - είπε ο μπάρμπας μου, καθώς εν τω μεταξύ αντιλήφθηκε ότι έλλειπε και το ταγάρι. «Βρε να πάρει ο διάβολος, το σκυλί έχει μείνει στα έλατα, με το ταγάρι». Και πράγματι, όταν το απόγευμα της ίδιας μέρας ο μπάρμπας μου έφτασε στο σημείο που είχαμε κόψει τα έλατα, βρήκε το σκυλί να ήταν εκεί, χωρίς μάλιστα να έχει αγγίξει το σακούλι με το ψωμί, παρ' ότι ήταν νηστικό δυό μέρες !...

Καταπληχτικό, και συγκινητικό, ε, δεν είναι; Ήταν σπουδαίο κι ατρόμητο ζό ο Γκατζιώνης. Είχε πολλές φορές χτυπηθεί με λύκους, κι είχε σώσει το κοπάδι, τελικά δε ψόφησε από δάγκωμα λύκου, η κάποιου άλλου, επιθετικού αγριμιού,

---

[9] δοκήθηκα 1. καταλαβαίνω 2. σκέφτομαι, πιστεύω 3. θυμάμαι

που το λένε Ρήσο. Φαρμακωθήκαμε όλοι μας, σα να μας είχε πεθάνει άνθρωπος.

Στο δρόμο για το μαντρί προς τη Γριβίνα, υπήρχαν κι άλλες στάνες, μια δε απ' αυτές - που ήταν ακριβώς μετά από το γιοφύρι, και το χειμώνα που το ποτάμι είχε πολύ νερό, δεν μπορούσαμε να περάσουμε απ' αλλού - είχε κάτι τρομερά μαντρόσκυλα, που καταπίναμε την ψυχή μας ώσπου να τα ξεπεράσουμε. Κάποια φορά ένα με πέταξε κάτου, και με ψευτο-δάγκωσε, στο κεφάλι. Αλλά μια άλλη μέρα, καθώς γυρίζαμε από τη στάνη στο χωριό με το φίλο μου το Μπανιόκα, δεχτήκαμε σφοδρή επίθεση απ' όλο το κοπάδι τα σκυλιά. Κι ένα από δαύτα δάγκωσε το Μπανιόκα στη γάμπα τόσο πολύ, που ούρλιαξε από τους πόνους, το δε αίμα πετάχτηκε τσαμπούνα πέρα. Και πήγε ο ταλαίπωρος μέχρι το χωριό, κλαίγοντας και ουρλιάζοντας. Κι ήταν τόσος ο φόβος που πήραμε απ' αυτά τα σκυλιά, που την επόμενη φορά που επίσης γυρίζαμε από τη στάνη στο χωριό, για να τ' αποφύγουμε, κουτουρήσαμε και περάσαμε από το ποτάμι, που ήταν πολύ φουσκωμένο, και παρ' ολίγο να πνιγούμε.

Αλησμόνητη μου μένει η φαρμακερή εμπειρία που ζήσαμε όλοι μας στο σπίτι, όταν κάποιο πρωί είδαμε το μαντρί μας, πάνω στη σπηλιά του Κάστρου, να καίγεται! Το μέρος αυτό ήταν Νιοχωρίτικο, αλλά κανείς ποτέ δεν είχε χρησιμοποιήσει τη σπηλιά. Έτσι ο μπάρμπας μου αποτόλμησε και πήγε και την τσάρκωσε, κι έφτιαξε κι ένα καλύβι, για να ξεχειμωνιάσουμε εκεί. Αλλά κάποιος Νιοχωρίτης, από συμφέρο η παλιανθρωπιά, πήγε κι έβαλε φωτιά, και μας έκαψε. Υποβλητική ήταν η ιεροτελεστία, το "ύψωμα" δηλαδή που ο μπάρμπας μου έκανε, κάθε φορά που χανότανε κάποιο ζωντανό. Έβαζε σ' ένα κεραμίδι λίγη φωτιά, έριχνε επάνω λίγο λιβάνι κι άναβε κι ένα κερί, και κάτι ψέλλιζε, ενώ όλοι μας κάναμε το σταυρό μας, ώσπου να καεί το λιβάνι. Και χωρίς να πιστεύω σ' αυτά τα πράγματα, πάντα βρίσκαμε απείραχτα από λύκο η άλλο κακό τα ζωντανά που χάναμε.

Πολύ με συγκινούσαν οι μεγάλες σπηλιές, οι θεόρατοι βράχοι, όπως ο Κοκκινόβραχος και άλλοι, καθώς και κάποιο κάστρο ψηλά στο Μεγαλοβούνι, που λέγανε ότι το είχανε χτίσει Αρμένιοι, και γι' αυτό το ονόμαζαν Αρμενόκαστρο. Κάποτε κάποιος από τους σμίχτες μας έπιασε σ' ένα βράχο ένα αγριομέλισσο, δηλαδή βρήκε το κουβέλι,[10] γεμάτο μέλι, και φάγαμε τόσο που ξεκοιλιαστήκαμε. Κάπου στη Γριβίνα, ήτανε καμιά εικοσαριά δέντρα, κάπως κοντά το ένα στο άλλο. Εκεί λοιπόν σκαρφάλωνα πότε - πότε, ψηλά, και περνούσα από το ένα κλαρί στο άλλο, πράγμα που μ' έκανε να νοιώθω... σωστός Ταρζάν. Άλλοτε πάλι, σα μεγάλωσα κάπως, ξεκώλωνα με τα χέρια μικρές πατουλιές, και φανταζόμουνα πως ήμουνα... Κουταλιανός![11] Η λαχτάρα μου για μυϊκή δύναμη, ήταν άλλο πράμα.

Κάποια μέρα στη βρύση του Καλιμάνη που έβοσκα τα γίδια, πέρασαν δυο - τρείς χασάπηδες, που θέλανε ν' αγοράσουν σφαχτά, αλλ' ο μπάρμπας μου έλλειπε, και φύγανε άπραχτοι. Και παραδόξως ο ένας έβγαλε από την τσέπη του και μού δώσε ένα δίφραγκο, η ίσως ένα τάλληρο, δεν θυμάμαι. Ήταν η πρώτη φορά που έπιανα δικά μου λεφτά στα χέρια μου, και χάρηκα πάρα πολύ. Σαν ήρθε σε λίγο η κυρούλα μου της είπα το περιστατικό, μου ζήτησε δε και της έδωσα το νόμισμα, λέγοντας πως θα μούπερνε... παπούτσια - κάτι δηλαδή καθ' ολοκληρίαν ανέφιχτο.

---

[10] κουβέλι = φυσικό κοίλωμα ή ειδική κατασκευή όπου ζουν οι μέλισσες και κατασκευάζουν τις κηρήθρες τους

[11] Παναγής Κουταλιανός (Panagís Koutalianós) γεννήθηκε το 1847 και πέθανε το 1916. Ήταν άντρας με ηρακλειώτικη δύναμη και μαθητής του περίφημου δασκάλου πάλης Μπερνάρ. Ταξίδεψε σε όλο τον κόσμο ως αθλητής άρσης βαρών και παλαιστής και δεν ηττήθηκε ποτέ σε κανέναν αγώνα ούτε στην Αμερική ούτε στην Ευρώπη.

Λαχτάρα το είχα ν' αγοράσω την Αγία Επιστολή. Γι' αυτό και έδωσα κάποτε στο φίλο μου το Μπανιόκα, που πήγαινε ταχτικά στο Άργος, έδωσα μια ολόκληρη αρμαθιά σαλιγκάρια, για να τα πουλήσει και να μου πάρει την Επιστολή. Αλλά δυστυχώς, όπως μου είπε, τα σαλιγκάρια δεν πουλήθηκαν, κι έτσι η λαχτάρα μου έμεινε λαχτάρα.

Αλήθεια, για πολλά τρόφιμα μίλησα, αλλά ξέχασα τα σαλιγκάρια. Τρώγαμε πολλά μπομπόλια, αλλά η αδυναμία μας ήταν τα βραχίσια σαλιγκάρια, από τα οποία και μαζεύαμε σωρό. Ήτανε δε η ασχολία αυτή πολύ ενδιαφέρουσα, καθώς τα αναζητούσαμε μέσα στις γράβες, η άλλοτε κολλημένα ψηλά στα βράχια, κι όχι λίγες φορές σε πολύ απόκρημνα σημεία. Αλλά κι αγριοσέληνα μαζεύαμε ψηλά στο βουνό, ιδίως στα ζάστανα, όπου δεν μπορούσαν να μπουν τα γίδια να μας τα φάνε, μας φαίνονταν δε μέλι. Ναι, και μυρόνια μαζεύαμε, ταγάρια μάλιστα, και μας έφτιαχνε πίττα η θειά μας. Και τελειώνουμε με τα βροβιά, αν και αυτή ήταν δουλειά κυρίως των μεγάλων.

Και θυμάμαι πως γκούρλωσα τα μάτια καθώς κάποτε παρακολουθούσα κάποιον, ονόματι Βασίλη Σκουργιά, να χτυπάει με τόση δύναμη το ξινάρι, που χωνότανε όλο στη γη!..

Κάποτε έπεσε ένα βετούλι μέσα σ' ένα πηγάδι, και πνίγηκε. Ο μπάρμπας μου το έβγαλε από το πηγάδι το βετούλι, ψόφιο φυσικά, και τόγδαρε, αλλά δεν θυμάμαι τι απόγινε με το κρέας του. Όμως θυμάμαι πολύ καλά το χουνέρι που έπαθα από τα τσιμπούργια, που είχαν παραμείνει στο τομάρι, και το οποίο από άγνοια, έβαλλα για προσκέφαλο. Σε λίγο λοιπόν σκάρισαν τα τσιμπούργια, κόρδιασαν σ' όλο μου το σώμα, κι είδα κι έπαθα να απαλλαγώ από δαύτα - με τσιμπάγανε όλη νύχτα...

Ένα μέσο για να φοβερίζουν οι τσιοπάνηδες τους λύκους, ήταν κι ο σαλίγκαρος. Ήταν ένα αλλόκοτο καβούκι σαλίγκαρου, που καθώς φυσάγανε μέσα, έβγαζε έναν πολύ δυνατό και παράξενο ήχο.

Εκείνα τα χρόνια ίσχυε η φορολογία της δεκάτης. Εφοριακοί καταμετρητές περιέρχονταν τις στάνες μια φορά το χρόνο, κάθε καλοκαίρι, και κατάγραφαν του καθενός τα γιδοπρόβατα, οπότε ο κάθε τσιοπάνης έχανε τα δέκα από τα εκατό σφαχτά που είχε, πράγμα εξοντωτικό. Γι' αυτό και την περίοδο της καταμέτρησης σχεδόν όλοι οι τσιοπαναραίοι κόβανε μεγάλο μέρος από το κοπάδι τους, και φευγοδικάγανε για καιρό σ' ερημικά μέρη, για ν' αποφύγουν το χαράτσι. Ο μπάρμπας μου λοιπόν κι άλλοι δυό στανίτες, σμίξανε μια χρονιά τα "λαθραία" τους, κι ανάθεσαν σε κάποιον Κωτσιολιά ονόματι, περίπου 25 χρονώ, και στη Γιωργίτσα του Νταή, είκοσι χρονώ, καθώς και σε μένα, περίπου δώδεκα χρονώ, να τα φυλάξουμε. Για ένα κι ακόμα μήνα, ήμασταν σε συνεχή κίνηση ανά το βουνό, για ν' αποφύγουμε το γράψιμο. Τελικά ξεθάρρεψαν ο μπάρμπας μου και οι άλλοι, ότι πέρασε ο κίνδυνος, κι έτσι κάποιο βράδυ γυρίσαμε στα μαντριά. Αλλα ακριβώς στο φώτημα της άλλης μέρας - σίγουρα από κατάδοση - μας μπλάτσιασαν εκεί οι εφοριακοί, και κατάγραψαν μέχρις ενός όλα τα σφαχτά! Καταπλαντάξαμε από τη στενοχώρια μας.

Κάποια από κείνες τις νύχτες, στο βουνό, ο Κωτσιολιάς έκανε επίθεση να βιάσει τη Γιωργίτσα, αλλά εκείνη αντιστάθηκε σφόδρα, του καταξέσχισε το μούτρο με τις γρατζουνιές, και τελικά τον απόφυγε... Εγώ καμωνόμουνα πως κοιμόμουνα, ποτέ δε και σε κανέναν δεν είπα τίποτα σχετικώς.

Αφόρητη πλήξη με βασάνιζε κατά καιρούς, η δε μέρα μου φαινότανε αιώνας. Και φοβερά ανυπομονούσα να μεγαλώσω, ν' αποχτήσω πολλή μυϊκή δύναμη...

Άγνωστο από τί, συχνά παρακινιόμασταν να σκοτώνουμε φίδια στο δάσος, συνήθως μη φαρμακερά, όπως: δεντρογαλιές, κουφοσαπίτες και άλλα. Και κάναμε το ίδιο και με τις καημένες τις χελώνες, που δεν συνέτρεχε κανένας απολύτως λόγος. Ούτε και τα σκαντζοχέρια μας γλύτωναν, τα σκοτώναμε κι αυτά, έτσι για γούστο. Και μάλιστα κάναμε μεγάλον αγώνα ως ότου τα ξεκάνουμε, γιατί μας τρύπαγαν τ' αγκάθια τους. Κάποια μέρα πάλι, εγώ ο ίδιος σκότωσα εν ψυχρώ μέσα στο λαγούμι τους τρία λαγουδάκια. Φοβερό ! Τι θηρίο που είναι ο άνθρωπος, από τα γεννοφάσκια του... Μετά στενοχωρήθηκα βέβαια, αλλά τι το όφελος;

Πολύ θαύμαζα κάποιο άλλο τσιοπανόπουλο, τον Καραβντούλη, που τόλμαγε κι άρπαζε από την ουρά, με το χέρι, μεγάλα και φαρμακερά φίδια. Ευθύς δε αμέσως τους άπλωνε τη μαγκούρα, κι έτσι απέφευγε να τον δαγκώσουν, γιατί τα φίδια τυλιγόντουσαν στο ραβδί. Μετά έπαιζε για λίγο μαζί τους, και τελικά τα σκότωνε.

Παραδόξως, εύρισκα κι έπαιρνα από το σπίτι ολόκληρες κούτες από σπίρτα, με τα οποία κι άναβα φωτιές όπου μπορούσα, τόσο για ζεστασιά η απλώς για τη θέα της. Άλλοτε πάλι έκαιγα θειάφι, για ν' απολαμβάνω τη μυρουδιά του, που πολύ μου άρεθε. Αλλά μια μέρα έχασα τον έλεγχο της φωτιάς που είχα ανάψει σε μια καλαμιά, για να κάνω χάζι, από φόβο δε για τις συνέπειες - ξύλο κ.λπ. - τόβαλλα στα πόδια, κι απομακρύνθηκα. Ευτυχώς κάποιος μεγάλος τσιοπάνης αντιλήφτηκε τη φωτιά κι έτρεξε και την έσβησε, αλλιώς ίσως να γινότανε μεγάλο κακό.

Με την ξαδέρφη μου τη Σοφία συνδεόμασταν πολύ, και σχεδόν βρισκόμασταν πάντα μαζί, με τα γίδια η τα πρόβατα. Ήμασταν της ίδιας ηλικίας αλλά εκείνη και πιο δυνατή ήταν, και πιο ώριμη. Τη θαύμαζα δε ιδιαίτερα που μπορούσε και δάμαζε τα βόδια, στο καμάτι.[12] Κάναμε και πολλές τρέλες. Κάποτε κατεβήκαμε μέσα σ' ένα πηγάδι, κι είναι θαύμα που δεν

---

[12] Καμάτι: όργωμα

γλιστρήσαμε, η δεν λιποψυχήσαμε, και να πέσουμε στο νερό, να πνιγούμε. Στον Κοκκινόβραχο πάλι κάποια άλλη φορά, πολύ κινδυνέψαμε να σκοτωθούμε. Αποτολμήσαμε και περάσαμε ξυστά σε κάποιο πολύ επικίνδυνο σημείο του βράχου - μόλις, μόλις που κρατιόμασταν με τα δάχτυλα χεριών και ποδιών, ενώ κάτου έχαινε ο σκοτωτής γκρεμός...

Καιρός να γελάσουμε και λίγο. Ήταν μια καυτερή μέρα του θεριστή, περνώντας δε από το υδραγωγείο του χωριού, κάπου ψηλά στα τσερανάκια που το λένε, στάθηκα σ' ένα άνοιγμα του καναλιού, για να πιώ νερό. Και δυστυχώς, από απροσεξία, μου 'πεσε ένα από τα γουρνοτσάρουχά μου μέσα στο νερό, και παρασύρθηκε, και χάθηκε!... Είχα δε την αφέλεια να πιστεύω πως ίσως το τσαρούχι να έφτανε τελικά στη βρύση, και εκεί κάποιος να το άρπαζε και να το πέταγε, κι ίσως έτσι να κατάφερνα να το 'βρισκα. Γι' αυτό και πήγα στη βρύση, αλλά κοντολογίς το τσαρούχι δεν βρέθηκε - και φυσικά δεν ρώτησα, τις γυναίκες που βρήκα εκεί να πλένουν, που τέτοιο θάρρος... Θυμάμαι μόνο ότι βρήκα στη στάνη κάποιο άλλο, διαλυμένο τσαρούχι και φόρεσα, κι έτσι το γλύτωσα το μπερντάχι από τον Καραβάνη.

Μεγάλη χαρά μας έδινε να φτιάχνουμε σφυρίχτρες, την άνοιξη, από σφεντάμια, από γορτσιές κ.λπ., πήγαινε δε το σφύριγμα σύννεφο...

Από τη ζωή της νύχτας πρόσεχα πολύ το μοιρολόι του Γκιώνη, και του χούρχουλα. Επίσης τους γρύλλους, και τα τριζόνια. Άλλοτε πάλι αφουγκραζόμουνα και τους άλλους λογής - λογής θορύβους του δάσους, αλλά ο έρωτάς μου ήταν να βλέπω το φεγγάρι, και τ' αστέρια. Δεν θυμάμαι τίποτα άλλο ν' αποσπούσε την προσοχή μου τόσο πολύ, όσο αυτή η ασχολία. Συχνά τα καλοκαιρινά βράδια, άλλοτε καθιστός, κι άλλοτε ξαπλωμένος ανάσκελα, αγνάντευα και δε χόρταινα το φεγγάρι, και γενικά τον έναστρο ουρανό. Σαν έβλεπα και κοβότανε κανένα αστέρι, γκούρλωνα τα μάτια από έκσταση, και περιέργεια, για να ιδώ που θα πάει, που θα κρυφτεί... Άλλοτε πάλι ξεκίναγα να τα μετράω τ' αστέρια, αλλά καθ' οδόν τα μπέρδευα, ζαλιζόμουνα, κι αποκοιμιόμουνα, αλλά όχι σπάνια, συνέχιζα το μέτρημα και στον ύπνο, στ' όνειρο...

Ήξερα και μερικά από τ' αστέρια, όπως: την πούλια, την αλετροπόδα, τον αποσπερίτη, τον αυγερινό και άλλα. Και πόσο λαχταρούσα να βρεθώ εκεί ψηλά, κοντά τους, και να χουφτιάσω στα χέρια μου όσα μπορούσα πιο πολλά, γιατί τα φανταζόμουνα να ήταν κάτι σαν διαμάντια, σαν μαργαριτάρια...

Σαν ήταν πανσέληνο τα σκυλιά γαυγίζανε το φεγγάρι, και κάναμε χίλιες - δυό υποθέσεις γι' αυτό το φέρσιμό τους. Κι εγώ το κοίταζα, το κοίταζα, το κοίταζα και δεν το χόρταινα. Κάποτε νόμιζα πως ήταν φτιαγμένο από χρυσάφι, άλλοτε από ασήμι, κι άλλοτε πάλι έλεγα πως μπορούσε να ήταν... ένα θεόρατο, αναμμένο κάρβουνο, και μάλιστα από δέντρο Κέντρο, που αργεί να καεί. Και η πιο αφελής ιδέα ήταν να φαντάζομαι πως αν βρισκόμουνα ψηλά - ψηλά, στην κορφή του βουνού, κι είχα και μια μεγάλη σκάλα, κι ένα φτυάρι, ασφαλώς... θα το 'φτανα. Τι καλά αν γινόταν δυνατό, ο μαγικός τούτος κόσμος της παιδικής ηλικίας, να παρακολουθούσε τον άνθρωπο σ' όλη του τη ζωή...

Ήμουνα και ζημιάρης, κυρίως από περιέργεια. Όπως μια μέρα κάπου στη Γριβίνα, που πέταξα μια πέτρα κι έσπασα ένα μονωτήρα του τηλεφώνου, πάνω στην κολώνα. Γιατί φανταζόμουνα λέει, πως με το σπάσιμο θ' αναπηδούσε... πυρκαγιά, κάτι σαν ηφαίστειο. Και μελαγχόλησα που... διαψεύστηκα.

Κάποτε που έβοσκα τα γίδια κατά τον Κοκκινόβραχο,

άγνωστο από ποια αιτία, είχα μείνει λίγο πίσω από το κοπάδι. Καθώς δε προχωρούσα να το φτάσω, βλέπω ξαφνικά, στο Διακόπι που το λένε, ένα βετούλι να σπαράζει κάτου, κι από το λαιμό του να τρέχει αίμα. Φαίνεται πως μόλις το είχε φάει ο λύκος. Αλλά δεν πρόλαβε να το πάρει, γιατί κατάλαβε φαίνεται πως πλησιάζει άνθρωπος, και λάκισε. Νόμος απαράβατος, τα ζωντανά που δαγκώνει ο λύκος, ψοφάνε, το δε κρέας τους δεν το τρώνε οι άνθρωποι.

Ο ξάδερφός μου ο Γιάννης ήταν σωστός αντάρτης. Έκανε ό,τι του κατέβαζε η κούτρα του, το δε ξύλο που του πάταγε ο πατέρας του ήταν άλλο πράμα, χωρίς ως τόσο και να το χαμπαρίζει. Τον θαυμάζαμε ως ένα σημείο για την απειθαρχία του, προ παντός γιατί αντίθετα με μας που δεν κοτάγαμε[13] ν' απλώσουμε να πάρουμε τροφή χωρίς έγκριση, εκείνος άρπαζε ψωμί, το βούταγε και στο λάδι, και το καταβρόχθιζε. Κι εμείς γκουρλώναμε τα μάτια, από έκπληξη, αλλά και από ζήλεια.

Κακό, μεγάλο κακό η πείνα. Σε στραβώνει τόσο που δεν ξέρεις τι κάνεις. Όπως μια φορά εμένα, που χίμηξα να φάω μερικά σβώλια ασβέστη, γιατί τα πέρασα ... για τυρί. Γυρίζοντας κάποια μέρα από το σχολείο - σπαθιά ξεγυμνωμένα, για να φάμε κάτι - βρήκαμε το σπίτι κλειστό! Αλλά ο αδερφός μου ο Μήτσιος κατάφερε μ' ένα σύρμα ν' ανοίξει την πόρτα. Χιμήξαμε λοιπόν μέσα, ακριβώς δε μπροστά εκεί ήταν μια κάσσα από ρέγκες, και μέσα στην κάσσα ήταν μερικά σβώλια χωρί, τόσο όμοια με τα σβώλια τυρί, που πριν προλάβω να σκεφτώ, άρπαξα ένα κομμάτι, και το δάγκωσα!

Θυμάμαι επίσης πως το λίγο ψωμί που μού 'διναν κάθε πρωί στο μαντρί, για να ξελημεριάσω, το 'τρωγα ως τις δέκα η ώρα, και μετά το στομάχι βάραγε νταρβίρες,[14] ως το βράδυ που

---

¹³ κοτάγω: τολμώ.

¹⁴ νταρβίρα = φλογέρα

θα γύριζα πίσω. Είχα πάντοτε από τότε ανακαλύψει το μυστικό και μάσαγα πολύ, πάρα πολύ την κάθε μπουκιά, ώσπου γινόταν εντελώς χυλός στο στόμα μου, για να κοροϊδεύω έτσι τον εαυτό μου ότι έτρωγα πολύ ψωμί. Τη "μέθοδο" μάλιστα αυτή την εφάρμοσα αργότερα και στην Αλβανία. Αλλά για να ειπώ όλη την αλήθεια, πρέπει να προστέσω ότι ήμουν και πολύ λαίμαργος, πολύ ασυγκράτητος, έρμαιο των ενστίκτων μου σ' όλες μου τις εκδηλώσεις.

ΣΤΟ ΧΩΡΙΟ ΚΑΙ ΣΤΟΝ ΚΑΜΠΟ

Ο θέρος ήταν μια σκληρή δοκιμασία για μας τα παιδιά, κυρίως γιατί ήμασταν   μισοξυπόλητα, και επίσης γιατί τα βρακιά μας μόλις που φτάνανε ως το γόνατο,   κι έτσι μας κατατρυπάγανε οι καλαμιές, τ' αγκάθια κι οι σφαλαρίδες. Αλλά και με νοσταλγία θυμάμαι το σφύριγμα των γρύλλων, καθώς και τις φεγγαρόλουστες νύχτες, όταν κουβάλαγα από τον κάμπο τα δεμάτια στο χωριό.

Το αλώνισμα μού φέρνε δέος, καθώς παρακολουθούσα τον τιτάνιο αγώνα, ανθρώπων και ζώων, για να βγάλουν πέρα τη φοβερά δύσκολη αυτή δουλειά. Θυμάμαι μάλιστα ότι κάποτε, από την πολλή κούραση και τη ζέστη, ένα μουλάρι έσκασε στ' αλώνισμα! Αλλά και πολύ χαιρόμασταν, όταν μας άφηναν να καθόμαστε στο ντουγένι - μας μέθαγε ο ίλιγγος...

Το μάζεμα των ελιών ήταν επίσης μεγάλος μπελάς, κυρίως λόγω του πολύ   τσουχτερού κρύου, καθώς και του ζόρικου πάγου που τίναζε συχνά αυτή την εποχή. Κυριολεχτικά κοκαλιάζαμε, τα δάχτυλά μας μυρμήγκιαζαν απαίσια και δεν τα   ορίζαμε, και επίσης σκεβρώναμε από το πολύ σκύψιμο και την πολύωρη δουλειά.

Τον αδερφό μου το ΜΗΤΣΙΟ, χαρακτηριστικά τον θυμάμαι μόνο ότι ήταν κολλημένος σα στρείδι, στη θειά μας την Παρασκευή. Τόσο που όταν κάποτε εκείνη έφευγε   για τη Λάρισα και δεν μπορούσε να τον πάρει μαζί της, εκείνος, κλαίοντας σπαραχτικά επέμενε να την ακολουθήσει. Και τελικά για να τον εμποδίσουν, αναγκάστηκαν να τον κατεβάσουν στο λινό, απ' όπου πια ήταν αδύνατο να βγει. Και θυμάμαι ότι συνέχισε να κλαίει γοερά, μέχρις ότου απόκανε, κι αποκοιμήθηκε...

Και τη ΓΙΩΡΓΙΤΣΑ επίσης πολύ λίγο τη θυμάμαι, στο Καπαρέλι. Θαρρώ πως ήταν πολύ ανήσυχη. Και αυτοαπομονωμένη. Η κύρια θύμηση που διατηρώ γι' αυτή, για τότε, είναι κάποιο πρωί που ήρθε ο Γέρο-Πιπέρης στο μαντρί, και την πήρε για το Λιόντι. Για να πλένει, να ζυμώνει, να παχνιάζει, να κουβαλάει ασταμάτητα νερό από τη βρύση, και γενικά για να μεγαλώνει τα παιδιά του μπάρμπα μου του Βαγγέλη. Και παραξενευόμουνα που έβαλλε τα κλάματα, και κλώτσαγε, και δεν ήθελε με κανένα λόγο να φύγει. Ίσως η ταλαίπωρη να προαισθανότανε τι την περίμενε, γιατί φεύγοντας από το Καπαρέλι, έπεσε ουσιαστικά από τη Σκύλλα στη Χάρυβδη...

Οι Πιπεραίοι είχανε μεγάλη περιουσία, και επίσης ο μπάρμπας μου ο Βαγγέλης είχε αρκετά παιδιά - σχεδόν όλα μικρά ακόμα, τότε - που σημαίνει ότι είχανε σοβαρή ανάγκη από χέρια, για τις αγροτικές δουλειές, και για τη λάτρα του σπιτιού. Και επειδή και στο Καπαρέλι δεν υπήρχε καλύτερη διέξοδο, ο παππούλης ο Γέρο-Καραβάνης ενέδωσε στην πρόταση του Γέρο-Πιπέρη, να μας μοιραστούν τα ορφανά.

Κι έτσι κατά το 1920 θαρρώ, ο Μήτσιος κι η Γιωργίτσα ρογιάστηκαν στα Πιπερέικα - ρογιάστηκαν δηλαδή χωρίς ρόγα - όπου και φοβερά παιδεύτηκαν επί 12 ολόκληρα χρόνια, με μόνη απολαβή μια σακαγιάρικη φοράδα που δώσανε στο Μήτσιο όταν παντρεύτηκε κι άνοιξε δικό του σπίτι. Και χαρακτηριστικό σημάδι της μικρότητας και παλιανθρωπιάς του Γέρο-Πιπέρη, ήταν ότι την άλλη μέρα που έδωσε το σακαγιάρικο ζό, ζήτησε από το Μήτσιο και πήρε πίσω το καπιστρόσχοινο! - Ε ρε συγγενής, να σου πετύχει...

Ο Κώστας όπως είπαμε, ήταν βυζανιάρικο όταν τον φέρανε στο Καπαρέλι. Η Γιωργίτσα βέβαια έχει απ' όλους μας την πρωτοπορία στους εξευτελισμούς, και τα βάσανα, αλλά θαρρώ πως κι ο Κώστας δεν πήγε και πολύ πίσω. Λένε στο Καπαρέλι, πως νήπιο ακόμα, ο Γέρο-Γιάννης, επειδή σιχαινότανε να του ξεπλένει τα σκατά, χειμώνας καιρός το βούταγε συχνά το παιδάκι στο αυλάκι, που πέρναγε μπροστά από το Καραβανιού σπίτι. Και το κορμάκι του παιδιού γινόταν ντομάτα, από το παγωμένο νερό, τσίριζε δε το ταλαίπωρο ως τον ουρανό, από τα ρίγη και τους πόνους...

Μίαν άλλη φορά κινδύνεψε να πνιγεί, στ' αυλάκι. Κάτου από το σπίτι υπήρχε ένα μεγάλο αλώνι, εκεί δε συνέπεσε εκείνη την ημέρα να τριαρίζουν στάρι. Κι άγνωστο πως, το παιδάκι γλίστρησε κι έπεσε στ' αυλάκι, και μάλιστα μαζί του κύλησε και   μια πέτρα, και το πλάκωσε το παιδάκι! Σίγουρα θα 'βαλλε τις φωνές, αλλά λόγω του θορύβου του τριεριού,[15] κανείς δεν τον άκουγε. Ευτυχώς, πέρασε έγκαιρα από κει κάποια γειτόνισσα, και το 'σωσε το καημένο.

Συχνά μετά το σκοτωμό του το '44 , σκεφτόμουνα πόσο καλύτερα θα ήταν να είχε χαθεί από τότε, η έστω αργότερα στην κατοχή, όταν ανεπιτυχώς αποπειράθηκε με μερικούς άλλους να δραπετέψει για τη Μέση Ανατολή.

Για την ιστορία θ' αναφέρω πως κάποτε που προσπάθησα να εμποδίσω, εκείνον   και μερικά άλλα παιδιά, να σκοτώσουν κάτι κατσουλάκια, ο Κώστας μου πέταξε μια πέτρα και παρ' ολίγο να με στραβώσει. Ευτυχώς με πήρε στο φρύδι, η πέτρα, η δε ουλή που μού 'κανε, φαίνεται ακόμα.

Από τα υπόλοιπα παιδιά του μπάρμπα μου, θυμάμαι λίγο μόνο τη Φροσύνη, όλα τ' άλλα μου διαφεύγουν. Ήταν φαίνεται πολύ μικρά τότε. Έπειτα, εκείνα στο σπίτι, εγώ στη στάνη, δεν συμβιώσαμε, για να τα θυμάμαι.

Στη μακαρίτισσα τη θειά μου τη ΔΗΜΗΤΡΩ, χρωστάμε

---

¹⁵ Τριέρι = καθαριστήριο σιτηρών

μεγάλη ευγνωμοσύνη. Ποτέ δεν άπλωσε χέρι απάνου μας. Και ποτέ επίσης δεν έκανε ανάμεσα στα παιδιά της και σε μάς την παραμικρή διάκριση. Φτώχεια, πείνα, ψείρα, ξύλο - από το μπάρμπα μας εννοώ το ξύλο - όλα ίδια για όλα τα παιδιά. Τη θυμάμαι θαμπά, σε κάποια γέννα της, που την είχανε πιάσει οι πόνοι και γύριζε μέσα στο σπίτι, βογκώντας. Και πάντα -όπως όλες οι γυναίκες του χωριού - γένναγε μόνη της, χωρίς μαμή, μόνο η κυρούλα της παραστεκότανε κάποτε. Θεός συχωρέστην, ήταν ξεχωριστός άνθρωπος. Φανταστείτε αγράμματη αυτή, να φέρνεται από παιδαγωγική άποψη τόσο τέλεια. Όπως παραδείγματος χάριν που ευθύς ως μπορούσε να σηκωθεί μετά τον κάθε τοκετό, έπαιρνε και μας παρουσίαζε το μωρό, λέγοντας με λαχτάρα και συγκίνηση: «Για ιδέστε, τι ομορφούλη παιδάκι που μας έστειλε ο θεούλης, σε λίγο θα παίζετε μαζί του». Και πραγματικά, δεχόμασταν το κάθε νέο παιδάκι σα θεόσταλτο δώρο, όλο παίζαμε μαζί του, και ποτέ δεν το χορταίναμε.

Κάποιον ονόματι Τσέτσιο, που ήταν μαραγκός, και που μίλαγε ωραία, ίσως και λόγω της δουλειάς του, τον παρομοίαζα... με την Ιωσήφ, τον άντρα της Παναγίας. Πάντα μου καλομίλαγε, και συνεχίζω να τον θυμάμαι με ευχαρίστηση.

Με τους πιο έξω ανθρώπους, σπάνια άλλαζα κουβέντα. Καταλάβαινα πάντως ότι με συμπονούσαν για την ορφάνια μου, καθώς και για την κακομεταχείριση που μού 'κανε ο μπάρμπας μου.

Επειδή όλος ο κόσμος τον κατάκρινε τον Καραβάνη, για τη διαπόμπεψη που έκανε στα μικρά παιδιά-στη Σοφία και στον Κώστα - να τα γυρίσει θεόγδυτα γύρω στο χωριό, ίσως γι' αυτό από τότε άρχισε να περιορίζει το ξυλοκόπημα. Αλλ' αυτό δεν μου άρεσε εμένα, γιατί είχα πάθει μαζοχισμό!... Κι αυτό μου συνέβη κι αργότερα, στη Νεμέα. Θυμάμαι πως είχα διαβάσει σε κάποιο περιοδικό, πως κάπου ο όχλος είχε ξυλοκοπήσει μέχρι θανάτου κάποιον ταλαίπωρο. Κι εγώ - άκουσον, άκουσον!

- πεθύμησα να είχα την ίδια τύχη! Και μάλιστα θυμάμαι ότι το περιστατικό αυτό, του λιντσαρίσματος, επιτάχυνε τη δεύτερη απόδρασή μου - από τη Νεμέα αυτή τη φορά, θέμα στο οποίο θα επανέλθω αργότερα.

Στο Κάτω Μπέλεσι, είχα πάει μερικές φορές, κυρίως για ψώνια. Θυμάμαι δε πως, παρά την απαίσια ντροπαλοσύνη μου, αντιμετώπιζα με άνεση το μπακάλη. Στο χωριό αυτό είχαν πολλές ελιές, και γι' αυτό και αρκετά λιοτρίβια, τα οποία και με εντυπωσίαζαν ιδιαίτερα. Ιδίως τον καιρό που δουλεύανε, οπότε και χάλαγε ο κόσμος από την πολλή κίνηση. Το 'χανε δε πρόγραμμα τότε, συνεχώς να φτιάχνουν και να σερβίρουν τηγανίτες, με μέλι, αλλά δυστυχώς εγώ, μη έχοντας εκεί κάποιον γνώριμον, περιοριζόμουνα... να καταπίνω τα σάλια μου.

Πάντως στο Καπαρέλι, όλους αυτούς τους πιο κάτου, υψομετρικά, και ιδιαίτερα τους Αργείτες, δεν τους είχαν σε υπόληψη.

«Βράζουνε από τη ζέστη» λέγανε, «το νερό τους είναι κάτουρο... κι αναγκάζονται ν' αγοράζουν ακόμα και τα λάχανα, και τα ξύλα... κι είναι και κολασμένοι...»

Οι πιο κάτου ευπορούσαν, ενώ οι Καπαρελιώτες ψωμολυσιάγανε, τα δε μίση μεταξύ τους πηγαίνανε σύννεφο. Κι εν τούτοις τους πιο κάτου τους οικτίρανε. Άντε να βρεις άκρη, με τ' ανθρώπινα...

Μεγάλη συγκίνηση και αναστάτωση γνώρισα κάποια μέρα το χωριό, γιατί κάποιος πήρε κινίνο ν' αυτοκτονήσει, και επίσης αποπειράθηκε να πέσει στην Τρύπα, οπότε θα σκοτωνότανε, δε γλύτωνε. Κι η αιτία ήτανε ότι ο πατέρας του δεν τον άφηνε να παντρευτεί κάποια κοπέλα που αγάπαγε, και που μάλιστα την είχε αφήσει έγκυο. Θυμάμαι σείστηκε όλο το χωριό, του βάλανε σωληνάκι στο στομάχι για να βγάλουν το κινίνο, και επίσης τον μετέφεραν λιπόθυμο στο σπίτι του, πάνω σε κάτι σανίδες. Παρά ταύτα ο πατέρας του δεν υποχωρούσε, κι έτσι ο Σπάγγος - αυτό ήταν το παρατσούκλι του - αναγκάστηκε και πήγε κι έφτιαξε μια καλύβα κάπου στον κάμπο, για να μείνει με τη γυναίκα του... Εκεί γεννήθηκε και το παιδάκι τους, που μάλιστα το βγάλανε «Καλυβιώτη», επειδή γεννήθηκε στην καλύβα. Ευτυχώς λίγο αργότερα φύγανε για την Αμερική, και σωθήκανε.

Άλλο και τούτο: Τσοπάνης ο Μπάρμπα-Νταής, κι όμως δεν έτρωγε κρέας και γαλακτ/μικά ! Και θαρρώ ότι πήγε 90 χρονών, κάτι απίθανο για κείνη την εποχή.

Κάποια μέρα στον κάμπο, που θερίζαμε, η θειά μου τηγάνισε αυγά και φάγαμε. Δίπλα μας ήτανε και κάποια πολύ φτωχιά γριά, που έτρωγε σχέτο ψωμί και κρεμμύδι, στενοχωρήθηκα δε που οι δικοί μου δεν της τηγάνισαν και κείνης ένα-δυό αυγά.

Κάποτε ενώ πότιζα το κοπάδι, ψηλά στη βρύση της Γκούρας, κάποια κουφή και μουγκή μ' έδιωξε με το ζόρι, για να ποτίσει εκείνη πρώτη τα δικά της ζωντανά. Και θυμάμαι ότι μού 'κανε πολύ άσχημη εντύπωση, που κάποιος μακρινός συγγενής μας που βρέθηκε εκεί, δεν παρενέβη να με προστατέψει.

Σ' ένα αλώνι του χωριού, έβλεπα περιοδικά κάποιο γέρο να κάνει πέρα-δώθε βόλτες, τα πρωινά, από καιρό δε σε καιρό να βάζει ταμπάκο στη μύτη του, και να φτερνίζεται. Ένοιωθα δε απέραντη συμπόνια γι' αυτόν τον ταλαίπωρο, γιατί τον φανταζόμουνα τελείως μόνο, κι εγκαταλειμμένο σ' αυτόν τον κόσμο.

Πολλά παλληκάρια του χωριού, τον καιρό της μουστιάς πηγαίνανε στη Νεμέα, να δουλέψουνε, ως τσιπουργιαραίοι. Κι όσο τα χαιρόμουνα για την πάστρα, και τα νιάτα τους, όταν φεύγανε, τόσο πολύ λυπόμουνα για τη λέρα και τα λοιπά χάλια που είχανε, όταν γύριζαν.

Σαν τελειώσαμε το δημοτικό, μερικά παιδιά τα στείλανε οι δικοί τους στο Άργος, για να σπουδάσουν. Μεταξύ τους ήταν κι ο φίλος μου ο Μπανιόκας, και πολύ ζήλεψα για την τύχη του, αλλά πολύ σύντομα εκείνος ξαναγύρισε στο χωριό, γιατί ήτανε λέει βαριά τα καλογερικά, με τα γράμματα.

Αργότερα, δε θυμάμαι πως, βρέθηκα κάποια μέρα στη βρύση του χωριού. Και εκεί, κάτω από τον πλάτανο, ήτανε και συζητούσαν 4-5 χωριανά παιδιά, του Γυμνασίου: ο Πέτρος ο Παπαγεωργίου, ο Γιάννης ο Κορδομένος, ο Γιάννης ο Κολλιός, και άλλα. Μιλάγανε λοιπόν για διάφορα πράγματα, πέρα φυσικά και πάνω από το δικό μου πνευματικό επίπεδο, και πολύ τους θαύμαζα, για τη σοφία τους. Αν άκουγα τώρα τον Αϊνστάιν και άλλους σοφούς να κουβεντιάζουν μεταξύ τους, θαρρώ δεν θα 'νοιωθα τόσο θαυμασμό.

Κάποιο Νοέμβρη-Δεκέμβρη, με πήρε πισοκάπουλα σ' ένα μουλάρι ο παππούλης μου, και πήγαμε κατά το Γυμνό, στην τοποθεσία Κουρούνα, για να μαζέψουμε ελιές - Γλαρεταΐικες ελιές. Το βράδυ ξενυχτίσαμε σε μια γνωστή μας οικογένεια, στο Γυμνό. Τα πράγματα δε που πρόσεξα σ' αυτό το χωριό, ήταν η βρύση - ο Κουργιαλός, που το λένε- το ξεροπόταμο που διασχίζει το χωριό, και που τότε λόγω πρόσφατων βροχών έσουρνε πολύ νερό, καθώς επίσης και τις πολλές και θεόρατες λεύκες δίπλα σ' αυτό το ποτάμι, που τη νύχτα που βγήκα προς νερού μου, χαλάγανε τον κόσμο καθώς τις έδερνε ένας τρελός βοργιάς. Ήταν η πρώτη φορά που πήγα στο χωριό που γεννήθηκα, το οποίο όσο να κάνει   πάντα με συγκινεί, αν και το Καπαρέλι έχει τα πρωτεία στην αγάπη μου.

Μια άλλη φορά πήγα με τη θειά μου τη Δημήτρω στο Λιόντι, για ν' αγοράσουμε ένα γουρνόπουλο. Εκεί γνώρισα, για πρώτη και τελευταία φορά, και την άλλη κυρούλα μου, του πατέρα μου τη μάνα, την κυρά-Σταμάτα. Και πολύ παραξενεύτηκα που με δέχτηκε σχεδόν ψυχρά, - ούτε κοντά της να με πάρει, ούτε να με φιλήσει (εδώ που τα λέμε, εμάς ποτέ, και κανείς δεν μας φίλησε όταν ήμασταν παιδιά), όπως έβλεπα να κάνουν άλλες γιαγιές, ούτε τίποτα. «Μυστήριο», είπα. Αλλά όπως έμαθα αργότερα, η ταλαίπωρη είχε πρόσφατα πάθει εγκεφαλικό, κι ίσως να είχε μισοχάσει τα συγκαλά της.

Ιδιαίτερη εντύπωση μού 'κανε ο θείος μου ο δάσκαλος, κυρίως για το δασύ, μαύρο τρίχωμα στα χέρια του. Επίσης και η θεία μου η Ντίνα, για τα νιάτα και την ομορφιά της. Ήταν η πιο καλοντυμένη γυναίκα που είχα ιδεί ως τότε - σωστή βασιλοπούλα... Η επίσκεψή μου αυτή στο Λιόντι, πολύ με βοήθησε αργότερα που δραπέτεψα από το Καπαρέλι, γιατί έτσι ήξερα το δρόμο - ίσως αλλιώς και να μην το κουτούραγα.

Αρκετά ως εδώ. Καιρός τώρα για τον επίλογο της ζωής μου στο Καπαρέλι.

Η ΔΡΑΠΕΤΕΥΣΗ

Πρέπει να 'ταν φθινόπωρο του '25 η καλοκαίρι του '26. Κάποια μέρα λοιπόν που φυλάγαμε με τον Κώστα τα πρόβατα κοντά στην τοποθεσία Στενό, βλέπουμε από μακριά να 'ρχονται ο Μήτσιος ο αδερφός μας, με το γέρο-Πιπέρη, τον κουτσό, τον άλλο μας παππούλη. Και αφού μας πλησίασαν, σύντομα και χωρίς καμιά προετοιμασία, με ρώτησαν αν ήθελα να πάω στη Νεμέα, στη θειά μου τη Ντίνα, σε μαγαζί. Αρνήθηκα. Ήμουν τόσο πολύ δεμένος, συναισθηματικά, μ' όλη την οικογένεια - εκτός του μπάρμπα μου, φυσικά - που το θεωρούσα προδοσία κι έγκλημα, να κάνω κάτι τέτοιο, να φύγω, δηλαδή. Ο Μήτσιος έβαλλε τα κλάματα, εγώ δε τον κοίταζα και παραξενευόμουνα, γι' αυτή του τη στάση. Εκείνος ήξερε, τι σήμαινε η άρνησή μου, γι' αυτό και υπόφερνε, κι έκλαιγε, ενώ αντίθετα εγώ, "κοιμόμουνα" ακόμα... Έφυγαν προς τα πίσω, χωρίς να πάνε στο χωριό.

Λίγες μέρες αργότερα, ο Κώστας, καίτοι αρκετά μικρότερος από μένα, μου είπε πως θα έπρεπε να είχα δεχτεί την πρόταση και να είχα φύγει. Από τότε άρχισα να σκέπτομαι τι έπρεπε να κάνω, για το μέλλον μου.

Σιγά-σιγά υπερνίκησα τις συναισθηματικές μου αδυναμίες, κατάστρωσα το σχέδιο της απόδρασης - και των δυό μας - για το Λιόντι κατ' αρχήν. Το δρόμο λίγο-πολύ τον θυμόμουνα, από τότε που είχα πάει εκεί με τη θειά μου τη Δημήτρω. Κουβέντιασα το θέμα και με τον Κώστα, ο οποίος και το αποδέχτηκε.

Έτσι, κάποια μέρα του Αυγούστου του 1926, αποφασίσαμε - κάπως βιαστικά - να φύγουμε την άλλη μέρα το πρωί. Λέω "κάπως βιαστικά", γιατί την παραμονή της απόδρασης, όπως εξηγώ κάπου αλλού, είχα κάνει μια σοβαρή αγροζημιά, κι έτρεμα, για τα επακόλουθα, από τον Καραβάνη. Να που κι ο φόβος, κάποτε βγαίνει σε καλό...

Εκείνο το βράδυ ο μπάρμπας μας το παράκανε στις ορμήνιες, τόσο που έλεγα "Ρε δεν μας πατάς καλύτερα απόνα μπερντάχι, ώστε μετά να κοιμηθούμε, και να ξυπνήσουμε πρωί, να προλάβουμε να φύγουμε;..." Τη νύχτα ονειρεύτηκα ότι είχαμε φύγει, κι ότι μας κυνήγαγε ο μπάρμπας μας να μας πιάσει! Κι από την ταραχή μου ξύπνησα. Ήταν πια χαράματα. Πολύ αργά για το διάβημα. Δείλιασα, αλλά τ' αποφάσισα.

Μ' ένα ταγαράκι λοιπόν ο καθένας μας στον ώμο, και μ' ένα ραβδί, φύγαμε σα λαγοί προς το Μπέλεσι. Κι η καρδιά μας χτύπαγε σαν ταμπούρλο, μήπως μας σταματήσουν στο Μπέλεσι η αλλού, στο δρόμο, και μας γυρίσουν πίσω στο μπάρμπα μας το "Βούλγαρο", οπότε πολύ αμφιβάλλαμε αν θα μέναμε ζωντανοί, από το πολύ το ξύλο.

Με πολλή λοιπόν προσοχή, και προφύλαξη, και προ παντός με πολύ φόβο, βγήκαμε από το χωριό το Μπέλεσι και λίγο αργότερα φτάσαμε στη διασταύρωση για το Γυμνό. Στην τοποθεσία Κουρούνα, λίγο πριν από το Γυμνό, είδαμε ψηλά στην πλεύρα κόσμο, να φτιάχνει κάποιο δρόμο, πήγαινε δε η αντράλα μεταξύ τους, σύννεφο!...

Λαχταρίσαμε και πάλι. Και για ν' αποφύγουμε τυχόν μπλοκάρισμα, ριχτήκαμε σ' ένα χαντάκι που κατά καλή μας τύχη βρέθηκε μπροστά μας, με πολλές καναπίτσες στις όχτες του - σωστός κρυψώνας - και που τράβαγε ολόισια για το Λιόντι. Και βγήκαμε από το χαντάκι μόνο, όταν φτάσαμε στο χωριό, που ήταν αριστερά μας, και σε μικρή απόσταση από την έξοδο. Καθώς βγήκαμε από το χαντάκι είδαμε μερικά παιδιά εκεί κοντά, θαρρώ δε μάλιστα πως κάποιο απ' αυτά, είχε πρόσφατα σπάσει το χέρι του. Τα ρωτήσαμε για το Πιπερέικο σπίτι, μας το 'δειξαν, και σύντομα φτάσαμε εκεί.

Στα Πιπερέικα βρήκαμε και τον αδερφό μας το Μήτσιο, που πολύ χάρηκε που μας είδε, τη δε Γιωργίτσα μάθαμε πως την είχανε στείλει στη θειά μας την παπαδιά, στου Μάζι. Μας δώσανε και φάγαμε μελιτζάνες γιαχνί, την "πετσώσαμε" για καλά. Τώρα νοιώθαμε άνετα, νοιώθαμε ασφαλείς. Που να φανταζόμασταν ότι σε δυό-τρείς μέρες θα 'ρχόταν ο "Βούλγαρος", ο μπάρμπας μας, στο Λιόντι, για να μας πάρει πίσω, στα γίδια!... Συγγενής, ε;! Σωστό μάλαμα!... Όχι παίζουμε....

Την άλλη μέρα το πρωί εγώ έφυγα με το γέρο-Πιπέρη για τη Νεμέα, εκείνος   καβάλα σ' ένα μουλάρι, κι εγώ πεζός. Δεν μ' ένοιαζε γι' αυτό. Φτάσαμε τελικά στη Νεμέα, στης θειάς μου της Ντίνας το σπίτι. Η οποία και θυμάμαι μας κέρασε γλυκό βύσσινο, λιχουδιά που πολύ μου άρεσε. Η ζωή μου από   κείνη την ημέρα θ' άλλαζε ριζικά, προς το καλύτερο. Ας την παρακολουθήσουμε.

ΝΕΜΕΑ, Α' ΠΕΡΙΟΔΟΣ
1926 - 1933

Όταν πήγα στη Νεμέα ήμουνα 14 χρονών. Φόραγα τσαρούχια, ένα πουκάμισο φοβερά ψυλλοχεσμένο, μια πουκαμισίτσα της κακιάς ώρας, ένα βρακί που μόλις καβάλαγε το γόνατο, κι ένα καπελάκι πάνινο. Το πρόσωπό μου ήταν απαίσια ηλιοκαμένο, οι φτέρνες μου σκασμένες, τα δε πόδια μου πολύ βρώμικα, και χιλιοπληγιασμένα από τ' αγκάθια, τις σφαλαρίδες ,και τις καλαμιές. Κρίμα που οι Κατσαραίοι δεν μου βγάλανε μια φωτογραφία, τότε, θα 'ταν σπουδαίο αναμνηστικό.

Το θείο μου τον λέγανε ΚΩΣΤΑ ΠΑΠΑΓΙΑΝΝΑΚΗ .Το παρατσούκλι του ήτανε Κατσαρής, αλλά τον φωνάζανε και Εβραίο, γιατί τον θεωρούσαν τσιγκούνη. Ήταν καλός άνθρωπος, και ποτέ δεν μ' άγγιξε, ούτε ποτέ με πρόσβαλλε. Ήταν η αντίθεση του Καραβάνη, και του είμαι γι' αυτό ιδιαίτερα ευγνώμων. Είχε προ διετίας γυρίσει από την Αμερική, οπότε και παντρεύτηκε τη θειά μου. Είχε μπακάλικο, και επίσης πούλαγε αλεύρια, δημητριακά, τσιμέντα, βενζίνες, λιπάσματα κλπ., αργότερα δε ασχολήθηκε και με το εμπόριο της σταφίδας. Ξαναλέω πως ήταν καλός άνθρωπος, αλλά ήταν αγράμματος, και χωρίς ιδιαίτερα εμπορικά προσόντα. Κύρια στηρίγματά του ήταν η σφιχτή ζωή που έκανε, και γενικά η συντηρητικότητά του, και επίσης η καλή του φήμη. Η οποία και του άξιζε, γιατί ήταν straight στις συναλλαγές του.

Έπιασα ευθύς αμέσως δουλειά, τόσο στο μαγαζί όσο και στο σπίτι. Σκούπιζα μαγαζί και σπίτι, επίσης την αυλή, ως ακόμα και το δημόσιο δρόμο μπροστά στο μαγαζί. Επίσης έπλενα τα πιάτα, κουβάλαγα δε ένα σωρό νερό από τα γειτονικά πηγάδια, ως ακόμα και από κάποια μακρινή βρύση, που τη λέγανε Κούχι. Σοβαρός μπελάς, τόσο η μεταφορά όσο και η άντληση του νερού από τα πηγάδια – μου πέφτανε τα χέρια.

Επίσης φόρτωνα, σε ζά, αυτοκίνητα και κάρα, όλα τα εμπορεύματα που πουλάγαμε - άλευρα, δημητριακά, τσιμέντα κλπ. Και αντίστοιχα ξεφόρτωνα, βοηθούμενος και από τους σοφέρ, και τα κάθε λογής εμπορεύματα που εισαγάγαμε – εκείνο τον καιρό δεν υπήρχαν στη Νεμέα εργατικά σωματεία φορτο-εκφορτωτών, όπως τώρα.

Πρόσθετη δουλειά μου ήταν να σερβίρω βενζίνη στα αυτοκίνητα, συχνά δε να μεταφέρνω τα δοχεία στα ταξί, που στάθμευαν σε αρκετή απόσταση.

Όταν μάλιστα υποχρεωθήκαμε να πιάσουμε αποθήκη για τα καύσιμα έξω από την πόλη, τότε φορτώθηκα κι αυτή τη δουλειά, δηλαδή τη μεταφορά των δοχείων με το καρότσι, από την αποθήκη ως το μαγαζί. Και το ακόμα χειρότερο ήταν ότι αυτή η δουλειά γινόταν ακόμα και τη νύχτα, χειμώνα καλοκαίρι. Άσχημο πράμα τις παγερές νύχτες του χειμώνα να φεύγεις - εξακολουθητικά - από τη ζεστασιά σου, και να βγαίνεις έξω, στο αφόρητο κρύο.

Ακόμα μετέφερνα - με το καρότσι η με τα χέρια - και πετρέλαιο, σε κάποιο μύλο, καθώς και στην Ηλεκτρική Εταιρεία της Νεμέας. Και πολλές-πολλές μπούρδες αλεύρι, στους φούρνους, γιορτή - καθημερνή. Και πήγαινα επίσης δυό φορές την ημέρα στο Κατσαρέϊκο, ψηλά στον Αηλιά, και πάχνιαζα το μουλάρι.

Επειδή μέναμε πάνω από το μαγαζί, ότι ώρα του κάπνιζε του καθενός έβαζε φωνή, η χτύπαγε την πόρτα, για να πάρει κάτι, έστω ένα κουτί σπίρτα, η ένα μπακέτο τσιγάρα. Κι έτσι ποτέ δεν είχαμε ησυχία.

Το κακό απογινότανε την Κυριακή, που είχαμε παζάρι. Όταν δε το απόγευμα κλείναμε το μαγαζί, έπεφτα κάτου και κοιμόμουνα για λίγο, ξερός, κυριολεχτικά διαλυμένος. Κάποτε μάλιστα, σαν ξύπνησα, ήταν ηλιοβασίλεμα, αλλά εγώ το εξέλαβα για πρωί, για ανατολή του ήλιου, και καταταράχτηκα που είχα αργήσει ν' ανοίξω το μαγαζί. Τσακίστηκα λοιπόν να πάω ν' ανοίξω, αλλά παρατήρησα ότι ο δρόμος ήταν γεμάτος από κόσμο. "Μπα", είπα, - πριν ακόμα συνέλθω - "Μπα, τι πάθανε αυτοί, και βγήκαν στο δρόμο, και σουλατσέρνουν, τόσο πρωί..."

Η επέκταση του θείου μου στο εμπόριο της σταφίδας, μου προκάλεσε πρόσθετο σοβαρό χαμαλίκι. Πρόκειται για πολλές εκατοντάδες τόνους φορτία, κάθε χρόνο, όχι αστεία. Φυσικά είχα σοβαρή βοήθεια τόσο από τους παραγωγούς, στην παραλαβή, όσο και από τους σοφέρ, στις εξαγωγές, αλλά όσο να κάνει η συμμετοχή μου ήταν σοβαρή.

Επί πλέον είχαμε και το μακινάρισμα. Είχαμε δηλαδή μια χειροκίνητη μηχανή (μάκινα τη λέγαμε), από την οποία οι εργάτριες περνούσαν όλη τη σταφίδα, για να αφαιρέσουν τα τσίγανα και λοιπές ξένες ύλες.

Κάποια χρονιά είχαμε νοικιάσει και την αποθήκη του Δανόπουλου, όπου και γνώρισα - κι από κοντά - την Ουρανία. Ήταν θεοκόματος, η δε αξιοσύνη της άλλο πράμα - η μηχανή κελάηδαγε στα χέρια της...

Τελικά ο θείος μου προσέλαβε και κάποιον επιστάτη για τη δουλειά της σταφίδας, κι έτσι ανακουφίστηκα κάπως.

Κουραζόμουνα λοιπόν φοβερά, ιδίως στα φορτο-ξεφορτώματα, κι είναι αυτός ο κύριος λόγος που βούλιαξε το στήθος μου, και απόχτησα καμπούρα.

⸺◦⸺

Αντί για τσαρούχια, τώρα φορούσα άρβυλα, καθώς και

μια μακριά μπλούζα, συχνά μάλιστα λερωμένη, κυρίως από γράσα. Γιορτή - καθημερινή το ίδιο. Καμιά απολύτως διάκριση. Θυμάμαι μάλιστα μια φορά - ήταν Μεγάλη Παρασκευή - που βρέθηκα κοντά στην εκκλησία, στα Εισόδια, αναγκάστηκα να κρύψω κάπου τη μπλούζα μου, για να μπορέσω έτσι να μπω μέσα, στην εκκλησία.

Από μιστό δούλεψα δωρεάν λίγο καιρό, και μετά έπαιρνα σταθερά χίλιες δραχμές το μήνα ως το Μάρτη του '33 που πήγα στρατιώτης.

Από φαγητό χόρτασε τ' άντερό μου, ροπώθηκα που λέμε. Λίγο μάλιστα μετά τον πηγαιμό μου στη Νεμέα ήταν τρύγος, και περνούσαν μπροστά από το μαγαζί κάθε μέρα πολλά κάρα γιομάτα χύμα σταφύλια, οπότε χίμαγα σα ρήσος κι άρπαζα όσα μπορούσα. Κάποτε-κάποτε έτρωγα και καμιά καμιτσιά, από τους καροτσιέρηδες, αλλά που εγώ να κάνω πίσω!... Πάει πια η πείνα, την ξόρκισα οριστικά από τότε.

Από την πρώτη κιόλας μέρα ξεκίνησα να διαβάζω, κυρίως εφημερίδα, χωρίς φυσικά να καλοκαταλαβαίνω τί έγραφε. Και χωρίς δισταγμό ρώταγα, ρώταγα για όλα, κάτι που συνέχισα να κάνω σ' όλη μου τη ζωή. Επίσης σύντομα απόχτησα και την Αγία Επιστολή, που τόσο πολύ, κι από καιρό λαχταρούσα.

Στο Καπαρέλι ήταν όλοι τους Βασιλικοί, του Λαϊκού δηλαδή κόμματος, βαμμένοι. Αντίθετα ο Παπαγιαννάκης ήταν Βενιζελικός, γι' αυτό κι έπαιρνε την εφημερίδα "Ελεύθερο Βήμα." Και χρειάστηκε πολλή πλύση εγκεφάλου από την εφημερίδα αυτή, κι αρκετός καιρός, για να γίνω κι εγώ Βενιζελικός.

Στο σπίτι ξεπέζευε πότε-πότε ο θείος μου ο Παπα-Λιάπης. Πηγαινορχότανε στην Αθήνα, γιατί από κάτι υπόφερνε. Τότε κοντά μάλιστα που τον πρωτογνώρισα, είχε πάει στο Άγιο Όρος, απ' όπου έφερε μια τρίμορφη εικόνα, που πολύ μ' εντυπωσίασε.

Έτσι, κάποια μέρα τον πήγα ως αγωγιάτης στο χωριό του,

στο Μάζι. Κι ήταν εκεί που μετά από εφτά περίπου χρόνια - από τότε δηλαδή που έφυγε από το Καπαρέλι - ξαναείδα την αδερφή μου τη Γιωργίτσα, και χαρήκαμε κι οι δυό μας όσο δε λέγεται.

Τη νύχτα που με ξύπνησε η θειά μου η παπαδιά και έδιωξε για τη Νεμέα - πολύ νύχτα, για να προλάβω ν' ανοίξω στο φώτημα το μαγαζί - έχασα το δρόμο, κι αντί για την Αγιασωτήρα, βρέθηκα τα ξημερώματα κάτω από τη Λέριζα, στο ποτάμι.

Πνευματικά ωρίμαζα αργά, θα 'λεγα πολύ αργά. Και παντελώς μού έλειπε κάποια μορφή συστηματικής μόρφωσης. Κι ακόμα παραξενεύομαι που ο θείος μου ο Γιώργης, καίτοι δάσκαλος, δεν σκέφτηκε να βάλλει κάποιο παιδί, έστω του δημοτικού, να με μάθει τουλάχιστον λίγη γραμματική, και πραχτική αριθμητική.

Κατατρυχόμουνα από συναισθήματα μειονεχτικότητας, κι ήμουν και ντροπαλός, σχεδόν σ' όλη μου τη ζωή, αλλά στην παιδική μου ηλικία τούτο το κακό παραήτανε. Ένοιωθα ψυχοπνευματικά τελείως άοπλος, εντελώς εκμηδενισμένος, σχεδόν ως νάνος εν μέσω γιγάντων!...

Αντίθετα, από πλευράς σωματικής δράσης ήμουνα θυελλώδης, σωστό ηφαίστειο. Κι όχι μόνο δεν αντιμίλαγα, αλλά κι ότι μου λέγανε να κάνω, το 'κανα σαν αστραπή. Γι' αυτό κι ο Καραβάνης έλεγε: "Ο Σπύρος δεν είπε ποτέ όχι. Στη φωτιά να τού έλεγες να πέσει, στη φωτιά έπεφτε." Αυτό, όπως τώρα μπορώ να κρίνω, ήταν σοβαρή διαταραχή μεταξύ υποκειμενικής και αντικειμενικής μου υπόστασης. Κι εγώ είχα καταντήσει ένα αξιολύπητο αντικείμενο, έρμαιο στη διάθεση του Καραβάνη κατ' αρχήν, και των Κατσαραίων αργότερα.

Ως τόσο, και παρά την τόση κούραση, για ένα περίπου χρόνο, ένοιωθα αρκετά καλά. Είχα κέφι και ενθουσιασμό. Αλλά μετά, σιγά-σιγά μεταστράφηκα. Καταλάβαινα ότι δεν μου ταίριαζε ούτε αυτή η απασχόληση, μεταξύ άλλων δε, ένοιωθα και τύψεις για τη μικροκλεψιά που κάναμε στο ζύγι - έτσι, όπως έλεγε ο μπάρμπας μου, για να αντιμετωπίζουμε τις φύρες, και το δριμύ συναγωνισμό.

Άρχισα λοιπόν πάλι να νοιώθω πλήξη, αφόρητη πλήξη, και κενό. Τη δουλειά φυσικά συνέχιζα να τη διεκπεραιώνω άψογα, αλλά χωρίς την προηγούμενη ζέση - είχα χάσει τον ενθουσιασμό μου. Ουσιαστικά ένοιωθα βαρετή, ακόμα και την ίδια μου τη ζωή! Χαρακτηριστικά μάλιστα θυμάμαι ότι εκείνο τον καιρό, είδα στο εξώφυλλο κάποιου περιοδικού, εικόνες λιντσαρίσματος κάποιου δύστυχου, από τον όχλο, - δεν θυμάμαι την αιτία - κι ούτε λίγο, ούτε πολύ, πεθύμησα να είχα κι εγώ την ίδια τύχη !...

Ν' αλλάξουμε και λίγο, μπαφιάσαμε. Γι' αυτό και θα αναφερθώ σε δυό περιστατικά των πρώτων ημερών που έπιασα δουλειά στο μαγαζί.

Όπως είπαμε πουλάγαμε και βενζίνη, που τότε κυκλοφορούσε σε δοχεία των 16 κιλών. Η κύρια αποθήκη ήταν το υπόγειο, αλλά κρατούσαμε μερικά δοχεία και επάνω, στο μαγαζί, για ευκολία στο σερβίρισμα. Επίσης πουλάγαμε και πολλά σιγάρα, ιδίως λιανικώς. Μετά τις 2 το μεσημέρι η δουλειά σταμάταγε, και αν τυχόν παρουσιαζότανε κανένας πελάτης, φώναζα τη θειά μου - αναφέρομαι στις πρώτες μέρες, που δεν ήξερα τιμές κ.λπ. - και κατέβαινε και διεκπεραίωνε την πώληση.

"Τι τάχα να νοιώθουν όλοι αυτοί που καπνίζουν", διερωτιόμουνα, καθώς σέρβιρα όλη την ώρα πακέτα τσιγάρα. Και κοντολογίς κάποιο απομεσήμερο άναψα ένα σιγάρο, αλλά συμπτωματικά, αμέσως μπήκε στο μαγαζί κάποια γυναικούλα από το Ψάρι, εγώ δε, απόθεσα το σιγάρο πάνω στα δοχεία με βενζίνη - μη ξέροντας ότι το είδος αυτό είναι εύφλεκτο - κι έτρεξα να φωνάξω τη θειά μου. Κάτι μου έλεγε η πελάτισσα, για φωτιά κλπ., αλλά δεν καλοκατάλαβα τι ακριβώς έλεγε.

Σε λίγο κατέβηκε η θεία μου, η δε γυναίκα άρχισε να λέει για το σπίτι της που κάηκε, εξηγώντας ότι το κακό έγινε από απροσεξία στα σπίρτα. Και συνέχισε:

— Γι' αυτό λέω και σε τούτο το παιδάκι, να προσέχει.

Εγώ δεν είχα ιδέα του κακού που μπορούσε να γίνει, να πάρει δηλαδή φωτιά η βενζίνη, και ν' ανατιναχτούν τα πάντα στον αέρα! Γι' αυτό και διαμαρτυρήθηκα.

— Τι έκανα, της λέω, τι είναι αυτά που λέτε!

Οπότε η γυναίκα έδειξε προς το σιγάρο, που ήταν απάνου στα δοχεία της βενζίνης. Τότε η θεία μου πλησίασε και πήρε κι έσβησε το τσιγάρο, και μετά μου άστραψε ένα γερό σφοντύλι... Ήταν η μόνη φορά που η θεία μου άπλωσε χέρι επάνω μου, ο δε θείος μου, ποτέ.

Το άλλο περιστατικό, είναι σχετικό με κάποια πελάτισσα που τη στάμπαρα να κλέβει σαπούνι. Είχε θαρρώ πάρει δυό πλάκες, τις οποίες και είχε βάλλει στο ταγάρι της. Κι εγώ πλησίασα, κι έσκυψα και πήρα το σαπούνι, λέγοντας σιγά - για να μην την προσβάλλω - ότι ξέχασε να μου το δώσει, να το ζυγίσω. Αλλά εκείνη, από αντίδραση που την έπιασα, μού δώσε μια στο κεφάλι, την ώρα που ανέσερνα το σαπούνι, λέγοντας:

— Άστο ρε ζαλιάρικο, το χρειάζομαι...

Εγώ πήρα το σαπούνι, κι έφυγα, χωρίς ν' αντιδράσω στο χτύπημα, και χωρίς να ειπώ τίποτα στο θείο μου.

ΔΡΑΠΕΤΕΥΣΗ Β',
ΑΠΡΙΛΗΣ 1928

Το κέφι μου λοιπόν κάθε μέρα όλο και χειροτέρευε. Η δουλειά, δουλειά βέβαια, αλλά τώρα απουσίαζε η αντιδόνηση της χαράς μέσα μου, της χαράς που δοκίμαζα καθώς δούλευα, τον πρώτο καιρό. Ένοιωθα ασφυξία. Αλλά και λύση δεν εύρισκα.

Δεν ξέρω τί διεργασίες γίνονταν μέσα μου, αλλά τελικά αποφάσισα να φύγω, παρότι δεν ήξερα πούθε να γείρω...

Έτσι, κάποια Κυριακή πρωί του Απρίλη του '28, πέταξα τη μπλούζα, και κρατώντας την Αγία Επιστολή στο χέρι, κι ίσως και λίγα κέρματα στην τσέπη, τόσκασα.

Πήρα τα βουνά. Συγκεκριμένα ανέβηκα στην Αγιανάληψη.

Δεν θυμάμαι αν είχα πάρει ψωμί κοντά μου. Θυμάμαι πάντως πως από λαθεμένη αντίληψη, ότι ο Άγιος Ιωάννης ο Βαφτιστής έτρωγε στην ερημιά ακρίδες (επρόκειτο προφανώς για βλαστάρια φυτών, εκδοχή άγνωστη τότε για μένα), από σφαλερή λοιπόν αντίληψη, πιάνω κι εγώ μιαν ακρίδα (έντομο δηλαδή) και την τρώω. Έφτυσα από αηδία. "Κάποιο λάθος θα είναι", είπα.

Αλήθεια, κάποτε άλλοτε, Μεγάλη Παρασκευή, κοπάνισα ένα ποτήρι του κρασιού, ξύδι, σε ένδειξη... αλληλεγγύης προς το Χριστό! Μ' έκοψε το ξύδι! Τι σου κάνει η αμορφωσιά, η παρανόηση, τί σού κάνουν οι προλήψεις...

Το απόγευμα, κάτω στην Παναγιά τού Βράχου, είδα να φτάνουν πολλά παιδιά του σχολείου - είχαν φαίνεται έρθει εκδρομή. Κι από υποσυνείδητη ίσως παρακίνηση να ζητήσω βοήθεια, χτύπησα λίγες φορές το καμπανάκι της εκκλησίας. Αυτό ήτανε. Μεταξύ των παιδιών της εκδρομής, ήτανε κι ο ξάδερφός μου ο Δημητράκης ο Πιπέρης, ο οποίος και είχε ήδη μάθει ότι είχα εξαφανιστεί. Έχοντας δε υπ' όψη του την κάποια κλίση μου στα θρησκευτικά, με στάμπαρε.

Τη νύχτα κοιμήθηκα κάτω στα πλακάκια, χωρίς σκέπασμα φυσικά, αλλά δεν θυμάμαι και να κρύωνα. Ώσπου να με πάρει ο ύπνος, κοίταζα διαδοχικά τις εικόνες, κι ένιωθα σα να μου χαμογελάγανε, κι άγνωστο γιατί δοκίμαζα μέσα μου μια άφατη γαλήνη. Κοιμήθηκα όλη νύχτα, χωρίς διακοπή.

Το πρωί σαν ξύπνησα - ήταν μάλλον αργά - έκανα το σταυρό μου, και βγήκα έξω από την εκκλησία. Περπάτησα κάμποση ώρα πέρα-δώθε, και μετά κάθισα στο πεζούλι, αρχίζοντας πιο έντονα τώρα την αναζήτηση λύσης στο πρόβλημά μου.

Σκεπτόμουνα πως αν ήξερα κάπου κοντά κάποιο μοναστήρι με καλογέρους, ίσως αυτό να ήταν για μένα τότε η καλύτερη λύση.   Αυτές ήτανε οι σκέψεις που έκανα, όταν ξαφνικά βλέπω να έρχονται από χαμηλά προς το μέρος μου ο ξάδερφός μου ο Δημητράκης ο Πιπέρης κι ο Κωστάκης ο Δαρσινός, κι αυτός του Γυμνασίου, κι από το Λιόντι, με τον οποίον μάλιστα ήμασταν και ψευτόφιλοι.

Ο Δημητράκης δεν θυμάμαι να είπε τίποτα. Αντίθετα ο Κωστάκης, ζόρικος μάστορας στο λόγο και στη μαλαγανιά, και γιατί μου είχε σωστά πιάσει το "σφυγμό", σε λίγο με είχε υποτάξει.

— Έλα πίσω στο μαγαζί Σπύρο, και μη σε νοιάζει. Εγώ θα φροντίσω να σε στείλω στο Άγιο Όρος, στο πιο καλό μοναστήρι. Θα 'χεις χιλιάδες-χιλιάδες βιβλία να διαβάζεις, και σοφούς καλογέρους να σε μάθουν όλα του θεού τα πράματα...

Ίσως και να καταλάβαινα πως με κορόιδευε ο Κωστάκης, και πως δεν επρόκειτο να γίνει τίποτα απ' όλα αυτά. Και να υπέκυψα από ανάγκη, γιατί δεν είχα άλλη διέξοδο.

Ιδεώδης για μένα λύση τότε θα ήταν να φύγω για την Αμερική, αλλά κάτι τέτοιο μου ήταν εκ των πραγμάτων τελείως αδύνατο. Έτσι, αποκλεισμένης της μετανάστευσης για την Αμερική, η αποτυχία της απόδρασης εκείνης ήταν ευτύχημα.

Αλλά εγώ αντίθετα - σύμφωνα με το τότε μυαλό μου - την αποτυχία της απόδρασής μου εκείνης τη θεώρησα μεγάλη συμφορά. Μου στοίχισε πολύ, πάρα πολύ που απότυχα ν' αλλάξω περιβάλλον, να ζήσω και να μεγαλώσω σε πιο ταιριαστό για τη φύση μου χώρο.

Κατ' αρχήν με πήγανε στου θείου μου του δάσκαλου, το ίδιο δε βράδυ ήρθε και με πήρε η θεία μου η Ντίνα. Ο θείος μου ο Κώστας με ψευτομάλωνε γι' αυτό που έκανα, ενώ αντίθετα η θειά μου πολύ με κατανοούσε, και πολύ μου συμπαραστάθηκε, άσχετα αν συνυπήρχε και προσωπικό τους μεγάλο συμφέρον - που νά 'βρισκαν τέτοιον είλωτα, και τέτοιο έντιμο, ικανό και αφοσιωμένο στοιχείο, για τη δουλειά τους...

Όπως πάντως κι αν έχουν τα πράγματα, διατηρώ βαθιά ευγνωμοσύνη στη θειά μου για τη συμπαράστασή της. Γιατί τελικά, όσο κι αν κουράστηκα στη δουλειά τους, κι όσο κι αν υπόφερα, ήταν ακριβώς εκεί που απόχτησα και την πείρα και την υποδομή, που με στήριξαν αργότερα στην επαγγελματική μου ανάπτυξη.

Ήμουνα για καιρό πολύ βαλαντωμένος. Σοβαρά άρρωστος, ψυχικά. Ένιωθα σαν τον κατάδικο που τον συνέλαβαν μετά τη δραπέτευσή του, και τον ξαναγύρισαν στα κάτεργα, στα καταναγκαστικά έργα. Κι επί πλέον είχα και την ενόχληση του κόσμου, που επειδή είχα πάει στην Αγιανάληψη, με φώναζαν : "Ο Σπύρος ο καλόγηρος..."

Εκείνη τη χρονιά, ήρθαν από την Αμερική στην Ελλάδα ο θείος μου ο Σταύρος, με τη γυναίκα του. Θυμάμαι που βαφτίσανε τη Βασιλική του θείου μου του δάσκαλου, και επίσης ότι κάποιο μεσημέρι, στο Λιόντι, στο Πιπερέικο χαγιάτι, χτύπαγα τις μύγες, για να μπορέσουν να κοιμηθούν οι νιόφερτοι. Θυμάμαι ακόμα ότι ενώ εγώ λαχταρούσα για ένα ζευγάρι παπούτσια σκαρπίνια, ο Αμερικάνος μου χάρισε - από λαθεμένη σύσταση του δάσκαλου - ένα ζευγάρι άρβυλα.

Εκείνο τον καιρό, η ΓΙΩΡΓΙΤΣΑ είχε γυρίσει πάλι στα Πιπερέικα - προσωρινά μάλλον. Θυμάμαι δε ότι ήταν πολύ νευρική, τελείως αυτό-απομονωμένη, και αντικοινωνική. Είχε καθώς φαίνεται συγκρουσθεί με το περιβάλλον, κι ένοιωθε φοβερά δυστυχής. Χαραχτηριστικά θυμάμαι ότι αρνήθηκε επίμονα να τη φωτογραφήσει ο θείος μας, μόνη της, η με τους άλλους του σπιτιού.

Η αιτία γι' αυτή της την κατάσταση πρέπει βέβαια ν' αναζητηθεί στη φύση της, αλλά δίχως άλλο, πολύ είχαν συντελέσει σ' αυτό και τα πολύ - πολύ πικρά βιώματα της στα Πιπερέικα, ο εξοντωτικός δηλαδή μόχθος της, καθώς και ο κατατρεγμός, η σκληρότητα, η απουσία - στοιχειώδους έστω - στοργής. Αυτά είναι δυστυχώς μεταξύ πολλών άλλων, τα "δώρα" της ορφάνιας, τα "δώρα" της ζωής στα ξένα χέρια...

Αλλά και ο ΜΗΤΣΙΟΣ - όπως έμαθα αργότερα - δεν ήταν ψυχολογικά σε καλύτερη θέση. Απομονωμένα ζούσε κι αυτός, κι έβραζε με το ζουμί του, ασφαλώς μεταξύ άλλων και για την κακή κατάσταση όλων μας. Καθώς άκουσα από το Νίκο τον Πιπέρη, διάβαζε συχνά την Αγία Επιστολή, περιοδικά δε προσπαθούσε να μάθει και να ψέλνει στην εκκλησία, αλλά δεν τον βοηθούσε το λαρύγγι του.

Και δούλευε, δούλευε σκληρά, δούλευε για δέκα, κυρίως θαρρώ για ν' αμύνεται κατά της αφόρητης ψυχικής πίεσης, που τον ταλάνιζε...

Ας ξαναγυρίσουμε στον ΚΩΣΤΑ. Εγώ ως γνωστό, την άλλη μέρα της δραπέτευσης έφυγα για τη Νεμέα, ενώ εκείνος έμεινε στο Λιόντι.

Απόκοντα παρουσιάστηκε ο Καραβάνης, κι αφού του είχα ξεφύγει εγώ, αξίωσε να πάρει τον Κώστα πίσω στο Καπαρέλι, για να του φυλάει τα γίδια. Εδώ κατά βάση υπήρχε από χρόνια σοβαρή αντιζηλία μεταξύ Καραβάνη-Πιπεραίων, ο καθένας από δαύτους αποβλέποντας στο προσωπικό του ταπεινό συμφέρον, ποιος δηλαδή θα επωφεληθεί περισσότερο από το μόχθο μας, κι ελάχιστα τους απασχολούσε η προσωπική μας μοίρα.

Ο καημένος ο Κώστας έβαλλε τα κλάματα, κι αντιδρώντας στον Καραβάνη που τον τράβαγε για να τον πάρει, πιάστηκε από κάποια πόρτα, και σπάραζε. Ο Γέρο-Πιπέρης, άγνωστο γιατί, δεν πρόβαλλε αντίρρηση, αλλ' ευτυχώς παρενέβη ο δάσκαλος του χωριού που τυχαία βρέθηκε εκεί, κι ανάγκασε το "Βούλγαρο" να παραιτηθεί του ταπεινού σκοπού του. Κι έτσι τη γλύτωσε ο Κώστας.

Λίγο αργότερα, ο Γέρο-Πιπέρης τον πήγε στο μαγαζί κάποιου Κουτρουφίνη, στο Άργος. Εκεί ψευτοπορεύτηκε δυό περίπου χρόνια, και μετά έπιασε δουλειά στο κηροπλαστείο κάποιου Θωμόπουλου. Και ήταν από κει που, κατά προτροπή του θείου μας Tom, πήγα εγώ το 1929 και τον πήρα και τον έφερα στη Νεμέα, κι άρχισε να πηγαίνει πάλι σχολείο.

Τώρα τρεφότανε καλύτερα, κι ούτε δούλευε σκληρά όπως πριν, κι έτσι γέρεψε, κι έγινε ένα ζηλευτό παλληκαράκι. Αλλά δυστυχώς, δεν μπόρεσε να προχωρήσει στα γράμματα. Επειδή αφ' ενός είχε προ πολλού χάσει την επαφή με την ύλη, κι αφ' ετέρου δεν τον βοήθησε - ως όφειλε - ο δάσκαλος ο Πιπέρης να ανασυνταχτεί.

Κι έτσι το καλοκαίρι του '30 διέκοψε το σχολείο, και κατάφυγε στην Αθήνα, όπου και δούλεψε για καιρό ως μπακαλόγατος. Για μιστό καλύτερα να μην μιλάμε. Γιατί γενικά εκείνο τον καιρό, τα εργαζόμενα ανήλικα παιδιά απλώς φυτοζωούσαν.

Ανάγκη να λεχθεί εδώ, πως εξ αιτίας ίσως που ορφανέψαμε και ξεσπιτωθήκαμε από πολύ μικρή ηλικία, δεν διακρινόμασταν και τόσο - τότε - για μεγάλη μεταξύ μας λαχτάρα. Αγαπιόμασταν φυσικά, αλλά μουγκά θα 'λεγα. Και ποτέ δεν σμίξαμε για να ειπούμε τα ντέρτια μας, και τα παράπονά μας, για ν' αναζητήσουμε από κοινού λύσεις στα προβλήματά μας. Ναι, ήμασταν σχεδόν εντελώς αποκομμένοι μεταξύ μας, αποτέλεσμα όπως είπα της διπλής ορφάνιας - από μάνα και πατέρα - και της διασποράς μας, από πολύ μικρή ηλικία.

Ξαναγυρίζω στο προσωπικό μου θέμα. Ο χρόνος ως γνωστό βοηθάει πολύ στην επούλωση των πληγών μας. Έτσι κι εγώ σιγά-σιγά κατάφερα να περιορίσω τη δυστυχία μου, σημαντικά δε προς τούτο με βοήθησε ο ερχομός το 1929 από την Αμερική τόσο του θείου μου Tom, όσο και της οικογένειας του κ. Ρούνη, γαμπρού του θείου μου του Κώστα.

Ο θείος μου ο Τομ ήταν από κάθε άποψη, ένας πολύ αξιόλογος, ένας καταπληκτικός άνθρωπος, μια ιδιαίτερα κι από πολλές πλευρές ευνοημένη φύση. Η γνωριμία μου μαζί του στάθηκε για μένα πολύ ευεργετική, κυρίως από ηθική άποψη. Ο θείος Tom, ήταν μια αστέρευτη βρύση έμπνευσης, φωτοβόλο καθοδηγητικό αστέρι για μένα, σ' όλη μου τη ζωή, κι ότι κι αν πω κι ότι κι αν γράψω γι' αυτόν, θα 'ναι πάντα λίγο. Θα του είμαι ευγνώμων, και πέραν του τάφου...

Θυμάμαι ότι μού χάρισε ένα δικό του κουστούμι ρούχα, και παπούτσια, καθώς κι ένα ρολόι με χρυσή καδένα - φλετούρισα στα ουράνια, όταν τα πρωτοφόρεσα, ήταν δε η πρώτη φορά που ντύθηκα σαν άνθρωπος. Επίσης μού 'δωσε και μερικά βιβλία, ανάμεσά τους δε ήταν και το περίφημο φιλοσοφικό βιβλιαράκι του J.LUBBOCK "HOW TO LIVE". Πολλά μ' έμαθε το βιβλιαράκι αυτό, κι ακόμα συνεχίζω να το ανοίγω σποραδικά, και να ευφραίνομαι από τα θεία νάματα της φιλοσοφίας που προσφέρει.

Αξίζει επίσης να αναφερθεί ότι ήταν τότε - για πρώτη φορά - που σκέφτηκα να μάθω εγγλέζικα, κίνητρό μου δε ήταν η λαχτάρα μου να μπορέσω κάποια μέρα να πάω στην Αμερική, και να ζήσω κοντά στο θείο μου.   Και όπως ήδη έχω γράψει, ο θείος Tom προσφέρθηκε να πληρώσει τα έξοδα σπουδών του Κώστα, αλλά δυστυχώς - όπως εξηγώ κάπου αλλού - η χρυσή αυτή ευκαιρία χάθηκε.

Ο κ. Ρούνης ήταν επίσης αξιόλογος άνθρωπος. Ήταν εντελώς αυτοδίδαχτος θαρρώ, αλλά διέθετε σοβαρή εγκυκλοπαιδική κατάρτιση, και επίσης μίλαγε θαυμάσια. Ήταν ουσιαστικά ο μόνος άνθρωπος στον κύκλο μου που μ' ευχαριστούσε να τον συναναστρέφομαι.

Ήταν ακραιφνής Βενιζελικός, και η ειρωνεία είναι ότι ήταν ακριβώς η κυβέρνηση Βενιζέλου που τον κατέστρεψε οικονομικά, με τη δραχμοποίηση του συναλλάγματος που έκανε, συνεπεία του οικονομικού κραχ του '29.

Περιοδικά έρχονταν στη Νεμέα κι οι Μαθιουδακαίοι -ο άλλος γαμπρός του θείου μου του Κώστα, κι η οικογένεια του. Κι ήταν κι αυτών των ανθρώπων η παρουσία - ιδιαίτερα των παιδιών, και των δυό οικογενειών - που ποίκιλαν κάπως τη ζωή μου.

Τότε - δηλαδή το '28 - '29-ήρθε επίσης από την Αμερική κι ο αδερφός του θείου μου, ο Μήτσιος, ή Βούτας όπως τον παρανόμαζαν. Συνέστησαν μάλιστα και εμπορική εταιρεία -οι δυό Παπαγιαννακαίοι, κι ο Ρούνης - αλλά δεν πήγαν καλά, και σύντομα τη διέλυσαν.

Ανάγκη να παρουσιάσω και το δράμα - ναι, περί δράματος πρόκειται - των Παπαγιαννακαίων, δηλαδή του θείου μου και της θείας μου.

Ευθύς εξ αρχής, πεθερά και κουνιάδα - την κουνιάδα τη λέγανε Χρυσάνθη - δεν καλοδέχτηκαν τη θειά μου. Αποτέλεσμα ήταν να 'χουν συχνά γκρίνιες, στις οποίες μάλιστα περιοδικά μπλεκότανε κι ο θείος μου.

Η θεία μου υπέφερε πολύ, γι' αρκετά χρόνια, και μου ήταν πολύ ευγνώμων που σ' όλον αυτόν τον καιρό της είχα συμπαρασταθεί στην ατυχία της. Η γριά ιδίως, ήταν βαμμένος, και κακός άνθρωπος. Φανταστείτε ότι κάποια νύχτα ήρθε στην αυλή που κοιμόμουνα, και προσπάθησε να μου πάρει τα κλειδιά του μαγαζιού, για να πάει να κλέψει τρόφιμα από το μαγαζί, να κλέψει δηλαδή το παιδί της! Αντίθετα ο γέρος ήταν καλόκαρδος άνθρωπος, αλλά δυστυχώς το βέτο το είχε η γριά.

Την κύρια ευθύνη την είχε φυσικά ο θείος μου, που δεν φρόντισε να βρει για τους γονείς του κάποιο άλλο σπίτι να μένουν, οπότε θ' αποφεύγονταν οι καθημερινές τριβές.

━━━◯━━━

Θα σταθώ για λίγο πάλι στο '28, για να θυμίσω την επιστροφή του Βενιζέλου στην Ελλάδα, και το θρίαμβό του στις εκλογές. Είχα πολύ φανατιστεί μ' αυτή την παράταξη, θυμάμαι δε ότι ανυπομονούσα πότε θα 'ρθουν οι εφημερίδες, κάθε μεσημέρι, για να πάρουμε το Ελεύθερο Βήμα, όπου αρθρογραφούσαν σπουδαίες πέννες, όπως ο Βεντήρης και άλλοι. Πολύ επίσης θαύμαζα το Δημητριάδη, για τα σκίτσα του, κι ακόμα, αξέχαστοι μου μένουν, αρχικώς ο Μελάς, κι αργότερα ο Παλαιολόγος, για τα χρονογραφήματά τους. Από τους συνεργάτες του Βενιζέλου ιδιαίτερα μ' εντυπωσίαζαν ο Καφαντάρης, ο Παπαναστασίου, ο Μιχαλακόπουλος, ο Γ. Παπανδρέου, καθώς κι ο Σοφούλης.

Ήμουνα όπως είπα φανατικός Φιλελεύθερος, γι' αυτό και σε κάποιες εκλογές αποτόλμησα κι έσχισα μερικές αφίσες του Λαϊκού κόμματος, κολλημένες στα αυτοκίνητα που είχαν φέρει

66

στη Νεμέα, τον Τσαλδάρη. Παρ' ολίγο μάλιστα και ν' αρπάξω μερικές καρπαζιές, από κάποιον από τους σοφέρ. Και γι' αυτό - από πρόσθετη αντίδραση, παραφύλαξα κι άρπαξα από το εκλογικό κέντρο του Λαϊκού κόμματος, ένα στεφάνι, και πήγα κάπου και το 'καψα - άθλος ε;...

Από φίλους τότε είχα τρείς-τέσσερους όλους κι όλους: το Νίκο τον Παπουτσή -μπακαλόγατος κι αυτός - το Μήτσιο τον Καπουράλη, και το Γιώργο τον Αγγέλη, που ήταν ράφτες, καθώς και το Γιώργο το Θεοδώρου, που δούλευε σε υφασματάδικο Κάποτε σκεφτήκαμε να κάνουμε και σύλλογο των εμποροϋπαλλήλων, και μάλιστα - άκουσον, άκουσον, της αφελείας μου - μου πέρασε από το νου... να γράψω κάποιο βιβλίο - εγώ ο αγράμματος - και τα έσοδα από την πώλησή του να διατεθούν για τους σκοπούς του συλλόγου... Τελικά δεν κάναμε τίποτα.

ΑΘΛΗΤΙΣΜΟΣ.

Λάτρευα τον αθλητισμό, ιδίως τα αγωνίσματα στίβου, καθώς επίσης και το μποξ, και την πάλη. Ινδάλματά μου στα τελευταία δυό αγωνίσματα, ήταν θυμάμαι κάποιος Αμερικανός πυγμάχος ονόματι Ντέμσεη, κι ο δικός μας πρωτοπαλαιστής, ο Jim Λόντος.

Σχετικά είχα εγκαταστήσει στο υπόγειο όρθια δυό καδρόνια, και κάθετα μια κινητή πήχη, και συχνά επιδιδόμουνα στο άλμα εις ύψος. Κι απορώ που δεν χτύπησα καμια φορά το κεφάλι μου πάνω στα πάτερα, οπότε θα 'μενα στον τόπο...

Ακόμα είχα δέσει και μια φούσκα, κάπου στο υπόγειο, και πήγαινε το γρονθοκόπημα σύννεφο... Κάποτε πήγα να παίξω και ποδόσφαιρο, με κάτι άλλα παιδιά, σε κάτι χωράφια εκεί στη γειτονιά. Αλλά είχα την ατυχία να φάω μια γερή κλωτσιά στο καλάμι, και να τραυματιστώ. Το σόλοικο στην περίπτωση αυτή είναι ότι ενώ το παιδί που με χτύπησε, εξέφραζε τη λύπη του, και μου ζητούσε συγγνώμη, εγώ αντίθετα παραξενευόμουνα για τη στάση του αυτή - το θεωρούσα δηλαδή πολύ φυσικό να συμβαίνουν κάτι τέτοια, στο ποδόσφαιρο η αλλού, και εντελώς αδικαιολόγητες τις συμπόνιες και τις συγγνώμες.

Άσε που κάποτε παρ' ολίγο να σκοτώσω εξ αμελείας, κάποιο γέρο, με το μπιστόλι.

Ήταν η εποχή που ο πυγμάχος Ντέμσεη είχε βγει champion, είχαμε δε τοιχοκολλήσει ψηλά, απέναντι από το γραφείο, μερικά σχετικά posters που μας είχαν στείλει από την Αμερική. Κάποιο απομεσήμερο, που ήταν ακόμα κλειστό το μαγαζί, καθόμουνα στον πάγκο δίπλα στο γραφείο, και περιεργαζόμουνα κάποιο μπιστόλι που τυχαία είχα βρει εκείνη την ημέρα σ' ένα συρτάρι, αγνοούσα δε ότι το μπιστόλι ήταν γεμάτο! Δίπλα μου καθόταν κάποιος γέρος, ονομαστός κυνηγός, και κάπνιζε - είχε καθυστερήσει να φύγει. Σε κάποια στιγμή, προτείνω το μπιστόλι στο γέρο, λέγοντας:

— Να σου ρίξω, μπάρμπα-Γιάννη;

— Ρε κάν' το κείθε, μην παίζεις με δαύτο, μου λέει ο γέρος, κι έσπρωξε την κάνη, μακριά του.

— Καλά μπάρμπα-Γιάννη, του λέω, θα ρίξω του Ντέμσεη.

Και τράβηξα τη σκανδάλη, προς το Ντέμσεη. Οπότε το μπιστόλι εκπυρσοκρότησε, εγώ δε - επειδή δεν περίμενα κάτι τέτοιο - έπαθα αξαμνιά, και ταράχτηκα τόσο, όσο ποτέ στη ζωή μου. Ο δε γέρος, μπαρουτοκαπνισμένος όπως ήταν - καθ' ότι παλιός κυνηγός - έβαλλε τα γέλια για την ταραχή που μ' έπιασε, και τα ξεφωνητά τρόμου, που έβγαλα!...

Ο θείος μου άκουσε φαίνεται τον κρότο, και κάτι με ψευτο-ρώτησε το απόγευμα που κατέβηκε, αλλά δεν κατάλαβε τι είχε συμβεί, γιατί εγώ - λίγο πονηρούλης καθώς ήμουνα - είχα βγάλει και πετάξει τον κάλυκα. Και επίσης ο μπάρμπα-Γιάννης δεν του είπε τίποτα σχετικώς. Φανταστείτε ποια θα ήταν η ζωή μου, αν τυχόν είχα κάνει εκείνο το φόνο!... Ούτε να το σκέπτομαι δεν θέλω, ακόμα και τώρα ανατριχιάζω σαν το θυμάμαι.

LOVE AFFAIRS.

Ήταν θαρρώ γύρω στα 1930 που "δάγκωσα τη λαμαρίνα", με την Ελένη του Γέρακα. Η Ελένη ήταν κανονικού αναστήματος, ελαφρά μελαχρινή, γοητευτική στην όψη, η δε γλώσσα της έσταζε μέλι. - Τί σου κάνει ο έρωτας...

Σ' αντίθεση δε με τη μικρότερη αδερφή της, που ήταν λίγο πεταχτούλα, η Ελένη ήταν συντηρητική, μετρημένη, δηλαδή στα γούστα μου. Δεν ξέρω πόσον καιρό με κρυφο-παίδευε τούτο το ντέρτι, πάντως κάποτε βρήκα το θάρρος και της είπα "..Ελένη, θέλω να σου ειπώ κάτι." Και η Ελένη μου απαντάει: "Ναι Σπύρο, αλλά κάποια άλλη φορά." Αυτό ήταν όλο. Κατάλαβα ότι δεν με γούσταρε - και τι να γουστάριζε από ένα χαμάλη, από έναν μπακαλόγατο... - η ήταν κάποιος άλλος στη μέση. Κι όπως έμαθα αργότερα, ήταν ο Γιώργος ο Γιαννακάκης, ένας άντρακλας δυό μέτρα, νοικοκυρόπαιδο, και καλός τύπος.

Δεκάδες ζηλευτά κορίτσια πέρασαν από την αποθήκη, που καθαρίζαμε τη σταφίδα, και με πολλά άλλα είχα κατά καιρούς γνωριστεί, αλλά καμιά δεν θυμάμαι να με συγκίνησε τόσο όσο η Ελένη.

Στο Καπαρέλι ξαναπήγα - μετά την απόδραση - για πρώτη φορά το 1930 θαρρώ.

Όλα είχαν ξεχαστεί, και χάρηκα πολύ που ξαναείδα τα μέρη εκείνα, καθώς και τους ανθρώπους, δικούς μου και ξένους. Η δεύτερη φορά που βρέθηκα εκεί, ήταν με το Μήτσιο το 1932 - μετά το γάμο του - που πήγαμε και πήραμε το ρουχισμό της μακαρίτισσας της μάνας μας, που τον φυλάγανε στο Καπαρέλι, μετά το θάνατό της.

ΓΙΩΡΓΙΤΣΑΣ ΠΕΡΙΠΕΤΕΙΕΣ

Όπως ήδη έχω εξηγήσει, τη Γιωργίτσα την πήρανε οι Πιπεραίοι από το Καπαρέλι στο Λιόντι, για να τους βοηθήσει στο μεγάλωμα των παιδιών του θείου μου του Βαγγέλη, και προ παντός για τις δουλειές του σπιτιού - που συνεχίζονταν μέρα και νύχτα, και τελειωμό δεν είχαν. Και φυσικά και για να δουλεύει και σ' όλες τις αγροτικές δουλειές - στο θέρο, στον τρύγο, στις ελιές, στα καπνά και λοιπά.

Ξεπατώθηκε καθώς φαίνεται σωματικά από την πολλή δουλειά, ψυχικά δε συντρίφτηκε από τη σκληρότητα συμπεριφοράς, καθώς και την παντελή έλλειψη στοργής. Απόκανε. Δεν άντεχε άλλο. Γι' αυτό κι επαναστάτησε, συγκρούστηκε άσχημα με το περιβάλλον της. Έτσι ο Γέρο-Πιπέρης την έστειλε στο Μάζι, στη θειά μου την παπαδιά. Και κοντολογίς για τέσσερα - πέντε χρόνια πηγαινορχότανε μεταξύ Μάζι-Λιόντι, δουλεύοντας αποκλειστικά και μόνο για το ψωμί, βέβαια, και - το χειρότερο - κάτω από αφόρητες ψυχολογικές συνθήκες. Και το κακό απόγινε με την παρέμβαση της θειάς μου της Φαρμάκενας, που την πήγε στο Ναύπλιο, ως υπηρέτρια σε κάποιο αρχοντικό. Ανησύχησα πολύ, κυρίως μήπως πάρει τον κακό δρόμο. Γι' αυτό και θυμάμαι ότι έγραψα ένα πύρινο γράμμα στη θειά μου την Ελένη, γι' αυτό που έκανε.

Λίγο αργότερα πήγα στο Ναύπλιο και την είδα, φαινότανε δε ευχαριστημένη. "Μπα, - είπα - ίσως να γελάστηκα. Μακάρι..." Δυστυχώς, δεν γελάστηκα...

Έτσι, κάποια μέρα - πρέπει να 'ταν το 1931 - με καλεί η Αστυνομία της Νεμέας, να πάω να παραλάβω την αδερφή μου. Την είχαν βρει λέει ν' αλητεύει, ο δε ιατροδικαστής που την εξέτασε, αποφάνθηκε ότι ήταν και διακορευμένη. Σ' αντίθεση με τη σημερινή ανεχτικότητα, τα ήθη εκείνα τα χρόνια ήταν πολύ αυστηρά, η δε κοινωνική πίεση τόσο προς την κοπέλα που ξέπεφτε, όσο και προς την οικογένειά της ήταν τρομερή. Γι' αυτό και κάθε τόσο, ακούγονταν φόνοι για λόγους αδερφικής τιμής.

Χώθηκα στη γη από ντροπή, τόσο που κινδύνεψα να κάνω έγκλημα. Ας είναι συχωρεμένη η θειά μου, που τόσο πολύ μου συμπαραστάθηκε, σ' αυτή την κρίση.

Ο Μήτσιος συνέχιζε να μένει στα Πιπερέικα, κι έτσι δεν υπήρχε προς τα εκεί διέξοδο. Γι' αυτό και προσωρινά την κρατήσαμε στο σπίτι της θείας μου, σύντομα δε τη βάλλαμε υπηρέτρια σε μια καλή, γειτονική οικογένεια.

Βλεπόμασταν κάθε μέρα, έδειχνε δε να είναι ευχαριστημένη, και δόξαζα το θεό.

Αλλά δυστυχώς, παρακινημένη από άγνωστες αφορμές και ψυχικές διεργασίες, κάποια μέρα έφυγε κι απ' αυτό το σπίτι. Και χάθηκε...

Καθώς λέει κι η Αντριανή, ο Μήτσιος έπρεπε να είχε φύγει πολύ πιο νωρίς από τα Πιπερέικα - δηλαδή από το 1928 - και να πάει να ζήση με τη Γιωργίτσα, στο σπιτάκι μας, στο Λιόντι. Δυστυχώς αυτό δεν έγινε, κι έτσι η Γιωργίτσα χαντακώθηκε.

Ο Μήτσιος παντρεύτηκε το 1932, αλλά δεν ξέρω γιατί δεν ενδιαφέρθηκε να την περιμαζέψει. Και φτάνουμε στο 1933, που είμαι φαντάρος στο Ναύπλιο. Και κάποια μέρα με ειδοποιούν στο στρατόπεδο ότι με ζητάει η αδερφή μου, στην Πύλη. Πήγα και τη συνάντησα, ήταν δε από κάθε άποψη σωστό ράκος. Πήρα ένα ταξί και την πήγα στο Χάνι, στη θειά μου την Αγγελικώ, από κει δε την άλλη μέρα την προώθησαν για το Λιόντι, στο Μήτσιο. Δεν ήξερα και 'κεινού τις διαθέσεις, γι' αυτό και θυμάμαι ότι τού 'γραψα ένα φλογερό, σχετικό γράμμα, και κοντολογίς την κράτησε κοντά του.

Λίγο αργότερα τη ζήτησε και την παντρεύτηκε κάποιος λούστρος το επάγγελμα, Βασίλης Δαλιβίγκας. Ανάθεμα την ώρα που βρέθηκε στο δρόμο της - της έκανε τη ζωή μαύρη κι άραχλη, και τελικά την ξαπόστειλε. Πέθανε το 1938, από φυματίωση. Θυμάμαι ότι της έβαλα έναν πολύ συγκινητικό επικήδειο, τόσο που ο Μήτσιος ξέσπασε σε γοερά κλάματα, οι δε Γυμνοΐτες πολύ εντυπωσιάστηκαν, απ' αυτό μου το λόγο. Ναπολεόντια στρατιά, οι πίκρες μου από τα περασμένα, κορυφαία δε στην ανάμνησή μου και πιο φαρμακερή απ' όλες, στέκεται η πίκρα μου για την αδερφή μου.

Γιατί επί τέλους εμείς οι άλλοι - ο Μήτσιος, εγώ, ο Κώστας - ζήσαμε και μερικές καλές μέρες. Της Γιωργίτσας αντίθετα τ' αχείλι δε γέλασε ποτέ - όλη της η ζωή ήταν μόνο πόνος, και δάκρυ. Θεός σχωρέστην. Η ψυχή μου θα συνεχίζει να κλαίει απαρηγόρητα γι' αυτήν, ως το θάνατό μου...

Κάποια μέρα τού Μάρτη του 1932, διάβασα ότι καλείται προς κατάταξη η κλάση μου, δηλαδή η κλάση του 1933. Αλάλαξα από χαρά, γιατί αυτή την ώρα την περίμενα πως και πως, σα Μεγάλη Λαμπρή, που λέμε. Και νά 'σου σε λίγο έρχεται κι ο φίλος μου ο Γιώργος ο Θεοδώρου - που ήμασταν της ίδιας κλάσης, - και το επιβεβαιώνει.

Πήρα "φωτιά και καιγόμουνα", και δεν έβλεπα την ώρα πότε να φύγω. Κοντολογίς, την άλλη μέρα φύγαμε για το Ναύπλιο, για να κατaταγούμε. Θυμάμαι μάλιστα ότι στον αποχωρισμό μου με τη θεία μου, με φίλησε - ήταν η πρώτη φορά στη ζωή μου που δεχόμουνα φιλί, και πολύ συγκινήθηκα.

Δυστυχώς επρόκειτο περί λάθους, γιατί η δική μας κλάση ήταν του 1933Α, και όχι του 1933, που καλούσαν. Αποστομώθηκα άσχημα, από τη διάψευση. Δεν ήθελα με κανένα λόγο να γυρίσω πάλι στη Νεμέα, αλλά και δεν ήξερα τί να κάνω, πούθε να γείρω. Γι' αυτό κι αρπάχτηκα αμέσως από την πρόταση του Γιώργου, να πάμε μια βόλτα ως την Αθήνα.

Αντί με το τραίνο, αποφασίσαμε να φύγουμε με κάποιο εμπορικό καράβι, που το λέγανε Κεραυνό , και που έφευγε εκείνο το βράδυ. Με την ευκαιρία πήγαμε μ' ένα βαρκάκι - για πρώτη φορά κι οι δυό μας - και είδαμε το Μπούρτζι, το οποίο και πολύ μας εντυπωσίασε. Περισσότερο ίσως εμένα, γιατί είχα πρόσφατα τότε διαβάσει αρκετά γι' αυτό το φρούριο. Ότι ήταν τόπος απαγχονισμών και εκτελέσεων - πριν μεταφερθεί η καρμανιόλα στο Παλαμήδι - ότι εκεί έμενε μόνιμα ο Μπόγιας, κι ακόμα ότι εκεί είχαν φυλακίσει και τον Κολοκοτρώνη.

Φύγαμε αργά από το Ναύπλιο, ο δε "Κεραυνός" αποδείχτηκε πως ήταν χελώνα, σχέτο σαπιοκάραβο. Φανταστείτε ότι ταξιδεύαμε όλη τη νύχτα, και σχεδόν και όλη την άλλη μέρα, αφού καταλήξαμε στον Πειραιά στις 5 το απόγευμα. Και παρ' ότι είχα τόσα όνειρα για τη θάλασσα, καθόλου δεν ευχαριστήθηκα εκείνο το ταξίδι, έφτασα δε στον Πειραιά, πτώμα. Το πρώτο βράδυ κοιμηθήκαμε στο δωμάτιο κάποιου Γυμνοΐτη - του Κώστα του Βαρελά - την άλλη δε μέρα αλωνίσαμε την Αθήνα. Ανεβήκαμε και στην Ακρόπολη, βγάλαμε και φωτογραφίες μπροστά στις Καρυάτιδες, μεγάλη δε εντύπωση θυμάμαι ότι μού 'κανε η θέα της οδού Πατησίων, κυρίως για το μήκος της.

Εν τω μεταξύ, συνέχιζε να κρυφοκαίει μέσα μου η δίψα της αλλαγής. Γι' αυτό κι έψαξα αρκετά, δεξιά-αριστερά, για δουλειά, ζήτησα δε επίσης τη συνδρομή και κάποιου παραγγελιοδόχου, που γνώριζα, ονόματι Χαρατσάρη. Ευτυχώς η δυστυχώς - μάλλον ευτυχώς - δεν πέτυχα τίποτα το αξιόλογο, και γι' αυτό ξαναγύρισα στη Νεμέα. Και θυμάμαι ότι ο παραγγελιοδόχος - νομίζοντας ότι εν γνώσει του θείου μου αναζητούσα δουλειά στην Αθήνα - όταν αργότερα πέρασε από τη Νεμέα, με ρώτησε μπροστά στο θείο μου τί είχα αποκάνει. Κάτι ψευτοψέλλισα, ο θείος μου φυσικά κατάλαβε πως είχαν τα πράγματα, αλλά δεν έδωσε συνέχεια στο θέμα.

Κι αυτό γιατί με είχε σοβαρή ανάγκη.

Εδώ πρέπει να σημειώσω ότι το ρητό: "ουδέν κακόν αμιγές καλού", επαληθεύτηκε και σε μένα. Το κακό ήταν η αγραμματοσύνη του θείου μου, που ωστόσο εμένα μου βγήκε σε καλό, γιατί έτσι είχα την ευκαιρία να επιδοθώ στη λογιστική και την αλληλογραφία, πράγματα που πολύ μου χρησίμευσαν αργότερα.

Το μήνα Αύγουστο της ίδιας χρονιάς, παντρεύτηκε κι ο Μήτσιος, γεγονός που μού 'φερε ιδιαίτερη χαρά. Η Αντριανή ήταν ένα αλλόκοτο, τσουπωτό, κόκκινο τριαντάφυλλο, γιομάτη ζωντάνια, και επίσης απλή και καλόκαρδη.

Έτσι πέρασε σιγά-σιγά ο καιρός, και οριστικά πια το Μάρτη του '33 πήγα στο Ναύπλιο, και κατατάχτηκα ως κληρωτός. Η ζωή μου τότε, έκανε απότομη στροφή 180 μοιρών. Είναι πάρα πολλά όσα μου συνέβησαν στο στρατό, όσα έμαθα - κι έπαθα - ιδιαίτερα δε παρακαλώ να προσέξτε τα "μαργαριτάρια" μου...

Υ.Γ. Μου διέφυγε ν' αναφερθώ στην Ελενίτσα του Πιπέρη, την ξαδέρφη μου. Μετά το θάνατο της μητέρας της το 1929,οι Κατσαραίοι - επειδή δεν είχαν δικά τους παιδιά - την πήρανε στη Νεμέα, κι αργότερα την υιοθέτησαν. Η Ελενίτσα ήταν - και φυσικά εξακολουθεί να είναι - σωστός θησαυρός. Σ' εκείνα ιδιαίτερα τα χρόνια, ήταν σωστή όαση, στην ψυχική μου ερημιά. Αλλά κι αργότερα κάναμε συχνά συντροφιά, και τη θεωρώ σαν την πιο αξιόλογη από τις εξαδέλφες μου, χωρίς αυτό να σημαίνει ότι δεν αγαπούσα και τις άλλες, ιδιαίτερα τα κορίτσια της θείας μου της παπαδιάς, που επίσης ήτανε σωστά μαλάματα.

75

Μπροστά στο μαγαζί του Κώστα Παπαγιαννάκη στη Νεμέα

ΚΛΗΡΩΤΟΣ ΣΤ' ΑΝΑΠΛΙ, ΜΑΡΤΗΣ 1933

Παρουσιαστήκαμε και κατταγήκαμε στους στρατώνες του Πεζικού, λίγο πιο έξω από το Ναύπλιο, και μετά μας πήγαν στην Ακροναυπλία, όπου και στρατωνιστήκαμε. Την άλλη μέρα κατεβήκαμε πάλι στο Πεζικό, όπου και έγινε η επιλογή για τα διάφορα όπλα, και ειδικότητες.

Ο τρόπος ήταν εντελώς αρχέγονος. Κάποιος φώναζε: "Ποιοι θέλουν να πάνε μάγειροι!..." Κι αμέσως τρέχανε προς τα εκεί όσοι ενδιαφέρονταν. Αν ήταν πολλοί αυτοί που κάνανε έφοδο, τους κόβανε στο τάκα-τάκα όσους περίσσευαν.

Εγώ το 'χα λαχτάρα να πάω στον Όρχο αυτοκινήτων, και είχα μάλιστα πάρει από κάπου και συστατικό γράμμα για έναν αξιωματικό, για να με βοηθήσει, αλλά για κακή μου τύχη ο αξιωματικός αυτός έλλειπε. Σαν άκουσα λοιπόν το κάλεσμα για τ' αυτοκίνητα πετάχτηκα σα σαΐτα, αλλά επειδή ήταν πολλοί ενδιάμεσα, με κόψανε.

Φαρμακώθηκα. Και φαρμακώθηκα διπλά λίγο αργότερα, σαν άκουσα ότι με ρίξανε στο Ορειβατικό Πυροβολικό, γιατί όλος ο κόσμος ήξερε ότι εκεί υπήρχε πολύ βρωμιά, και μύγα - λόγω των ζώων- πολύ ξυστρί, και προ παντός πολύ χαμαλίκι, με το λύσε-δέσε και φόρτω-ξεφόρτω, των κανονιών. "Διάβολε", είπα, "πάλι στο χαμαλίκι έπεσα;..."

Από την πρώτη κιόλας μέρα μας άρπαξαν οι εκπαιδευτές - βαθμοφόροι προηγουμένων κλάσεων - και μάς τάραζαν στις λογής-λογής ασκήσεις: στο εν-δυό, εν-δυό, κλείνατε επί δεξιά- κλίνατε επ' αριστερά, και άλλα, και προ παντός στο τροχάδην.

Το απόγευμα είχαμε θεωρία: για την αποστολή του στρατού, ότι πρέπει να 'μαστε άριστα εκπαιδευμένοι στη χρήση των όπλων, να προσέχουμε την υγεία μας, και - προ παντός – να 'χουμε σιδερένια πειθαρχία. Να στρατιωτικοποιηθούμε δηλαδή σε τέτοιο βαθμό, ώστε να υπακούμε τ υ φ λ ά στις διαταγές των ανωτέρων μας! Αργότερα, άκουσα σχετικά να λένε οι φαντάροι: "...Πήγαινε σκοτώσου, κι έλα να δώσεις αναφορά..."

Κάποιο λοιπόν απόγευμα έκανε θεωρία ένας αξιωματικός ονόματι Γκούμας. Έπλεκε δε τόσο συναρπαστικά το εγκώμιο των αξιωματικών -ότι εκείνοι θα νοιάζονται για την υγεία μας, θα ενδιαφέρονται για όλες μας τις ανάγκες, θα εξασφαλίσουν την άρτια εκπαίδευσή μας, εκείνοι - προ παντός - θα μας οδηγούν εν καιρώ πολέμου στη νίκη και στη δόξα κ.λπ., κ.λπ - ώστε ενθουσιάστηκα όσο δε λέγεται. Κι ήθελα να μάθω αμέσως ποιοι να 'ναι τάχα αυτοί που θα κάνανε τόσα πολλά πράγματα για μάς, ώστε να τους αφιερωθώ, σε ένδειξη ευγνωμοσύνης. Κι επειδή φαίνεται είχα μπερδέψει τον κλάδο γενικά των αξιωματικών, με τούς βαθμούς τους και λοιπά και - υπέρ-αυθορμητικός όπως είμαι - ρωτάω τον ομιλητή:

— Σεις, αξιωματικός είσθε, κύριε;

— Κρρρρρααααα... τα γέλια απ' όλο το θάλαμο - λίγο και θα σπάζανε τα τζάμια...

— Θα το μάθεις σύντομα, μου απάντησε ο αξιωματικός.

Και η ιστορία έχει και συνέχεια. Μερικούς μήνες αργότερα, μετά την αποφοίτησή μου από τον ουλαμό των Βαθμοφόρων - όπου είχα έρθει πρώτος - πήγα βόλτα με μερικούς άλλους πυροβολητές ως τους στρατώνες του Πεζικού. Εκεί δε οι φίλοι μου λέγανε με περηφάνια στους πεζικαραίους - για μένα - ότι είχα έρθει πρώτος, ως λοχίας. Οπότε πετάγεται κάποιος του Πεζικού - που φαίνεται ότι ήταν παρών στην πιο πάνω γκάφα μου - και λέει:

— Τι λέτε, ρε, αυτός πριν λίγο καιρό δεν ήξερε τι θα ειπεί

αξιωματικός!...

Δε θυμάμαι τι ψευτομάσησα, για να μπαλώσω την κατάσταση, αλλ' οπωσδήποτε ένοιωσα ψυχρολουσία...

Την τέταρτη μέρα ορκιστήκαμε, κάναμε επίσης και κάποιο εμβόλιο, και μετά μας προώθησαν στις διάφορες μονάδες που ανήκαμε, κι έτσι εγώ βρέθηκα στο 4ο Σύνταγμα Ορειβ. Πυροβολικού, που ήταν κάπου χίλια μέτρα μακριά από το Πεζικό. Ναι, ξέχασα να ειπώ ότι κατά τον εμβολιασμό κάποιος - ένα ντερέκι δυό μέτρα - λιποθύμησε από φόβο, σαν ήρθε η σειρά του να του κάνουν το εμβόλιο - τι σου κάνει η αυθυποβολή...

Η κατάσταση του στρατοπέδου ήταν για κλάματα. Πέρα από τους σωρούς από κοπριά - από τα ζά - και το κακό της μύγας, υπήρχαν και πολλές λάσπες, και το αποκορύφωμα του κακού ήταν ότι μας βάλλανε να κοιμηθούμε σε κάτι πρώην στάβλους - τα παχνιά ήταν ακόμα εκεί... Άλλη άσχημη εμπειρία, θυμάμαι ήταν η αφόρητη μυρουδιά της ναφθαλίνης, που είχε ο ιματισμός που μας δώσανε να φορέσουμε, κι ακολουθούσε η πόχα της ποδαρίλας στο θάλαμο -ιδιαίτερα τα καλοκαίρια - σουρχότανε αναγούλα...

Ήταν ακόμα αρχές Μάρτη, κι έκανε ζόρικο κρύο, και γι' αυτό κυριολεχτικά πουντιάσαμε. Δύσκολη η προσαρμογή στις νέες συνθήκες, για όλους μας, και προπαντός για μερικούς που φρονούσαν πολλά για... τις τρίχες τους - δεν θέλανε με κανένα λόγο να τους κόψουν σίρριζα τα μαλλιά, και το μουστάκι. Τελικά γίνανε και κείνοι "γουλιά", όπως όλοι μας.

Από τους τέσσερους πυροβολάρχες του Συντάγματος, ο δικός μας ονόματι Λειβαδίτης, και κάποιος άλλος ονόματι Αρμενακέλλης, ήταν ο φόβος κι ο τρόμος του στρατοπέδου. Ήταν κι οι δυό τους τρομοκράτες, και σαδιστές, οι δε λογής-λογής ποινές που κοπάναγαν - ιδίως οι φυλακίσεις - πηγαίνανε σύννεφο!...

Η βασική εκπαίδευση κράτησε τέσσερους μήνες, και

κυριολεχτικά μας βγάλανε το λάδι σ' αυτό το διάστημα. Προ παντός τον Ιούνιο - Ιούλιο, τα χιτώνια κι οι περισκελίδες μας ήταν κάτασπρες από τον πολύ ιδρώτα. Μια ακόμα ατυχία μας ήταν ότι το νερό το φέρνανε από μακριά, κι οι σωλήνες ήταν σχεδόν στην επιφάνεια, με αποτέλεσμα το νερό να βράζει. Είχαμε γούστο κάθε μεσημέρι που γυρίζαμε από τις ασκήσεις και, παρ' ότι το νερό ήταν πολύ ζεστό, πέφταμε με τα μούτρα στις βρύσες, και πίναμε και δε χορταίναμε.

Ο Σπύρος είναι τρίτος από αριστερά

Παρακολουθούσα με πολλή προσοχή όλες τις θεωρίες, και προ παντός τις σχετικές με τη λειτουργία τού πυροβόλου, στις δε πάσης φύσεως ασκήσεις, ήμουνα σίφουνας. Κι εδώ πρέπει να ειπώ ότι στάθηκα πολύ τυχερός που βρέθηκα σε εντελώς άγνωστο περιβάλλον, κι έτσι αναπτύχτηκα ελεύθερα, χωρίς δηλαδή τις - πολύ αρνητικές - δεσμεύσεις του παρελθόντος μου. Γιατί αν ήμουνα στην Κόρινθο π.χ., ανάμεσα στους Νεμεάτες -που ξέρανε το ποιόν μου - σίγουρα δεν θα πέρναγα καλά, δεν θα είχα την καλή εξέλιξη που είχα στ' Ανάπλι.

Την πρώτη κιόλας βδομάδα, κάποια μέρα ένας αξιωματικός μας ανάγγειλε ότι θα σχηματιστεί ουλαμός βαθμοφόρων - για δεκανείς και λοχίες. Κι έγραψε μάλιστα κι ένα κείμενο στον πίνακα, και ζήτησε απ' όσους ενδιαφέρονται, να το αντιγράψουν. Καθόλου δεν μου είχε περάσει από το νου ότι θα μπορούσα να πετύχω-είχα βαθιά συνείδηση της αμορφωσιάς μου - αλλά έτσι, από περιέργεια, αντέγραψα κι εγώ το γραφτό.

Και το θάμα έγινε, κυρίως γιατί παρουσίαζα καλούτσικο γραφικό χαρακτήρα - τότε έγραφα στρογγυλά, συμμετρικά, και ευανάγνωστα. Αναστατώθηκα από την επιτυχία μου. "Για φαντάσου - έλεγα - να γίνω κι εγώ ένας σαν αυτούς τούς γαλονάδες υπαξιωματικούς, με τις μπότες τους και τα σπιρούνια τους, που σουλατσάρουν γύρω μας κορδωτοί-κορδωτοί, και που έχουν τόση εξουσία απάνου μας, για φαντάσου!..."

Ρίχτηκα λοιπόν με τα μούτρα - που λέμε - να μάθω απ' έξω όλους τους σχετικούς κανονισμούς, και επίσης να διακριθώ στις ασκήσεις. Και σιγά-σιγά τα κατάφερα. Ένοιωθα δε θυμάμαι μεγάλη ικανοποίηση που ξεχώριζα στον ουλαμό, τόσο στη θεωρία όσο και στην πράξη. Και μερικοί μάλιστα με θεωρούσαν κάπως βλαμμένο, εξ αιτίας που ήμουνα πολύ υπηρεσιακός, πολύ απαιτητικός από τους πυροβολητές, οσάκις είχα το πρόσταγμα, στις ασκήσεις.

Μετά τετράμηνο έγιναν οι εξετάσεις, και κοντολογίς ήρθα πρώτος, ως δεκανέας. Όχι φυσικά κατ' αξίαν από πλευράς θεωρητικής μόρφωσης, αλλά κυρίως για το ζήλο μου και την επάρκειά μου στα προβλεπόμενα καθήκοντα, και - όπως έλεγαν – χάρις στα κάποια διοικητικά μου προσόντα. Συνέχισα και για λοχίας, με τον ίδιο ζήλο, αλλά εκεί πρώτεψε κάποιος της Ανωτάτης Εμπορικής, κυρίως για τη συντριπτική του υπεροχή από πλευράς μόρφωσης.

Ξέχασα να ειπώ για την αγωνία μου και τη σαστιμάρα

μου, κατά την τελετή της ορκωμοσίας μας ως δεκανέων. Επειδή πρώτεψα, έπρεπε να σταθώ πρώτος στη γραμμή, και όλοι οι άλλοι βαθμοφόροι να στοιχηθούν με βάση εμένα. Αλλά δυστυχώς εγώ, από υπερβολική συστολή όλο και τραβιόμουνα προς τα πίσω, για να μην φαίνομαι, με αποτέλεσμα να κάνουν το ίδιο και όλοι οι άλλοι. Κι είδα κι έπαθα για να αυτοκυριαρχηθώ, και να μείνω ακίνητος, ώστε να στοιχηθούν και οι άλλοι ανάλογα. Φόρεσα λοιπόν κι εγώ τις χτυπητές "σαρδέλες" - έτσι τα λέγανε τα γαλόνια των υπαξιωματικών και βαθμοφόρων - και φόρεσα και τις μπότες και τα σπιρούνια, κι άντε να με πιάσεις... Θυμάμαι πως ιδιαίτερα κορδωνόμασταν σαν βρισκόμασταν στην πόλη, και προ παντός όταν μας επέτρεπαν και σουλατσέρναμε στην κεντρική πλατεία, την Πλατεία Συντάγματος όπως τη λένε.

Τούτο το μεθύσι δε βάσταξε δυστυχώς καιρό, κι άρχισα πάλι να πλήττω, να πλήττω απαίσια, να μην με χωράει ο τόπος. Θυμάμαι μάλιστα πως κάποτε, σε μια προσπάθεια εκτόνωσης από την ανυπόφορη ψυχική μου πίεση, έπεσα κάτω και κυλιόμουνα σ' ένα χωράφι, κόντρα σε κάτι μεγάλες αυλακιές, για να χτυπάω σ' όλο μου το σώμα και να πονάω, κι έτσι να δραπετεύω από τις τυραννικές σκέψεις μου...

Αλλά κι από πλευράς σωματικής υγείας, δεν ήμουνα καλύτερα. Το κακό είχε ξεκινήσει από τη Νεμέα, όπου τον τελευταίο καιρό δεν ένιωθα καλά, και η κατάσταση χειροτέρεψε στ' Ανάπλι, εξ αιτίας της σκληρής ζωής που κάναμε, κι ίσως περισσότερο από την ένταση που εγώ ο ίδιος επέβαλλα στον εαυτό μου, για να διακριθώ. Κι είναι ευκαιρία τώρα να κάνουμε και λίγη ψυχολογία.

Ο άνθρωπος ως γνωστό είναι τρισυπόστατος, από της πλευράς δηλαδή ότι:

1. Διαφορετική (από την πραγματικότητα) είναι η

προσωπική του γνώμη για τον ίδιον τον εαυτό του,

2. Εντελώς αλλιώτικη είναι στην ουσία η όλη του υπόσταση, και

3. Άλλη είναι η εικόνα για την προσωπικότητά του που προβάλλει προς τα έξω.

Στην περίπτωσή μου λοιπόν, άγνωστο πως συνέβαινε, σ' όλη μου τη ζωή η εικόνα - εντύπωση που έδινα προς τα έξω, ήταν πάντα πολύ καλύτερη της πραγματικότητας. Άλλοι με θεωρούσαν του Γυμνασίου, κάποιοι ακόμα και του Πανεπιστημίου, άλλοι με φαντάζονταν για δάσκαλο, για γιατρό, και πάει λέγοντας. Και επίσης στο εμπόριο, οι παραγωγοί και γενικά η αγορά, μου είχαν απεριόριστη εμπιστοσύνη, με θεωρούσαν πολύ έντιμο, πολύ ακέραιον άνθρωπο. Δεν ήμουνα βέβαια και παλιάνθρωπος, αλλά ούτε και Χριστός, όπως με παρουσίαζαν.

Αυτή την κολακευτική αποτίμηση, ζοριζόμουνα με όλες μου τις δυνάμεις να τη διατηρώ, να την επιβεβαιώνω. Να μη διαψεύσω δηλαδή την κοινή γνώμη. Σίγουρα, τούτο ήταν σπουδαίο κίνητρο για ανέλιξη, αλλά συνυπήρχε και η αγωνία να μην αποκαλυφθώ, ότι ενώ παραδείγματος χάριν με φαντάζονταν ότι ήμουνα μορφωμένος - του Γυμνασίου κ.λπ. - εγώ στην πραγματικότητα, ήμουνα σχεδόν αγράμματος!...

Αυτή η φόρτιση θυμάμαι με παίδεψε πολύ στο στρατό, όπου τα βρήκα ιδιαίτερα σκούρα με τη βλητική του πυροβόλου -ρύθμιση της τροχιάς του βλήματος δηλαδή, πιο πάνω, πιο κάτω, πιο δεξιά, πιο αριστερά, μπρός-πίσω, κ.λπ. Αυτό προϋπέθετε γνώσεις γεωμετρίας και μαθηματικών, για τα οποία εγώ είχα μεσάνυχτα. Τελικά επιστράτευα κάτι πραχτικούς τύπους, κι έτσι τα 'βγαζα πέρα...

Κάποτε ήρθε και με είδε κι ο θείος μου ο Κώστας, με μερικούς άλλους Νεμεάτες εμπόρους. Τότε επίσης κοντά ήρθαν κι ο Μήτσιος με την Ανδριανή, που ήταν και έγκυος στο πρώτο τους κοριτσάκι - το οποίο δυστυχώς χάθηκε νήπιο. Μου φέρανε θυμάμαι δύο ψητά κοτόπουλα, τα οποία και "περιποιήθηκα" με κάποιον πολύ αγαπητό μου φίλο, το Νίκο τον Παπαδάκο. Κι όχι και πολύ αργότερα ήρθε και η Γιωργίτσα, και με ζήτησε στην Πύλη, σχετικά δε γράφω κάπου αλλού.

Μια φορά μας πήγαν στην Αρβανιτιά - πίσω από την Ακροναυπλία - για μπάνιο, κάτι που εγώ το αντιμετώπιζα για πρώτη φορά. Γδυθήκαμε λοιπόν όλοι τσίτσιδοι, και πέσαμε στη θάλασσα. Εγώ σα να φοβόμουνα στην αρχή, να προχωρήσω, αλλά όταν είδα κάτι άλλους ν' ανεβαίνουν στα βράχια, κι από κει να πηδάνε στο νερό, ζήλεψα κι έκανα κι εγώ το ίδιο. Αλλά εκεί η θάλασσα ήταν βαθιά, και παρ' ολίγο να πνιγώ. Άπειρος όπως ήμουνα, ήπια κάμποσο νερό, πανικοβλήθηκα, χτύπαγα δε χέρια και πόδια, σα δαιμονισμένος, για να σωθώ. Και φανταζόμουνα μάλιστα πως κάποιοι θα είχαν καταλάβει τον κίνδυνο που διέτρεχα να πνιγώ, και θα 'ρχονταν σε βοήθειά μου - όλα αυτά βέβαια συνέβησαν σε δευτερόλεφτα.

Τελικά σε κάποια στιγμή - δε θυμάμαι πως - αρπάχτηκα από κάποιο βράχο και βγήκα απάνου, κι ανάσανα - λίγο ακόμα και θα 'σκαζα. Κι η απογοήτεψη μου ήταν μεγάλη, καθώς διαπίστωσα ότι όλοι γύρω μου συνέχιζαν να κολυμπάνε, και κανένας δεν είχε πάρει χαμπάρι τον κίνδυνο που εγώ είχα διατρέξει. Και θυμάμαι σα να... θύμωσα λιγάκι, μαζί τους. Κι ήταν ακριβώς αυτό το πάθημά μου, που μ' έκανε να σκεφτώ – αργότερα - να φτιάξω μια πισίνα, στο Καπαρέλι, και στο Γυμνό, ώστε να μαθαίνουν τα παιδιά κολύμπι.

Ζωηρή διατηρώ την ανάμνηση των ασκήσεων βολής που κάναμε, μέσα στο κατακαλόκαιρο - κυριολεχτικά ψηθήκαμε. Μεταφέρθηκε ολόκληρο το Σύνταγμα - 4 πυροβολαρχίες και 16 κανόνια - σε κάτι βουνά, ψηλά, προς το Κατσίγκρι, όπου και στρατοπεδέψαμε. Εγκαταστήσαμε τα πυροβόλα για βολή, κόψαμε πολλά κλαριά και τα καμουφλάραμε - κατά το δυνατό -

και κάναμε το ίδιο και για τα πυρομαχικά που κρατήσαμε κοντά μας. Τα δε μουλάρια - και το υπόλοιπο υλικό - τα απομακρύναμε σε αρκετή απόσταση, κάπου μέσα στο δάσος. Μετά ανοίξαμε πολλά ορύγματα - στο χώρο γύρω στα κανόνια – η μονάδα διαβιβάσεων άπλωσε γραμμή ως τα παρατηρητήρια, εκεί δε ανέβηκαν και οι αξιωματικοί, που θα κάνανε τη βολή. Κάναμε δηλαδή σχεδόν ακριβώς αυτά, που αργότερα κάναμε και στην Αλβανία. Εγώ - ευτυχώς - δεν πήρα μέρος στη βολή, γιατί αλλιώς σίγουρα θα κλάτερνα. Μου ανάθεσαν την εποπτεία των μεταγωγικών.

Λίγες δε μέρες αργότερα, που πήγα τυχαία στα κανόνια, λυπήθηκα τους ταλαίπωρους τους πυροβολητές για το πολύ κάψιμο που τους είχε κάνει ο ήλιος - Αλωνάρης μήνας, κι όλη μέρα στον ήλιο, την πολλή μουντζούρα από τη μπαρούτι κι άσε το ξεκούφαμα από το κανονίδι... Σε κάποια μάλιστα άσκηση εκείνο τον καιρό, θυμάμαι ότι έπεσε ο σωλήνας ενός πυροβόλου από το μουλάρι, κι έσπασε το πόδι κάποιου ονόματι Αλεβιζάκου. Ούρλιαξε ο ταλαίπωρος όσο δε λέγεται από τους πόνους, κάθισε δε καιρό στο νοσοκομείο, ώσπου να γιατρευτεί.

Από ψυχαγωγία, ερχόταν κάπου-κάπου και σε μας η μπάντα του Πεζικού, κι έπαιζε, κυρίως λαϊκά και δημοτικά, και πήγαινε ο χορός σύννεφο. Αλλά και η κάθοδο στην πόλη μας έδινε μεγάλη χαρά, σποραδικά δε πηγαίναμε και σε κανένα σινεμά.

Είχα αρκετές επίσης φορές ανέβει στο Παλαμήδι, που με συγκινούσε ιδιαίτερα - και που και τώρα, πολύ με συγκινεί. Κι ανεβαίναμε από τα σκαλιά βέβαια, γιατί τότε δεν υπήρχε άλλη πρόσβαση. Καθώς περιδιάβαινα τους χώρους του φρουρίου, αναζούσα τη φριχτή ζωή στα μπουντρούμια, και τα μαρτύρια των κατάδικων παλαιοτέρων εποχών, ιδίως τα φριχτά μαρτύρια που γίνονταν από τους Τούρκους, στους Έλληνες εθνομάρτυρες. Και πολύ βαλάντωνα. Κάπου επίσης εκεί, υπήρχε ακόμα τότε και η θρυλική καρμανιόλα, που Κύριος είδε πόσο και πόσο κοσμάκη είχε κοψοκεφαλιάσει. Εφιαλτική ατμόσφαιρα, αλλά εν τούτοις και με μαγνήτιζε, παράλληλα.

Κάποια μέρα ακούστηκε στην Πυροβολαρχία ότι όσοι ξέρουν ξένες γλώσσες, να πάνε να δώσουν εξετάσεις, και πως όσοι πετύχουν θα σταλούν στην Αθήνα, για να καταρτιστούν καλύτερα, και να γίνουν διερμηνείς. Αλάφιασα. Ρε μπας κι είναι εδώ το τυχερό μου, είπα - κι ας ήξερα όλες κι όλες μόνο περί τις 200 - 300 εγγλέζικες λέξεις. Πήρα λοιπόν κι εγώ μέρος στο διαγωνισμό, και επί μέρες ανυπομονούσα να μάθω τ' αποτελέσματα. Φυσικά απότυχα.

Και φτάσαμε στις 30 του Νοέμβρη, γιορτή τ' Αγιαντρέα, που είναι ο πολιούχος τ' Ανάπλιου, γιατί εκείνη την ημέρα το 1821, ο οπλαρχηγός Στάικος Σταικόπουλος με τα παλληκάρια του κυρίεψαν από τους Τούρκους το Παλαμήδι, κι ελευτερώθηκε η πόλη. Αλλά είναι και προστάτης του Πυροβολικού ο Αγιαντρέας, κι έτσι το γιορτάζαμε κατεβαίνοντας σε κάποιο γήπεδο κοντά στην πόλη, όπου κάναμε επίδειξη βολής, μετά παρέλαση, βάζανε λόγους , κ.λπ. κ.λπ.

Το βράδυ η Λέσχη αξιωματικών έδινε χοροεσπερίδα, όπου παρευρισκότανε η αφρόκρεμα τ' Ανάπλου. Πήρε λοιπόν και το δικό μου στοιχείο μέρος στην επίδειξη, στόχος δε ήταν ποιο από τα τέσσερα στοιχεία θα κατάφερνε - μετά το πρόσταγμα - να ξεφορτώσει και συναρμολογήσει πρώτο, το κανόνι, κι έτσι να βάλλει την πρώτη βολή προς το θρυλικό Παλαμήδι. Και το στοιχείο μου ήρθε πρώτο, χάρις όχι μόνο σε μένα, αλλά και στους πυροβολητές μου - κυρίως σ' αυτούς - που ήταν όλοι τους φιλότιμοι, και λεβέντες. Η χαρά όλων μας - όλου δηλαδή του στοιχείου - ήταν μεγάλη. Τον τιμητικό της μέρας εξεφώνησε κάποιος αξιωματικός του πεζικού, που απάγγειλε και κάποιο θαυμάσιο δικό του ποίημα:

Αντίλαλε του κανονιού / μη σβήνεις τέτοια μέρα

Σύρε στον Ακροκόρινθο / γύρν' απ' τα Δερβενάκια
Στο Κάστρο τ' Άργους βρόντηξε /και στα βουνά τα γύρω
Στα Βέρβενα, στα Δολιανά / κι έλ' από το Βαλτέτσι

Κι έτσι σκορπίζοντας καπνό / και μυρουδιά μπαρούτης
Φέρνεις στη μνήμη εποχή / χρόνια του είκοσι ένα
Τα παλληκάρια μας αυτά / που σαν κι αυτήν την ώρα
Καβαλικεύαν το θεριό / το δοξασμένο βράχο

...

Αντίπαλο σ' αυτή την επίδειξη είχα και έναν μόνιμο λοχία, ονόματι Ελευθεριάδη, ο οποίος στο γυρισμό - επειδή ως μόνιμος είχε την εποπτεία - θέλησε να μου κάνει "γυμνάσια" - ένοιωθε φαίνεται άσχημα που δεν πρώτεψε. Αλλά εγώ, επειδή φαίνεται ότι είχα και λίγο ζαλιστεί από την επιτυχία μου, δεν πειθάρχησα σ' αυτά που με πρόσταζε, με αποτέλεσμα να μου κάνει αναφορά. Ευτυχώς εκείνο τον καιρό δούλευα ως γραφιάς στη Στρατολογία, η δε αναφορά έπεσε στα χέρια του προϊσταμένου μου λοχαγού Λιακούτσου, και δεν με τιμώρησε - δέκα μέρες φυλακή ήταν το λιγότερο που θα μου κοπάναγε ο λοχαγός Λειβαδίτης, αν η αναφορά έπεφτε σε κείνου τα χέρια...

Το βράδυ - τιμής θαρρώ ένεκεν για την επιτυχία μου - με στείλανε στη Λέσχη Αξιωματικών, με κάποιο δικαιολογητικό που δεν θυμάμαι, κι έτσι χάρηκα όσο δεν λέγεται τη χοροεσπερίδα, ξεκοιλιάστηκα δε από τα πολλά γλυκά και φαγητά.

Ξαναγυρίζω στο πιο πάνω ποίημα, για να ειπώ πως πολύ χαιρόμασταν να τραγουδάμε – μεταξύ άλλων – κάποιο εμβατήριο, αφιερωμένο στο Όπλο του Πυροβολικού. Και δεν το τραγουδάγαμε απλώς αυτό το θούριο, αλλά και το ζούσαμε, και το πιστεύαμε...

Το πυροβολικό, το πυροβολικό

Το πυροβολικό, πολύ το αγαπώ
Ας πεθάνω, ας πεθάνω, ας πεθάνω
Στο κανόνι, στο κανόνι μου επάνω
...

Στοιχείο πυροβολικού Σπύρου Γλαρέτα

Λίγες μέρες αργότερα πήρα αγροτική άδεια, και πήγα στη Νεμέα, όπου και πολύ χάρηκα που είδα τους συγγενείς μου, τους φίλους μου, και πολλούς πελάτες. Και το σπουδαιότερο είναι ότι αποτόλμησα και πήρα ένα συστατικό γράμμα από κάποιον πολιτευτή, ονόματι Αθανασόπουλο - θεός σχωρέστον - προς κάποιο αξιόλογο στέλεχος του Λαϊκού κόμματος στο Ναύπλιο, για να με βοηθήσει να φύγω από κει, να μετατεθώ σε καμιά φρουρά της Αθήνας. Και το γράμμα αυτό μ' έσωσε.

Γυρίζοντας στ' Ανάπλι συνάντησα τον παραλήπτη της εν λόγω επιστολής-δικηγόρο κ. Μουντζουρίδη - και τού 'δωσα το γράμμα, μου υπεσχέθη δε ότι θα με βοηθήσει. Και πράγματι σε λίγες μέρες με ειδοποιούν από την Πυροβολαρχία ότι με μεταθέτουν στην Αθήνα.

Η χαρά μου ήταν απερίγραπτη, μέθυσα από ευτυχία, ένοιωσα σα να δραπέτεψα από την κόλαση στον παράδεισο!... Και το νόστιμο είναι ότι ο λοχαγός μου τον οποίον πήγα κι αποχαιρέτισα, άκουσα να μου λέει:

— Δεν μου τό 'λεγες εμένα αυτό το πράγμα Λοχία, να σ' εξυπηρετήσω ...

Κι ήρθε η ευλογημένη μέρα της αναχώρησης, οι δε αποσπώμενοι ήμασταν συνολικά τέσσεροι. Ήταν δε τόση η ανυπομονησία μου να φύγω, και τόσος ο φόβος μου μήπως χάσω το τραίνο - κι ίσως και το παιχνίδι - ώστε θυμάμαι ξύπνησα τους άλλους πολλή νύχτα και φύγαμε για το σταθμό, χρειάστηκε δε να τουρτουρίζουμε εκεί επί δυό ολόκληρες ώρες, ώσπου να φύγει το τραίνο. Έφυγα από τ' Ανάπλι, ξελάσπωσα, ότι γίνει από 'δώ και πέρα, ας γίνει, ας με βρουν και χειρότερα, αρκεί πού φεύγω από 'δώ, που θ' αλλάξω περιβάλλον. Αυτές ήταν οι σκέψεις πού έκανα καθώς περίμενα στο σταθμό, ενώ τ' άλλα παιδιά δίπλα μου κουκούβιαζαν [16] και καπνίζανε αρειμανίως... Ψιλόβρεχε σαν φύγαμε, κι όλο το γύρω τοπίο έδειχνε λυπημένο. Αλλά ποιος πρόσεχε τέτοια πράγματα, τώρα, τώρα που άνοιξαν οι ουρανοί για μένα, και πρόσβλεπα να ιδώ θεού πρόσωπο;...

Η ζωή μου από κείνη την ημέρα πήρε έναν εντελώς καινούργιο ρυθμό, ρυθμό σοβαρής προόδου και πολλών ικανοποιήσεων. Γεια-χαρά, καλήν αντάμωση στην Αθήνα. Γεια, γεια ...

Ω, συγγνώμη, παρ' ολίγο να ξεχάσω κάποιο "μαργαριτάρι" μου, ακούστε το. Κάποιο πρωί κάναμε μια δοκιμαστική παρέλαση, διέταξε δε ο επικεφαλής αξιωματικός και να τραγουδάμε, κάποιο τραγούδι - δεν το θυμάμαι. Αλλά φαίνεται ότι ο τόνος ήταν χαμηλός, γι' αυτό και μας λέει:

---

[16] κουκουβίζω: κάθομαι με διπλωμένα πόδια

— Δυνατά ρε, ψοφίμια είσαστε;...

Οπότε εγώ βάζω μια αγριοφωνάρα - όλο φάλτσα βέβαια - που ανάγκασε τον αξιωματικό να βάλλει τις φωνές:

— Σταμάτα Γλαρέτα! Πανάθεμά σε!...

Διάολος να τον πάρει και κείνον, μ' έκοψε πάνου στην κορώνα!... Να, έτσι προκαλούνται τα κόμπλεξ, και χαραμίζονται τα ταλέντα, κι ανατρέπονται λαμπρές καλλιτεχνικές η άλλες σταδιοδρομίες - μη γελάτε!...

ΚΛΗΡΩΤΟΣ ΣΤΗΝ ΑΘΗΝΑ, ΓΕΝΑΡΗΣ - ΑΥΓΟΥΣΤΟΣ 1934

Φτάσαμε μετά το μεσημέρι στην Αθήνα, όπου και αρχικά παρουσιαστήκαμε στην Επιθεώρηση Πυρ/κού -κάπου στην οδό Σταδίου - από κει δε μας προώθησαν στη Σχολή Εφαρμογής Πυρ/κού, Βασιλίσσης Σοφίας 156, αν θυμάμαι καλά.

Στην Επιθεώρηση Πυρ/κού, παρ' ολίγο να τουρλοκολιαστώ, γιατί η σάλα όπου οδηγήθηκα για να δώσω στον αρμόδιο αξιωματικό το φύλλο πορείας μας, ήταν πρόσφατα παρκεταρισμένη και γλίστραγε απαίσια - είδα κι έπαθα να σταθώ στα πόδια μου, ιδίως τη στιγμή που αποχαιρέτισα στρατιωτικά τον αξιωματικό, κι έκανα επί τόπου μεταβολή, για να φύγω...

Η Σχολή Εφαρμογής Πυρ/κού, που παρουσιαστήκαμε, ήταν προϊσταμένη αρχή τεσσάρων μονάδων: της Πρότυπης Πυροβολαρχίας, της Αντιαεροπορικής Πυροβολαρχίας (τέσσερα αντιαεροπορικά κανόνια διαθέταμε τότε, όλα κι όλα), της Μετεωρολογικής Υπηρεσίας, και κάποιας άλλης Υπηρεσίας, που μου διαφεύγει. Εκεί λοιπόν είπαν σε μένα - δεν θυμάμαι τι απόγιναν οι άλλοι - ότι προοριζόμουνα για τη συντήρηση και το χειρισμό κάποιου μηχανήματος εικονικής βολής - παρά των αξιωματικών - και που το λέγανε VORONOF, θα 'πιανα δε δουλειά σε τρεις μέρες.

Έτσι προσωρινά μείναμε στη Σχολή, όπου οι συνθήκες

διαβίωσης ήταν άριστες: πέντε μεγάλα δωμάτια - ένα για τη φρουρά - με παρκέ κάτου - δυό σόμπες που καίγανε ξύλα νυχτοήμερα, κ.λπ., κ.λπ. Υπήρχαν επίσης και δυό-τρείς γραφομηχανές, που ήταν η λαχτάρα μου τότε. Εκτός από τούς αξιωματικούς δουλεύανε εκεί και μερικοί πολίτες, ως υπάλληλοι, καθώς και δυό κοπέλες, ως δακτυλογράφοι.

Η φρουρά απαρτιζότανε από 10 φαντάρους θαρρώ, που συναλλάσσονταν μεταξύ τους, συσσίτιο δε παίρνανε από την Πρότυπη Πυροβολαρχία, που τότε στάθμευε στο   χώρο της Ριζάριας Σχολής. Διοικητής ήτανε κάποιος Συνταγματάρχης, Κρυστάλλης ονόματι, γιομάτος παράσημα, Υπασπιστής δε κάποιος Υπολοχαγός ονόματι Πιττακής Πλούταρχος, γιός στρατηγού.

1η Μαρτίου 1934

Βοηθός του Υπασπιστή της Σχολής ήταν κάποιος μόνιμος υπαξιωματικός, αλλά πολύ γυναικάς, και μέθυσος, με αποτέλεσμα να μην έρχεται κανονικά στο γραφείο, στη δουλειά του δηλαδή, ο δε Υπασπιστής ήταν πυρ και μανία εναντίον του. Οπότε, το επόμενο πρωί της μέρας που πήγαμε στη Σχολή, κι αφού η ώρα είχε φτάσει δέκα κι ο λεγάμενος δεν είχε παρουσιαστεί, ακούω απροσδόκητα κάποιον Ταγματάρχη να λέει στον Υπασπιστή:

— Δεν είναι προκοπή με δαύτον, για κοίτα μήπως κανένας απ' αυτούς εδώ - εννοώντας εμάς τούς νιόφερτους - μπορεί ν' αναλάβει, και να βγάλει πέρα τη δουλειά.

1η Μαρτίου 1931

Τότε ο Υπασπιστής μάς έδωσε από μια κόλα χαρτί και κάποιο κείμενο – χωριστό για τον καθέναν – και ζήτησε να το αντιγράψουμε. Και κοντολογίς, χάρις και πάλι στον καλούτσικο γραφικό μου χαρακτήρα, προκρίθηκα.

Τά 'χασα. Χαιρόμουνα για το καλό τυχερό που είχα, αλλά κι αγωνιούσα αν θα τα 'βγαζα πέρα. Ήταν σοβαρός όγκος αλληλογραφίας, αναφορών, εκθέσεων κ.λπ. κι όλα αυτά περνούσαν προς υπογραφήν από τον Υπασπιστή, δεν ήταν δηλαδή δουλειά παίξε-γέλασε, προ παντός για μένα, έναν σχεδόν αγγράμματόν άνθρωπο...

Αντί λοιπόν για το μηχάνημα εικονικής βολής, βρέθηκα απροσδόκητα βοηθός Υπασπιστού της Σχολής. Στρώθηκα κάτου να διαβάζω νύχτα και μέρα όλο το σχετικό υλικό των φακέλων, και να μην τα πολυλογούμε, σύντομα απόχτησα πλήρη επάρκεια. Ο Υπασπιστής κάποτε μου είπε:

— Θέλουμε πολλά στοιχεία σαν και σένα, λοχία, αλλά δυστυχώς δεν υπάρχουν...

Θαρρώ πως αναφερόταν κυρίως στο ήθος μου, στην επιμέλειά μου, κι όχι τόσο στην αξιοσύνη μου. Οπωσδήποτε, κολακεύτηκα λιγάκι.

Για μερικό καιρό ένοιωθα θαυμάσια. Κάθε βράδυ είχα έξοδο, και σεργιάναγα όλη την Αθήνα. Άρχισα να κάνω και λογιστικά, κι αποπειράθηκα επίσης να παρακολουθήσω κι Εγγλέζικα, αλλά θυμάμαι ότι τα εγκατέλειψα σύντομα, γιατί με ζάλιζαν η γραμματική, το συνταχτικό, και οι ιδιωματισμοί.

Ιδιαίτερα ζωηρές από την περίοδο εκείνη, διατηρώ στη μνήμη μου δυό εικόνες: η πρώτη ήταν οι πανελλήνιοι αγώνες στίβου, που έγιναν στο στάδιο, και ο μαραθώνιος δρόμος, πράγματα που ζούσα για πρώτη φορά, και κατενθουσιάστηκα. Θυμάμαι ότι "χόρευα" στις κερκίδες, σ' όλη τη διάρκεια των αγώνων, από την έξαρση και το συνεπαρμό που με κατείχανε. Την άλλη μέρα έγραψα σχετικά και μια καλούτσικη έκθεση, αλλά κάπου παράπεσε και χάθηκε.

Η δεύτερη εικόνα αναφέρεται στις γιορτές της αποκριάς. Όλος ο τεράστιος χώρος γύρω από τις Στήλες του Αδριανού, ήτανε ξέφραγος τότε. Κι είχε κατακλυστεί από τον κόσμο, το δε γλέντι και το ξεφάντωμα, δεν περιγράφονται – κυριολεχτικά σειότανε ο τόπος από τα νταούλια, τα κλαρίνα, τους χορούς, και τα τραγούδια.

Δίπλα στη Σχολή, σ' ένα θαυμάσιο ιδιόχτητο τριώροφο, έμενε μια πλούσια κι όμορφη γυναίκα. Ήταν χωρισμένη, διατηρούσε δε δυό υπηρέτριες, μια μελαχρινή και μια ξανθιά. Η ξανθιά με σκαντάλιζε, κάποτε μάλιστα που μου πέταξε κι ένα τριαντάφυλλο - ο κήπος της κυρίας ήταν πανέμορφος, κι είχε και πολλές, ζηλευτές τριανταφυλλιές - με ταρακούνησε άσχημα. Πολύ τη λαχτάραγα, αλλά σκεπτόμουνα και τη μοίρα της, γι' αυτό και δεν προχώρησα - αν είχα μια κάποια δουλειά και   μπορούσα να τη ζήσω, θα την παντρευόμουνα.

Στις στήλες του ναού του Ολυμπίου Διός

Κάποια Κυριακή, πήγα με μερικούς άλλους πυροβολητές της φρουράς - της οποίας   σημειωτέο είχα τον έλεγχο - στο απάνου Γουδί. Σχεδόν ερημιά εκεί τότε, εκτός από κάτι εγκαταλειμμένα στρατιωτικά χτίρια, έξω από τα οποία καθίσαμε και φάγαμε, και περάσαμε την ημέρα μας.

Μερικά από τα παιδιά πηγαίνανε συχνά στις επιθεωρήσεις, και την άλλη μέρα λέγανε και δεν τα σώνανε για τα νούμερα, και τους ηθοποιούς, στις δόξες τους δε τότε ήτανε, θυμάμαι, οι αδερφές Καλουτά – τα Καλουτάκια, όπως τις λέγανε, περίπου δεκαοχτάρες στην ηλικία. Αντίθετα εγώ, δεν ξέδινα δυστυχώς πουθενά, κι ήμουν σχεδόν μόνιμα ψυχικά απιστωμημένος.

Επρόκειτο να απολυθώ περί τα μέσα του Απρίλη εκείνης της χρονιάς, αλλά ανακατατάχτηκα για τέσσερεις ακόμα μήνες, προς χίλιες δραχμές το μήνα. Ως τότε κοιμόμασταν στο βάθος του χτιρίου, και δεν είχα σοβαρά λογαριάσει το θόρυβο, που εμαίνετο στη λεωφόρο, ούτε επίσης το κακό του λιοπυριού, στην Αθήνα. Και ουσιαστικά την πάτησα, και μάλιστα πολύ-πολύ άσχημα.

Θυμάμαι δοκιμάστηκα φοβερά εκείνο το καλοκαίρι, τόσο από τον ατέλειωτο θόρυβο - νύχτα και μέρα - της Λεωφόρου, που ήταν ακριβώς μπροστά μας, όσο και προ παντός από την αφόρητη ζέστη. Καιγόμασταν όλη νύχτα, εγώ δε είναι ζήτημα να κοιμόμουνα τρείς-τέσσερες ώρες, και θυμάμαι ότι είχα και συχνές αιμορραγίες από τη μύτη. Αυτή η κατάσταση επιβάρυνε ακόμα πιο πολύ την ήδη κλονισμένη υγεία μου, την οποία τελικά κι έχασα την επόμενη χρονιά, στη Νεμέα, κι είδα κι έπαθα για να την αναχτήσω, και μάλιστα π ο τ έ εξ ολοκλήρου...

Το Πάσχα το γιόρτασε η Σχολή μας – κι όλες οι άλλες μονάδες – στην Πρότυπη Πυροβολαρχία, με γερό φαγοπότι, με νταούλια, καραμούζες, κλαρίνα και λοιπά, πήγε δε το γλέντι, κι ο χορός, σύννεφο.

Σε μένα θυμάμαι, είχε αναθέσει ο Υπασπιστής να μοιράζω στο στρατό τα σιγάρα. Καθώς δε τους έβλεπα όλους τούς φαντάρους γύρω μου να καπνίζουν αρειμανίως, να πίνουν, να ευθυμούν, να γελάνε, και να χορεύουν, σκέφτηκα να το ρίξω κι εγώ λίγο έξω. Και σαν πρώτη δόση, κοπάνισα μονορούφι δυό-τρία ποτηράκια ρετσίνα - σπάνια έπινα κρασί - και επίσης άρχισα - για πρώτη φορά - και να   καπνίζω.

Καταλάβαινα ότι κάτι δεν πήγαινε καλά, ότι το σώμα μου δε δεχότανε το σιγάρο, αλλά που να κάνω εγώ πίσω. Οπότε στο τρίτο-τέταρτο σιγάρο άρχισα να ζαλίζομαι, και να 'χω τάση για εμετό. Έφυγα αμέσως για τη Σχολή, όπου κι έφτασα σε κακό χάλι. Τηλεφώνησα σχετικά στον εφημερεύοντα γιατρό, ο οποίος και αποφάνθηκε ότι είχα πάθει δηλητηρίαση, από τη νικοτίνη, και μου συνέστησε αν μπορούσα να κάνω εμετό, αλλιώς να πιώ κανένα ζεστό, και να ξαπλώσω. Βολεύτηκα θυμάμαι μ' ένα ζεστό τσάι, και με πολύ ύπνο. Χουνέρι, ε, όχι αστεία...

Διάβαζα και κανένα βιβλίο, και επίσης ψευτοταίριαζα και μερικούς στίχους. Κάποτε σκάρωσα κι ένα "ποίημα", που έλεγε:

Εώνια μια νύχτα μυρωμένη / στη δύση γέρνει το φεγγάρι
Κοιμάται η φύση κουρασμένη / στου ύπνου τώρα την αγκάλη
Μόνο στα στήθη μου θεριεύει / αστράφτει ο πόνος και βροντά
Και τη ζωή που παραδέρνει / σα λόγχη αλύπητα τρυπά

Το "ποίημα" λοιπόν αυτό το 'στειλα σε κάποιο περιοδικό - για κριτική, και πιθανή Δημοσίευση - κι ευφραινόμουνα στη σκέψη ότι μπορεί και να 'ναι αριστούργημα.   Οπότε κάποια μέρα - ήταν στα Χαυτεία θαρρώ - παίρνω το σχετικό περιοδικό, πηγαίνω κάπως νευρικά στη στήλη για τους αναγνώστες, και διαβάζω:

— Κύριε...   Πήραμε το ποίημά σας, κι ευχαριστούμε πολύ για τις πολύτιμες πληροφορίες.

Ζεματίστηκα. Έκλεισα αμέσως το περιοδικό, κι έφυγα σχεδόν τρέχοντας από κει, και ρίχνοντας κρυφές ματιές δεξιά κι αριστερά, μήπως με σταμπάρει κανείς (σχετικά με το ποίημά μου δηλαδή) και με πάρει στα γιούχα...

Κάποια μέρα ήρθε και με βρήκε η Γιωργίτσα, προκειμένου να πάμε μαζί στο Κρατικό Νοσοκομείο - ήταν τότε κάπου στο Γουδί - για να κάνει εγχείρηση σκωληκοειδίτιδας. Ήταν φοβερά καταβλημένη. Είχε και χαρτί απορίας, αλλά είδαμε και πάθαμε να το δεχτεί ο γιατρός, ο οποίος και διαμαρτυριότανε λαύρα κατά της επαρχίας, ότι τάχα γινότανε κατάχρηση στο χαραχτηρισμό ως απόρων. Τότε δεν υπήρχε ούτε Ι.Κ. Α., ούτε Ο.Γ.Α., ο δε φτωχόκοσμος πέθαινε στο δρόμο, αβοήθητος. Θυμάμαι την επόμενη χρονιά που μπήκα εγώ στον "Ευαγγελισμό", με μαδήσανε άσχημα.

Τελικά έγινε η εγχείρηση, και γιατρεύτηκε απ' αυτή την αιτία, αλλά δυστυχώς - όπως γράφω κι αλλού - τα κακά συνέχιζαν να τη βρίσκουν το ένα μετά το άλλο, και τελικά χάθηκε σε ηλικία μόλις 28 χρονώ.

Απροσδόκητα με ζήτησαν από κάπου μια μέρα, να παρουσιαστώ για το μηχάνημα VORONOF, παραπονούμενοι ότι δεν είχα - ως όφειλα - παρουσιαστεί εκεί, αλλά ο Υπασπιστής τα κατάφερε και με κράτησε στη Σχολή.

Καιρός να κλείσει τώρα τούτη η σελίδα. Κατά μήνα λοιπόν Αύγουστο του 1934 έβγαλα το χακί, έραψα κι ένα φτηνούτσικο κουστουμάκι - το πρώτο στη ζωή μου - και ξαναγύρισα στη Νεμέα. Σχέδια κι άλλα σχέδια μου τριβιλάγανε το μυαλό, για την πιο πέρα ζωή μου, χωρίς και να μπορώ να ξεδιακρίνω τι ακριβώς έπρεπε να κάνω. Ας παρακολουθήσουμε αυτή την εξέλιξη, θαρρώ πως αξίζει τον κόπο.

Μπροστά στο άγαλμα του Θεόδωρου Κολοκοτρώνη

ΝΕΜΕΑ, ΣΕΠΤΕΜΒΡΗΣ 1934 - ΟΧΤΩΒΡΗΣ 1940

Απολύθηκα λοιπόν από κληρωτός περί το τέλος Αυγούστου του '34 , και γύρισα στη Νεμέα.   Σε λίγες μέρες συμφωνήσαμε με το θείο μου να συνεταιριστούμε, αλλά μόνο στη δουλειά του μπακάλικου - τις δουλειές της σταφίδας, των λιπασμάτων, και των πετρελαιοειδών θα τις κράταγε για δικό του, προσωπικό λογαριασμό.

Τα ποσοστά που συμφωνήσαμε θαρρώ πως ήταν να παίρνει εκείνος τα 2/3 των κερδών, κι εγώ να παίρνω το υπόλοιπο, δηλαδή το 1/3 . Ως προς δε την ταμπέλα εκείνος έλεγε να γράφει "Παπαγιαννάκης & Σια", ενώ εγώ επέμενα να λέει "Παπαγιαννάκης & Γλαρέτας", πρόταση που τελικά και έγινε δεχτή. Και θυμάμαι που πολλοί ρωτάγανε τον πρώτο καιρό - καθώς διάβαζαν την καινούργια ταμπέλα- ποιος είναι αυτός ο Γλαρέτας, γιατί όλος ο κόσμος με ήξερε, απλώς, ως Σπύρο.

Ασφαλώς δοκίμασα μεγάλη ικανοποίηση γι' αυτή την εξέλιξη, γι' αυτή την προβολή. Αλλά ο διαχωρισμός της δουλειάς - σε δικιά Του, και δικιά Μας – με πείραζε, δεν ήταν αυτό ακριβώς που ήθελα. Επί πλέον ο θείος μου ήταν - κατά τη δική μου άποψη - πολύ συντηρητικός, σ' αντίθεση με μένα που κυριολεχτικά χούχλαζα, και γι' αυτό δεν τα πηγαίναμε και τόσο καλά.

Ξεκίνησε λοιπόν η δουλειά, αλλά λόγω δυσπραγίας, και προ παντός λόγω του οξύτατου συναγωνισμού, καθώς και των πολλών βερεσεδιών που δίναμε, τα αποτελέσματα ήταν φτωχά.

Επί πλέον εγώ βρισκόμουνα - όπως τώρα μπορώ να κρίνω- σε προ ασθενική περίοδο, κι έτσι δεν μπορούσα να ζοριστώ στη δουλειά, όπως έπρεπε να γίνει. Έτσι, την άνοιξη του επόμενου χρόνου έπεσα κάτου, με πλευρίτιδα και μεγάλο πυρετό. Έμεινα κανένα μήνα κρεβατωμένος, και μετά πήγα λίγο καιρό στη θειά μου την παπαδιά, στο Καστράκι, για να αναρρώσω. Και ήταν τότε που πρωτοβάφτισα: ένα παιδάκι από το Καστράκι, του Κώστα του Ζορμπά, κι ένα άλλο από τη Λέριζα, του Χρήστου του Ρουμπέκα, και το οποίο δυστυχώς λίγο πέθανε, λίγο αργότερα. Θυμάμαι ότι πήγα και σ' ένα πανηγύρι, της Αγίας Τριάδας, στου Μποζικά, όπου μάλιστα και ψευτοχόρεψα.

Κάνω μια παρένθεση εδώ, για ν' αναφερθώ στη μεγάλη σημασία που έχει για το άτομο η έγκαιρη κοινωνική του ένταξη - ιδίως σε θέματα ευρύτερης συναναστροφής όπως οι γάμοι, τα βαφτίσια, οι χοροί, κ.λπ. Εγώ ως γνωστό τόσο στην παιδιοσύνη μου όσο κι αρκετά αργότερα, είχα μεσάνυχτα από τέτοια πράγματα. Γι' αυτό και κατά καιρούς έπεσα σε σοβαρές γκάφες, όπως λόγου χάρι σε κάποιο γάμο, που στεφάνωσα, και που παράλειψα - στο τραπέζι που ακολούθησε - να ευχηθώ στους γονείς να τους ζήσουν τα παιδιά τους... Έγινε θυμάμαι σούσουρο από το συμπεθεριό, και σαν κατάλαβα το λάθος μου - χωρίς δυστυχώς και να το διορθώσω, που τέτοιο θάρρος, τότε... - ένοιωσα απέραντα δυστυχής. Πάντως τα παθήματα, μου γίνονταν μαθήματα, κι έτσι σιγά-σιγά περιόρισα το κακό.

Επίσης ξέχασα να ειπώ ότι το Μάρτη του '35 επιστρατεύτηκα για μερικές μέρες, για την καταστολή του κινήματος του Πλαστήρα. Το γουρούνι ο Κοντύλης μεταπήδησε στη δεξιά παράταξη, κατέστειλε το κίνημα του Πλαστήρα, έδιωξε το Βενιζέλο, και ξανάφερε στην Ελλάδα τους Γλύξμπουργκ, και μετά ως γνωστό επακολούθησε η διχτατορία του Μεταξά. Αλλ' ας ξαναγυρίσουμε στο κύριο θέμα μας.

Αργότερα πήγα στην Πάτρα, προκειμένου να παρακολουθώ εκεί το πούλημα της σταφίδας, για να βγαίνει δε η δουλειά πέρα στο μαγαζί της Νεμέας, προσλάβαμε και το Γιώργο το Λιάπη. Στην Πάτρα η υγεία μου δυστυχώς χειροτέρεψε - είχα αρκετά δέκατα, και γινόμουνα θυμάμαι μούσκεμα στον ιδρώτα. Πήγα μάλιστα και σε κάποιον ονομαστό γιατρό, ο οποίος και μου είπε πως αν ήμουνα αδερφός του, θα μού 'κανε πνευμονοθώρακα. Αυτή ήταν πολύ σοβαρή κουβέντα, αλλά εγώ - από άγνοια βέβαια - δεν την περίπιασα. Η σωτηρία για μένα τότε θα ήταν να πάω σε βουνό, αλλά που μυαλό, και που καθοδήγηση...

Και κοντολογίς το φθινόπωρο της ίδιας χρονιάς - δηλαδή το '35 - τούμπαρα πάλι, και μάλιστα πολύ πιο σοβαρά τώρα. Και θυμάμαι ότι επειδή συνέχιζα για καιρό νάχω μεγάλο πυρετό, ο αδερφός μου ο Μήτσιος ανησύχησε, και πήγε κι έφερε κι άλλο γιατρό, κάποιον ονόματι Τσουκαντά, από το Κάτω Μπέλεσι. Από κοινού λοιπόν οι δυό γιατροί, μου κάνανε παρακέντηση, στο δεξί πλευρό, απ' όπου και μου βγάλανε, θυμάμαι, αρκετό υγρό. Παρά ταύτα το κακό δε σταμάταγε, κι έτσι κατάληξα κατά Δεκέμβρη μήνα στο νοσοκομείο "Ευαγγελισμός", όπου και νοσηλεύτηκα για δυό περίπου μήνες.

Μετά πήγα λίγον καιρό στο Μαρούσι, σε κάποιο ξενοδοχείο- αναρρωτήριο, κι έτσι συνήλθα κάπως. Το νόστιμο είναι ότι όταν στον "Ευαγγελισμό" μου ανάγγειλαν ότι τα πτύελά μου ήταν αρνητικά - δεν είχανε δηλαδή βακίλους φυματίωσης - εγώ - από άγνοια τί σήμαινε αυτό - έδειξα αδιαφορία, οπότε και ο γιατρός μού λέει:

— Τι θα 'θελες δηλαδή, να ήταν θετικά τα πτύελά σου, να είχες φυματίωση ;...

Χαίρε βάθος αμέτρητο, από πλευράς άγνοιάς μου...

Έμεινα και στου στρατιωτικού του Πιπέρη το δωμάτιο - κάπου στο Κολωνάκι - για 10 περίπου μέρες. Κάποιο βράδυ μάλιστα έφερε μια φιλενάδατου, με την οποία και διανυχτέρεψε εκεί. Ένοιωσα δυσφορία, αλλά δεν θυμάμαι γιατί, έπρεπε να μείνω ακόμα δυό-τρείς μέρες στην Αθήνα. Και κείνος, εν τω μεταξύ, για να με ξεφορτωθεί, με πρόσβαλλε άσχημα το επόμενο βράδυ. Θυμάμαι ότι ξέσπασα σε κλάματα, από τη στενοχώργια μου. Ο δε Πιπέρης μου λέει:

— Δε ντρέπεσαι ρε, που κλαίς!...

Ρεαλιστής εκείνος, συναισθηματικός εγώ, χάος ανάμεσά μας... Έφυγα πρωί-πρωί για τη Νεμέα, την άλλη μέρα, βαριά βαλαντωμένος για την όλη μου κατάσταση.

Δεν εννοούσα να συνέλθω, να γιατρευτώ εξ ολοκλήρου. Και τότε η θειά μου μου μίλησε - για πρώτη φορά-για το Φαρμακά. Μου είπε μάλιστα συγκεκριμένα, πως κάποιος φυματικός από το χωριό Αηδόνια ονόματι Ηλίας Μάζος - που τον είχαν ξεγράψει οι γιατροί - είχε πάει στου Φαρμακά, όπου κι είχε βρει την υγειά του.

Κατά μήνα λοιπόν Μάη, πήρα ένα αντίσκηνο, ένα ράντζο, μερικά σκεπάσματα και σχετικά τρόφιμα, κι ανέβηκα στου Φαρμακά. Ήταν πολύ νωρίς, κι έκανε φοβερό κρύο, ο δε βοργιάς λυσσομάναγε μέρα και νύχτα. Λίγο αργότερα ήρθαν κι άλλοι παραθεριστές - μερικοί μάλιστα ήταν πιο "βροντημένοι", και θυμάμαι ότι δυό παλληκάρια από το Λιόντι πέθαναν σύντομα, τότε- κι άλλοι τσιοπάνηδες, καθώς και ξυλοκόποι, κι έτσι η μοναξιά μου διασκεδάστηκε κάπως.

Είχα απ' όλα, ιδίως γαλαχτοκομικά, τρεφόμουνα γερά, χαιρόμουνα δε πολλούς περιπάτους στο δάσος. Κάποτε ανέβηκα με μερικούς άλλους και στην Αβεζιά που το λένε - ψηλά, κατάκορφα- και μαζέψαμε τσάι. Και θυμάμαι ότι μού'κανε πολύ μεγάλη εντύπωση η μοναδική θέα που προσφέρεται από κει, καθώς κι οι πολλές σάρες, κι οι γκρεμοί, από την άλλη πλευρά του βουνού, προς τον Αη- Νικόλα.

Εκτός από τους Γυμνοΐτες, έκανα συχνά παρέα και με κάποιο αντρόγυνο, ονόματι Τσερμπέ, με τούς οποίους και γίναμε φίλοι. Εξαιρετικοί άνθρωποι, και πολύ τους αγαπούσα.

Κάποτε ήρθε κι η Γιωργίτσα, αλλά έφυγε η ταλαίπωρη σύντομα, γιατί τη γκρίνιαζε το κάθαρμα ο άντρας της.

Σιγά-σιγά λοιπόν ανασυντάχτηκα, κι έτσι μπόρεσα αργότερα να γυρίσω πάλι στη δουλειά.

Εν τω μεταξύ, όλο κι αναζητούσα τρόπους αναπροσανατολισμού μου στη δουλειά. Ήθελα οπωσδήποτε να κάνω δική μου καριέρα, ν' αποχτήσω πρωτοβουλία, ν' απαλλαγώ από τους περιορισμούς, από το "καπίστρωμα" του μπάρμπα μου. Ξαναλέω ότι ήταν καλός άνθρωπος, αλλά τα μυαλά μας δουλεύανε αλλιώς...

Όταν κατέβηκα από το βουνό, έπεισα το θείο μου και πήραμε και τον Κώστα στη δουλειά - θαρρώ πως τού 'γραψα και ήρθε μόνος του, από κάποιο μαγαζί στο Βύρωνα, όπου επί χρόνια σκοτωνότανε και κείνος εκεί, χωρίς ωφέλεια. Έτσι, με τη βοήθεια και του Κώστα τώρα, προχώρησα πιο γρήγορα στην εξεύρεση λύσης. Τελικά βρήκα κάποιο πολύ μεγάλο και καλό, γωνιακό μαγαζί, αλλά δίσταζα, γιατί ήταν κάπως πιο έξω από το τότε κέντρο της αγοράς. Πήρα κάποιον γνωστό μου, παλιό σταφιδέμπορο από την Πάτρα - που είχε ξεπέσει στη Νεμέα - και πήγαμε και το είδαμε μαζί, μ' έπεισε δε να το πάρω. Και το πήρα.

Αλλά το κακό ήταν ότι ο δικηγόρος του ιδιοχτήτη - για να κατοχυρώσει τον πελάτη του - αξίωσε και πήρε τριτεγγύηση από το θείο μου, ο οποίος και πήρε και κλείδωσε το μισθωτήριο συμφωνητικό, στο χρηματοκιβώτιο του !..."Διάβολε - είπα - πάλι έμπλεξα... " Στηριζόμενος στην τριτεγγύηση που έδωσε, ο θείος μου ήταν πια βέβαιος ότι το μαγαζί ήταν κοινό. Γι' αυτό και πήγαμε μαζί μια μέρα εκεί, κι άρχισε να ρίχνει σχέδια για την επίπλωση κ.λπ. Εγώ δε έλεγα μέσα μου: "καλά, αύριο τα λέμε..."

Μια λοιπόν από κείνες τις μέρες, και καθώς ο θείος μου είχε αφήσει ξεκλείδωτο το SAFE, και ενώ προχωρούσε από μέσα προς τα έξω - προς το κατώφλι της πόρτας-αποτόλμησα κι άνοιξα το χρηματοκιβώτιο κι άρπαξα το συμφωνητικό, αποφασισμένος για όλα...

Κοντολογίς όλα ξελίχτηκαν ραγδαία από κείνη την ώρα, και παρ' ότι αρκετά χολιασμένος για τον παραμερισμό του, ο θείος μου μου έδωσε το λίγο κεφάλαιο που είχα να παίρνω, φύγαμε δε και τα τρία τα παιδιά - εγώ, ο Κώστας, κι ο Γιώργος, (που φυσικά όλον αυτόν τον καιρό τους κρατούσα ενήμερους για τα σχέδιά μου), και πήγαμε κι αρχίσαμε την οργάνωση του μαγαζιού μας.

Το μαγαζί όπως είπα ήταν μεγάλο, γωνιακό - φορτώναμε και ξεφορτώναμε ταυτόχρονα, από δυό εισόδους- επί πλέον δε είχε κι ένα σπιτάκι δύο δωματίων στο πίσω μέρος, καθώς και αυλή. Ήταν κοντολογίς ιδανική λύση για μας. Αλλά είχε επίσης και τη δική του, πολύ τραγική ιστορία: μέσα σ' εκείνο το σπιτάκι πριν λίγα χρόνια, η νοικοκυρά σκότωσε κάποια νύχτα τον άντρα της, και μάλιστα μ' ένα ξινιάρι, στον ύπνο !...

ΜΑΓΑΖΙ ΣΠΥΡΟΥ ΓΛΑΡΕΤΑ
ΞΕΚΙΝΗΜΑ

Όλο κι όλο το κεφάλαιο μας θυμάμαι ήταν περί τις 70000, τελείως ανεπαρκές για ένα τέτοιο μαγαζί, αφού για έπιπλα μόνο, ξοδέψαμε πάνω από 20000 δραχμές.   Κάναμε μια τεράστια ταμπέλα - Αφοί ΓΛΑΡΕΤΑ & Γ. ΛΙΑΠΗΣ - γέμισα δε πολλές μάντρες της Νεμέας με το θαυμάσιο slogan ΕΞΥΠΗΡΕΤΗΣΗ - ΕΙΛΙΚΡΙΝΕΙΑ - ΦΘΗΝΕΙΑ.

Ανοίξαμε θυμάμαι περί τα μέσα του Μάρτη του '37, η δε προτίμηση από τον κόσμο ήταν ευθύς εξ αρχής μεγάλη. Και σ' αυτό, εκτός από μένα που είχα πολλές γνωριμίες από το παλιό μαγαζί, σοβαρά είχε συμβάλλει κι ο Γιώργος, γιατί κι εκείνος είχε πολλούς συγγενείς, και φίλους, ιδίως στα Μποζικοχώρια. Επί πλέον ήμασταν όλοι μας ζωντανά στοιχεία - προ παντός ο

Κώστας, που δεν είχε ταίρι - κι έτσι εξυπηρετούσαμε με μεγάλη ταχύτητα τους πελάτες, κάτι που παντού ο κόσμος το εκτιμάει ιδιαίτερα.

Η ψυχική μου ευφορία των πρώτων εκείνων ημερών, ήταν πολύ μεγάλη - δεν θυμάμαι ποτέ άλλοτε στη ζωή μου να 'νοιωσα τόση αγαλλίαση, τόση ευτυχία...

Εκείνα τα χρόνια υπήρχε μεγάλη φτώχεια στην επαρχία, ιδίως στην περιφέρεια της Νεμέας, όπου υπήρχε μονοκαλλιέργεια - λεφτά παίρνανε μόνο από το μούστο και τη σταφίδα, κάθε δε δυό-τρία χρόνια τα 'καιγε τ' αμπέλια ο πάγος, οπότε ο κόσμος έμενε άφραγκος.

Επίσης είχαμε να αντιμετωπίσουμε τέσσερα πρόσθετα σοβαρά κακά: πρώτα-πρώτα τα βερεσέδια, μετά τον υπερεπαγγελματισμό - πληθώρα τα μαγαζιά, και κάθε τόσο χρεοκοπούσε και κανένα - τρίτο, τον οξύ ανταγωνισμό, και τέταρτο είχαμε πολύ δυνατούς αντίπαλους, τόσο σε μυαλά όσο και σε κεφάλαια - ιδίως σε κεφάλαια.

Έχω ήδη αναφέρει ότι είχαμε πολύ λίγα κεφάλαια. Και για να μπορούμε να ανταποκρινόμαστε στις τ α χ τ έ ς πληρωμές μας, αναγκαζόμασταν συχνά να πουλάμε ακόμα και στο κόστος. Γι' αυτό και κοντολογίς, δεν είχαμε αξιόλογα αποτελέσματα. Πάντως παλεύαμε, παλεύαμε σα λιοντάρια, χαίραμε δε απεριόριστης εμπιστοσύνης τόσο στην αγορά όσο και στον κόσμο, και είχαμε βέβαια επίσης και καλή φήμη. Θυμάμαι ο μακαρίτης ο αδερφός μου ο Μήτσιος, ένοιωθε πολύ περήφανος γι' αυτό μας το καλό όνομα.

Εκτός από τα είδη μπακαλικής, εμπορευόμασταν και όλα τα αγροτικά προϊόντα της περιοχής: σταφίδες - μαύρες κι άσπρες -λάδια, δημητριακά, ξηρούς καρπούς κ.λπ. ως ακόμα και βροβιά, πολλά βροβιά. Στην περίοδο της μουστιάς επίσης πουλάγαμε πολλά ρετσίνια.

Παζάρι τότε ήταν κάθε Κυριακή, θυμάμαι δε ότι ταχτικά φορτώναμε τουλάχιστον τρία-τέσσερα αυτοκίνητα εμπορεύματα - συνήθως γι' Αθήνα - Πειραιά. Έφευγα λίγο μετά τα μεσάνυχτα με τα φορτηγά, και ξημερωνόμασταν στην Αθήνα. Κι οι δρόμοι τότε ήταν όλο λακκούβες και κακό - άσφαλτος υπήρχε μόνο μεταξύ Ελευσίνας-Αθήνας.

Εκεί έπρεπε - την ίδια μέρα - όχι μόνο να πουλήσω τα φορτία των αυτοκινήτων, αλλά και να αγοράσω τα εμπορεύματα που χρειαζόμασταν για το μαγαζί, το δε απόγευμα να φύγω πάλι - με τα φορτηγά - για τη Νεμέα, όπου συνήθως φτάναμε σχεδόν μεσάνυχτα. Κι αυτό το βιολί ήταν ταχτικό, ιδίως σε περιόδους έξαρσης της δουλειάς. Και αναγκαστικά πήγαινα πάντοτε εγώ, γιατί τα άλλα παιδιά δεν είχαν τη σχετική πείρα.

Τα καλοκαίρια καταγινόμουνα στην αγορά δημητριακών, για σπέκουλα, προωθούσα δε και αρκετές ποσότητες για την Αθήνα. Κάποια χρονιά μάλιστα συνεργάστηκε και με το Μπάρμπα-Γιάννη το Δανόπουλο - που κατόπιν τον έκανα και πεθερό, - αλλά δεν κάναμε πολλά πράγματα.

Και φυσικά κάναμε - μάλλον έκανα - και πολλές-πολλές γκάφες, πολλές ατυχείς αγορές, έδωσα πολλά επισφαλή βερεσέδια κ.λπ. Παρά ταύτα καταφέρναμε όχι μόνο ν' αντισταθμίζουμε τις ζημιές, αλλά και ν' ανεβαίνουμε σιγά-σιγά, κι αυτό χάρις στο ακατάβλητο θάρρος μας, και στη φλογερή αγωνιστικότητά μας διάθεση.

Κάποια μέρα - πέντε-έξη μήνες μετά το άνοιγμα του μαγαζιού - ήρθε και μας είδε και η θεία μας η Ντίνα, και προσωπικά χάρηκα πάρα πολύ. Της είμαι ιδιαίτερα ευγνώμων, γιατί χωρίς εκείνη - χωρίς δηλαδή τη λύση του μαγαζιού του θείου μου στη Νεμέα - είμαι πλέον η βέβαιος ότι θα βρισκόμουνα σε χειρότερη μοίρα. Σιγά-σιγά αποκαταστάθηκαν οι σχέσεις μου και με το θείο, οπότε και μπαινόβγαινα στα Κατσαρέϊκα, όπως τον παλιό, καλό καιρό. Και χαιρόμουνα μεταξύ άλλων και τη συντροφιά της Ελενίτσας, που όπως και κάπου αλλού γράφω, είναι από κάθε άποψη σωστός θησαυρός.

ΚΟΙΝΩΝΙΚΑ

Χάρις στο Γιώργο που ήταν γλεντζές, και είχε και σχετικές γνωριμίες, κάναμε περιοδικά και κανένα παρτάκι. Έτσι, και χάρις στο γεγονός ότι είχα ψευτομάθει και λίγο ευρωπαϊκό χορό, είχα την ευκαιρία ν' αγκαλιάζω και κανένα κοριτσόπουλο...

Πάντως εκείνο τον καιρό θυμάμαι ότι ήμουν τόσο πολύ απορροφημένος από την προσπάθεια να σταθώ όρθιος επαγγελματικά - έτρεμα και στη σκέψη ακόμα ότι μπορούσα να πέσω έξω - ώστε σχεδόν ελάχιστα μου έλειπε το άλλο φύλλο - περίεργο πράμα...

Σιγά-σιγά ξεθάρρεψα, κι έτσι λίγο αργότερα πήγαινα και σε καμιά χοροεσπερίδα, κάτι που παλιότερα μού φέρνε δέος... Συνέχιζα να βαφτίζω που και που κανένα παιδάκι, και επίσης στεφάνωσα και δυό φίλους μου: τον Κυριάκο τον Αναστασίου, έμπορο από τη Νεμέα, και κάποιον αγρότη από τον Κοντόσταυλο, ονόματι Χαράλαμπο Παπαδά.

Την άλλη χρονιά - δηλαδή το '38 - ο Γιώργος πήγε στρατιώτης για μερικούς μήνες, στη δε θέση του μας έφερε τον πατριώτη του και φίλο του το Μήτσιο το Δημητρόπουλο, που ήταν πολύ άξιος, κι αρκετά έξυπνος. Κι έτσι η δουλειά συνέχιζε να ρολάρει, απρόσκοπτα.

Ο Κώστας - δεν θυμάμαι πότε ακριβώς - έκανε ένα πολύ σοβαρό σφάλμα. Μας είπε ότι είχε κερδίσει στο λαχείο 100.000 δραχμές, τις οποίες μάλιστα και μας έδωσε για συνεταιρική του κατάθεση. Εγώ τον πίστεψα, αλλά ο Γιώργος τον πήρε χαμπάρι, ότι δηλαδή έλεγε ψέματα, και ότι τα λεφτά τα είχε κλέψει από το μαγαζί. Τελικά ομολόγησε, με επακόλουθο να τον μαλώσω άσχημα, και να του δώσω και κανα-δυό μπούφλες. Μετά απ' αυτό τον βγάλαμε από συνεταίρο, αλλά τον κρατήσαμε ως υπάλληλο, με μιστό. Φυσικά άλλαξε και η ταμπέλα, κι αντί Αφοί ΓΛΑΡΕΤΑ & Γ. ΛΙΑΠΗΣ τώρα έλεγε

ΓΛΑΡΕΤΑΣ & ΛΙΑΠΗΣ.

Από υγεία ευτυχώς ξαναπήγα το '38 στου Φαρμακά, κι έτσι ανασυντάχτηκα. Πέρασα θαυμάσια εκείνη τη χρονιά, ανέβηκα δε - για πρώτη φορά - κι ως το Κάστρο. Δεν λέει πολλά πράγματα ως οχυρό, αλλά η θέα που προσφέρεται από κει είναι αξιόλογη. Είχα και μια φωτογραφική μηχανή, και θυμάμαι ότι έβγαλα του κόσμου τις φωτογραφίες, από τις οποίες και θαρρώ ότι σώζονται μερικές.

Βρισκόμαστε στο 1939, κύριο δε περιστατικό για τότε θυμάμαι το θάνατο της Γιωργίτσας. Σχετικά έχω αναφερθεί νωρίτερα, και δεν θέλω να επανέλθω - πολύ με πληγώνει η αναπόληση της τραγικής της μοίρας.

Το καλοκαίρι του '40 επιστρατεύτηκα εγώ για τέσσερους μήνες, για να εκπαιδευτούμε λέει στα "νέα όπλα". Τρίχες. Ο λόγος ήταν ότι βλέπανε τον ερχομό τού πολέμου κι έπρεπε να ετοιμαστούμε για το μακελειό. Ταλαιπωρηθήκαμε άσχημα, όλο το κατακαλόκαιρο στο Άργος, όπου ως γνωστό η ζέστη είναι πάντοτε μεγάλη. Έχασα θυμάμαι σοβαρό έδαφος από πλευράς υγείας.

Σαν αποστρατεύτηκα σκέφτηκα πως έπρεπε να παντρευτώ, κυρίως γιατί είχα σοβαρή ανάγκη από πρόσθετο κεφάλαιο. Τα δικά μας τα κέρδη τα είχαμε δυστυχώς δώσει όλα σε βερεσέδες, γιατί αλλιώς δεν μπορούσαμε να δουλέψουμε. Το βερεσέ, ήταν τότε αγιάτρευτη πληγή για το εμπόριο, και να φανταστεί κανείς ότι όλα αυτά τα κεφάλαια χάθηκαν καθ' ολοκληρίαν με τον πόλεμο.

Ζήτησα λοιπόν να παντρευτώ κάποια ονόματι Ελένη Ευσταθίου, αδερφή του γιατρού που με κούραρε στην αρρώστια μου του '34. Μίλησα απευθείας στο γιατρό, ο οποίος και σε μερικές μέρες μου έδωσε αρνητική απάντηση, από φόβο - όπως είπε - ότι ίσως σύντομα να 'χουμε πόλεμο. Για την ιστορία λέω, ότι μετά την κατοχή η Ελένη μου πρότεινε απευθείας η ίδια, να την παντρευτώ, αλλ' εν τω μεταξύ εγώ είχα αλλάξει γνώμη.

Κατά μήνα Οχτώβρη του '40 πήγα με το Χρήστο τον Παπανδριανό ως τα Κιόνια της Στυμφαλίας, όπου εκείνες τις μέρες γινότανε τρικούβερτο πανηγύρι - εμποροπανήγυρη και ζωοπανήγυρη - χάλαγε δε ο κόσμος από την κίνηση και το γλέντι.

Μετά ανεβήκαμε στη Γκούρα, όπου και διανυχτερέψαμε στο σπίτι κάποιου ονόματι Γεωργίου, που είχε μια κόρη μπουκιά και συχώριο, που λέμε. Τις περιοχές Στυμφαλίας και Φενεού τις γνώριζα για πρώτη φορά, και θυμάμαι ότι μου κάνανε ιδιαίτερη εντύπωση. Στο γυρισμό περάσαμε και από το χωριό Μπάσι, όπου και αγόρασα μερικά καρύδια.

Μια περίπου βδομάδα αργότερα, ξέσπασε ο πόλεμος Ελλάδας-Ιταλίας. Την παραμονή ήταν Κυριακή, κι είχαμε πολλή δουλειά. Ανοίγοντας βιαστικά την εφημερίδα, διάβασα τυχαία - στα ψιλά-ότι εκείνες τις μέρες είχε γίνει κάποιο μικρο-επεισόδιο στα Ελληνο-Αλβανικά σύνορα, και θυμάμαι σα να ανησύχησα κάπως, αλλά όχι βέβαια και για πόλεμο. Το κακό μαντάτο το μάθαμε την άλλη μέρα, Δευτέρα πρωί, που βγήκαμε ν' ανοίξουμε το μαγαζί. Κέρωσε όλος ο κόσμος, από φόβο και αγωνία.

ΑΛΒΑΝΙΚΗ ΕΚΣΤΡΑΤΕΙΑ

Αστραπιαία διαδόθηκε παντού η είδηση του πολέμου, άρχισαν να χτυπάν οι καμπάνες, ο δε κόσμος να μαζεύεται στην αγορά για να μάθει περισσότερα. Τότε ελάχιστοι είχαν ραδιόφωνα, και γι' αυτό η Κοινότητα είχε εγκαταστήσει ένα τέτοιο σε κεντρικό καφενείο - στου Πλακογιάννη- κι εκεί μαζευόμασταν όλοι για ν' ακούμε ειδήσεις. Τώρα λοιπόν το ραδιόφωνο μετάδινε συνεχώς εμβατήρια, πατριωτικά θούρια, διαγγέλματα, ότι ο Μεταξάς είπε ΟΧΙ στο τελεσίγραφο του Μουσολίνι να παραδοθούμε χωρίς όρους, ότι κηρύχτηκε γενική επιστράτευση, και ότι ως την άλλη μέρα - Τρίτη πρωί - έπρεπε όλοι οι στρατεύσιμοι μέχρι την κλάση του '36, να παρουσιαστούμε στις μονάδες μας για κατάταξη. Έλεγε ακόμα το ραδιόφωνο ότι γίνονταν σφοδρές μάχες στα σύνορα-σώμα προς σώμα - και ότι ο εχθρός αναχαιτιζότανε.

Αργότερα ακούσαμε και μερικούς πολεμικούς λόγους-της δεκάρας θα 'λεγα, αν κρίνω από το λόγο του Γυμνασιάρχη, που ήταν πολύ πλαδαρός, ιδίως στην εκφώνηση. Πάντως το εθνικό φρόνημα του κόσμου ήταν σε μεγάλη έξαρση, κι όλοι άλλη σκέψη δεν κάναμε, παρά πως να καταταγούμε πιο γρήγορα, και να βρεθούμε σύντομα στο μέτωπο, για να πολεμήσουμε. Από μας, μόνο ο Κώστας τη γλύτωνε. Οι άλλοι τρείς μας, δηλαδή εγώ, ο Γιώργος ο Λιάπης, ο Μήτσιος ο Δημητρόπουλος, καθώς και ο αδερφός μου ο Μήτσιος επιστρατευόμασταν. Εγώ κι ο αδερφός μου έπρεπε να παρουσιαστούμε στο Άργος, ενώ ο Λιάπης κι ο Δημητρόπουλος θα πηγαίνανε στην Κόρινθο. Θυμάμαι ότι κάτι καρύδια που είχαμε στείλει στο Σταθμό, για την Αθήνα, μας τα φέρανε πίσω τα κάρα, γιατί τα τραίνα είχαν επιστρατευτεί, και δεν δέχονταν εμπορεύματα.

Με πολλή συγκίνηση αναπολώ τις συγκλονιστικές σκηνές του αποχωρισμού των επιστρατευομένων, από τους δικούς τους, ιδιαίτερα των γυναικών που κρατούσαν και μωρά στην αγκαλιά τους. Συγκεκριμένα θυμάμαι ότι το φορτηγό που μας πήρε από την αγορά, σταμάτησε και στον πέρα μαχαλά, μπροστά στο Καφενείο του Πατώκου, για να πάρει κι άλλους στρατεύσιμους. Και ότι καθώς ψηλά από την καρότσα του αυτοκινήτου παρακολουθούσα τα διαδραματιζόμενα, δοκίμαζα τέτοια συγκίνηση, και τέτοια πίκρα, κι ένοιωθα τόση πίεση μέσα μου, που αν το σώμα μου μπορούσε να διαρραγεί, θα γινόταν όλο θρύψαλα...

Μικρό αντίδοτο στην ψυχική μου εκείνη δοκιμασία, ήταν θυμάμαι ο πονεμένος, αλλά και τρυφερός μαζί αποχαιρετισμός, που μου πρόσφερε - από μακριά - η Κούλα του Σιδέρη. Όπως μου έλεγε η ίδια αργότερα, με αποχαιρετούσε σα να επρόκειτο να μην με ξαναδεί - ήμουνα λέει πολύ αδύνατος, και πολύ χλωμός, και φοβότανε ότι δεν θ' άντεχα τις κακουχίες του πολέμου.

Στις 30 λοιπόν του Οχτώβρη, εγώ κι ο Γιώργος κι ο Μήτσιος φύγαμε για τον πόλεμο, στο δε μαγαζί έμεινε ο Κώστας, μόνος του.

Στην πλατεία τ' Αη-Πέτρου στο Άργος, θυμάμαι ότι συνάντησα τον αδερφό μου, το Μήτσιο, που πήγαινε και κείνος να καταταγεί, στ' Ανάπλι. Μου ανακοίνωσε μάλιστα ότι την προηγούμενη μέρα - την ημέρα που κηρύχτηκε ο πόλεμος -είχε γεννήσει η Αντριανή, μια πολύ όμορφη μπέμπα - την Τούλα. Αποχαιρετηθήκαμε και φιληθήκαμε για τελευταία φορά - μετά δυό περίπου μήνες σκοτώθηκε σε αεροπορικό βομβαρδισμό, στην Αλβανία...

ΑΡΧΑΙ ΟΔΥΝΩΝ

Το Κέντρο κατάταξης ήταν κάπου έξω από τ' Άργος, επί τέσσερες δε ολόκληρες μέρες γινόταν χαλασμός κόσμου εκεί, ώσπου να ετοιμαστούμε και να ξεκινήσουμε για το μέτωπο.   Μας δώσανε το σχετικό βασικό ιματισμό, επίσης από μια χλαίνη, ένα σακίδιο, και ντουφέκι βέβαια, καθώς και από μια μάσκα, για τ' ασφυξιογόνα. Τις μάσκες θυμάμαι τις μοίραζε κάποιος φοιτητής ιατρικής - ψηλός, ξανθός, όμορφος, όπως δε τον χτύπαγε ο ήλιος, έμοιαζε σωστός άγγελος. Και καθώς περίμενα τη σειρά μου, τον αποθαύμαζα, κι αναρωτιόμουνα: και τούτον, λοιπόν, τούτον τον Άδωνη, θα τον φάει το βόλι;...

Αργότερα, έτυχε να διαβάσω σχετικά σε κάποιο αντιπολεμικό βιβλίο: "... ποια κολασμένη δύναμη κατοικεί σ' ένα κομμάτι σίδερο, που μπορεί και κάνει από τη μια στιγμή στην άλλη, τη δουλειά μιας πολύχρονης αρρώστιας;... "

Χωρίς να το περιμένω, βρέθηκα να μ' έχουν ορίσει ως αρχηγό Στοιχείου Βολής - του 3ου Στοιχείου - μου είπαν δε να βρω μόνος μου τους άντρες για τη σχετική επάνδρωσή του. Εύκολο πράμα, γιατί γνωριζόμουνα καλά μ' όλα τα παιδιά, γι' αυτό και με προτίμησαν τα καλύτερα στοιχεία της πυροβολαρχίας, τα πιο ζωντανά, ανάμεσά τους δε ήταν κι ο πατριώτης μου ο Κώστας ο Τσεκούρας.

Μεγάλος σαματάς θυμάμαι έγινε μεταξύ των αρχηγών - και των ημιονηγών - στο ποιος θα εξασφαλίσει τα καλύτερα μουλάρια, πράγμα πολύ βασικό για την όλη εκστρατεία. Άσσοι όπως ήταν οι ημιονηγοί μου, κατάφεραν και πήραν σχεδόν τα καλύτερα μουλάρια. Επί πλέον - ως αρχηγός στοιχείου που ήμουνα - μου δώσανε κι ένα κοντόσωμο, μαύρο αλογάκι, που πολύ μ' ευεργέτησε, στην ατέλειωτη πορεία ως το μέτωπο.

Κατατάχτηκα λοιπόν στο IV Σύνταγμα Ορειβ. Πυρ/κού, στη 2η Μοίρα, στην 3η Πυροβολαρχία, κι ήμουν Αρχηγός Στοιχείου Βολής. Διοικητή της Μοίρας είχαμε κάποιον λαμπρό αξιωματικό - και λαμπρόν άνθρωπο επίσης - το Συνταγματάρχη Καμπίτη, λοχαγό κάποιον Κυριακόπουλο, άλλους δε αξιωματικούς θυμάμαι ότι είχαμε τον Αποστολόπουλο, το Στεργιόπουλο, και δυό εφέδρους: κάποιον Ξυνοστάθη, κι έναν άλλον ονόματι Μάσμουλα, που σκοτώθηκε σύντομα σε βομβαρδισμό.

Το βράδυ της τέταρτης μέρας επιβιβαστήκαμε στο τραίνο, και πήγαμε στην Κόρινθο, όπου και αποβιβαστήκαμε, προωθηθήκαμε δε μετά προς την Παλαιά Κόρινθο, όπου και στρατοπεδέψαμε μέσα σε κάτι ελιές. Λόγω του φόβου από τα αεροπλάνα - που χαλάγανε κόσμο την ημέρα με τούς βομβαρδισμούς - μετακινιόμασταν μόνο τη νύχτα, τη δε μέρα καμουφλαριζόμασταν κάπου, όπως μπορούσαμε.

Το ίδιο βράδυ μεταφερθήκαμε κάπου κοντά στον Ισθμό, όπου και επιβιβαστήκαμε σε ένα μικρό φορτηγό καράβι, και ταξιδεύοντας όλη νύχτα βρεθήκαμε τα ξημερώματα στη Ναύπακτο. Είχαμε αργήσει να φτάσουμε, και υπήρχε μεγάλη αγωνία μήπως μας προλάβουν και μας βομβαρδίσουν τα αεροπλάνα. Γι' αυτό κι έγινε συναγερμός για ν' αποβιβαστούμε και ν' απομακρυνθούμε, το συντομότερο. Και θυμάμαι ότι χίμηξαν στο καράβι κι οι εργάτες του λιμανιού, για να μας βοηθήσουν να βγάλουμε έξω τα κανόνια και λοιπό υλικό, γκούρλωσα δε τα μάτια από έκπληξη, καθώς είδα κάποιον γεροδεμένον απ' αυτούς, ν' αρπάζει και να βγάζει έξω μόνος του το σωλήνα του κανονιού - τουλάχιστον 120 κιλά βάρος!

Σε μια περίπου ώρα βρισκόμαστον ψηλά προς το βουνό, όπου κάποιοι της τοπικής αρχής ήρθαν και μας μοίρασαν σιγάρα κ.λπ. Μας έβαλλε λόγο και κάποιος γηραιός έφεδρος αξιωματικός - που όπως είπε είχε πολεμήσει στη Μικρασία - λέγοντάς μας - μεταξύ πολλών άλλων - ότι η νίκη θα είναι δική μας γιατί το δίκιο είναι με το μέρος μας, ότι οι μακαρονάδες οι Ιταλοί είναι μόνο για γυναίκες και φαγοπότι, κι ότι είναι δειλοί, και δεν πολεμάνε.

Αφήνοντας τη Ναύπακτο προχωρήσαμε βόρεια. Παντού ο κόσμος μας υποδεχότανε με μεγάλο ενθουσιασμό

— ... στ' κλό, πιδιάμ, στ' κλό, και με τ' νίκ ...
μάς φώναζαν, στην τοπική τους διάλεχτο.

Στα δε χωριά που ξενυχτάγαμε, οι κοπέλες πετάγανε κάτου τούς γιούκους με τα προικιά τους, για να κοιμηθεί ο στρατός - ήταν πολύ συγκινητικό.

Από κείνα τα μέρη μέχρι τ' Αγρίνιο, θυμάμαι τώρα κάπως ζωηρά μόνο τη Λίμνη της Τριχωνίδας. Ήτανε νύχτα, κι έβρεχε και φύσαγε καθώς πορευόμασταν στις ακτές της, χαιρόμουνα δε το θόρυβο που κάνανε τα κύματα, και θυμάμαι ότι ρέμβαζα και λιγάκι - πάντα το υγρό στοιχείο με συγκινούσε...

Κάποιος γέρος ένα βράδυ μας έλεγε:

— Τί να σας πω ρε παιδιά, λίγοι εμείς, σαράντα τόσα μιλιούνια οι Ιταλοί, πολύ δύσκολο να τα βγάλουμε πέρα, αλλά πάλι, όπως και να 'ναι, εμείς χρωστάμε να πολεμήσουμε, κι ο θεός είναι μεγάλος...

Στ' Αγρίνιο φτάσαμε κάποια ξημερώματα. Στρατοπεδέψαμε ως συνήθως μέσα σε κάτι ελιές, κι ' όλοι - εκτός της φρουράς - σκορπιστήκαμε στην πολιτεία - σε σπίτια και σε κάτι καπναποθήκες - για να κοιμηθούμε λίγο και να συνέλθουμε. Η παρέα μου κι εγώ μείναμε στο σπίτι κάποιου καπνεργάτη, που θυμάμαι ότι ήτανε φιλάσθενος, και κίτρινος σαν το φλουρί - πολύ τον λυπήθηκα, τον ταλαίπωρο.

Φύγαμε αργά τη νύχτα από τ' Αγρίνιο, και το πρωί βρεθήκαμε κάπου στον Αχελώο ποταμό. Και επειδή λόγω της βροχής δεν κινδυνεύαμε από τ' αεροπλάνα - δεν είχαν ορατότητα - συνεχίσαμε την πορεία. Τώρα έπρεπε να περάσουμε μέσα από το ποτάμι, που θυμάμαι ότι κατέβαζε πολύ, και θολό νερό. Βέβαια είχε προσεχτικά επιλεχθεί το crossing point, αλλά πάντα υπήρχε φόβος, και γι' αυτό έγινε θυμάμαι σοβαρό επεισόδιο. Ο ημιονηγός που ήταν πρώτος στη φάλαγγα δίστασε, και δεν προχωρούσε. Οπότε βλέπουμε το Λοχαγό να βγάζει το μπιστόλι του, και τον ακούμε να λέει,

— Εμπρός! μάρτυρες: ένας, δύο, τρείς

κι έδειχνε προς τούς μάρτυρες, για την ενδεχόμενη επί τόπου εκτέλεση.

Οπότε ο ημιονηγός θέλοντας και μη προχώρησε, και περάσαμε όλοι πέρα, καταμουσκεμένοι πάνου από τη μέση βέβαια, αλλά χωρίς θύματα.

Ο επόμενος σταθμός μας ήταν κοντά στη Αμβρακία λίμνη. Από κει προωθηθήκαμε σε κάποιο ορεινό σημείο, όλο βαλανιδιές, θυμάμαι. Μετά περάσαμε από την Αμφιλοχία, και κάποιο πρωί βρεθήκαμε έξω από την Άρτα, στο χωριό Πέτα. Έβρεχε συχνά, ο τόπος είχε κόψει λάσπη, κι ήταν πολύ δύσκολη τόσο η προστασία του υλικού, όσο και η εγκατάσταση των αντίσκηνων. Από κει φύγαμε το βράδυ της ίδιας μέρας, κι αφού διασχίσαμε την πολιτεία, περάσαμε - για πρώτη φορά εγώ - το θρυλικό γιοφύρι της Άρτας - στον Άραχθο ποταμό.

Η επόμενη στάθμευση ήταν κάπου μετά τη Φιλιππιάδα, στου Χανόπουλου που το λένε. Από τη Φιλιππιάδα θυμάμαι τις πολλές αχυροκαλύβες και τα τσαντίρια που ήταν στημένα σχεδόν παντού εκεί γύρω, καθώς και τα επίσης πολλά τσίγκια στα χτίρια - κι απ' τις δυο πλευρές - του στενού κεντρικού της δρόμου. Ως προς τις καλύβες και τα τσαντίρια, αργότερα έμαθα ότι τις είχανε φτιάξει και μένανε εκεί κάποιοι κτηνοτρόφοι, από το χωριό Συρράκο, της ορεινής Ηπείρου.

Ήταν η πρώτη φορά θαρρώ που αντί για κουραμάνα μας μοίρασαν γαλέτα. Και θυμάμαι ότι κάποιος του στοιχείου μου πήγε και βρήκε κι αγόρασε μια γαλοπούλα, την οποία ψήσαμε και φάγαμε.   Από κει πήραμε το δρόμο για τα Γιάννενα - πολύ γραφικός δρόμος, σχεδόν πλάι στο Λούρο ποταμό, και με πολλά πλατάνια, και νερά, σ' αρκετά σημεία της διαδρομής του.

Σταματήσαμε και στο χάνι του Αμήν - Αγά, όπου υπήρχε κι άγαλμα του βασιλιά Κωσταντίνου. Εκεί ως γνωστό ήταν εγκαταστημένο το Ελληνικό Στρατηγείο, στις μάχες για την κατάληψη του Μπιζανιού και των Ιωαννίνων, το 1912, εκεί δε υπεγράφη και η παράδοση της πόλης, από τους Τούρκους.

Ο επόμενος σταθμός που θυμάμαι ήταν ψηλά στην πλαγιά κάποιου βουνού, απ' όπου αγναντεύαμε μακριά τα Γιάννενα. Συνέπεσε μάλιστα εκείνη την ημέρα να πέσει στα ελληνικά χέρια η Κορυτσά, και χάλαγε επί ώρες ο κόσμος από τις καμπάνες, στα Γιάννενα.

Από κει προωθηθήκαμε στη Ζίτσα και Καρύτσα, αρκετά κοντά στα σύνορα. Ο κόσμος θυσιάστηκε να μας δώσει ό, τι είχε και δεν είχε, για να φάμε. Φτωχός τόπος, όλο μπομπότα τρώγανε, κι αυτή λιγοστή. Εν τούτοις οι άνθρωποι ήταν γεροί, τα δε κοριτσόπουλα δε χορταίναμε να τα βλέπουμε, για το ροδαλό τους πρόσωπο και τα ζηλευτά τους νιάτα - θηλυκοί τοξότες έρωτα, εν πλήρη δράσει...

Εκεί είχαμε και το πρώτο θύμα. Κάποιος στρατιώτης - δεν ξέρω για ποιο λόγο - απομακρύνθηκε κατά το μούσγκωμα από τον καταυλισμό, ο δε φρουρός που τον είδε να έρχεται από μακριά, τον εξέλαβε για κατάσκοπο, και τού 'ριξε και τον σκότωσε, και πάει ο ανθρωπάκος, σαν το σκυλί στ' αμπέλι που λέμε...

Τώρα θ' αναφερθώ λίγο στον καιρό, που επικρατούσε στη Βόρειο Ήπειρο, και προπαντός στην Αλβανία. Οσάκις έβρεχε - και έβρεχε συχνά - έκανε κατακλυσμό. Κι όταν ξαστέρωνε, τίναζε τέτοιον πάγο τη νύχτα, που κυριολεχτικά μας "έψενε". Προσωπικά θυμάμαι υπέφερα τόσο πολύ, που είχα αρχίσει ν' ανησυχώ, αν θ' άντεχα για καιρό ακόμα αυτή τη δοκιμασία.

Στην επόμενη μετακίνησή μας περάσαμε το ποτάμι του Καλαμά, καθώς και την Κακαβιά. Για όσους δεν ξέρουν, η Κακαβιά ήταν το μέρος που έγινε η πρώτη αναμέτρηση με τους Ιταλούς. Εκεί που ο θρυλικός Κωστάκης - Ταγματάρχης του ορειβατικού Πυροβολικού - αναχαίτισε και κατατσάκισε με τα κανόνια του τούς Ιταλούς, κι έδωσε έτσι τη δυνατότητα στο Πεζικό να τους τρέψει σε φυγή, να τούς πάρει φαλάγγι όπως λέμε.   Σε λίγο βρεθήκαμε στ' Αλβανικό έδαφος. Δεν ξέρω γιατί, ένοιωσα έντονη χαρά καθώς πατήσαμε (ως καταχτητές) σε ξένο έδαφος - ποιος ξέρει πια πατρογονικά, καταχτητικά βιώματα αναδύθηκαν από τα έγκατα μου...

Τώρα πια ακούγαμε μακριά τα κανόνια να βροντάνε, και θυμάμαι ότι μελαγχολούσα για τα κορμιά που πέφτανε, για τα νιάτα που χάνονταν - κι απ' τις δυό μεριές...

Η πρώτη φορά που πήραμε μέρος στον πόλεμο, ήταν τ' Αγιαντρέου, στις 30 του Νοέμβρη, το δε μέρος το λέγανε Πέπελη. Και η εντολή που είχαμε ήταν να υποστηρίξουμε το Πεζικό, στις μάχες που έδινε στην πεδιάδα και τα γύρω βουνά, προ του Αργυροκάστρου. Κανονιοβολούσαμε σφόδρα όλη την ημέρα, και θαρρώ πως πρέπει να ρίξαμε - συνολικά όλα τα κανόνια - αρκετές εκατοντάδες βλήματα.

Προς το βράδυ άρχισε να βρέχει ραγδαία, και γι' αυτό σταματήσαμε τη βολή. Δεν θυμάμαι αν είχαμε έγκριση, πάντως τη νύχτα πολλοί τρέξαμε προς το χωριό - που ήταν μόλις 300 - 400 μέτρα μακριά - για να βγάλουμε τη βραδιά, γιατί εκείνη δεν ήταν βροχή, αλλά κατακλυσμός.

Πολλά σπίτια ήταν κλειδωμένα, κι ο κόσμος είχε φύγει λόγω των μαχών. Κοντολογίς τα παραβιάσαμε, και ξενυχτήσαμε εκεί, νύχτα δε το πρωί τρέξαμε πίσω στα κανόνια. Εγώ θυμάμαι έφυγα τελευταίος - κλείδωσα πάλι - από μέσα - το σπίτι που μείναμε, και κατέβηκα από το παράθυρο. Αλλά για κακή μου τύχη με πρόλαβε κάποιος χωριάτης, και μου 'κανε φριχτά παράπονα. Και κείνοι λέει είχαν υπηρετήσει στον ελληνικό στρατό, στη Μικρασία - ήταν Έλληνας - αλλά ποτέ δεν κάνανε τέτοια αίσχη που κάναμε εμείς εκείνο το βράδυ, που διαρρήξαμε τα σπίτια. Ντροπιάστηκα. Κι όλη την ημέρα είχα την αγωνία μήπως έρθει ο άνθρωπος αυτός στην πυροβολαρχία, και με καταδώσει.

Σε κάποια άλλη διανυχτέρευση - αργότερα - σ' ένα Αρβανίτικο κονάκι, θυμάμαι ότι ζητήσαμε από το νοικοκύρη να μας δώσει κάτι να φάμε, αλλ' αρνήθηκε, λέγοντας ότι δεν είχε τίποτα. Κάποιος τότε από τους στρατιώτες - πού ψευτομίλαγε τη γλώσσα - τον φοβέρισε, οπότε ο Αρβανίτης κατέβηκε - από τον καταρράχτη - στο υπόγειο, και μας έφερε λίγο τυρί. Εκείνος κοιμήθηκε στο βάθος, και μείς στην είσοδο – για καλό και για κακό. Κι απορώ τώρα, πώς, μετά τον εκβιασμό που του κάναμε, δε σηκώθηκε τη νύχτα που κοιμόμασταν, ν' αρπάξει ένα από τα ντουφέκια μας, και να μας ξεκάνει...

Συνεχίσαμε λοιπόν το κανονίδι ως το μεσημέρι της δεύτερης μέρας, οπότε και μας ήρθε διαταγή να σταματήσουμε τα πυρά, και να προωθηθούμε ολοταχώς, γιατί οι Ιταλοί είχαν αρχίσει να υποχωρούν. Έπρεπε δίχως άλλο να παρακολουθούμε το Πεζικό στην προέλασή του, ώστε να μπορούμε να το υποστηρίζουμε, αν χρειαζόταν.

Φορτώσαμε στο τάκα-τάκα και προχωρώντας φτάσαμε στο χωριό Γιωργουτσάτες. Εκεί τυχαία συνάντησα το Μιχαλάκενα, από τον οποίον κι έμαθα ότι ο Γιώργος ο Λιάπης είχε τραυματιστεί, και ότι βρισκότανε εκεί στο χωριό, σ' έναν πρόχειρο σταθμό πρώτων βοηθειών. Ζήτησα άδεια και πήγα να τον δω, αλλά τον είχαν διώξει για τα Γιάννενα. Εκεί βρήκα μόνο, σωριασμένο κάτου, έναν σοβαρά τραυματισμένο Ιταλό - ένα ντερέκι δυο μέτρα - που ψενότανε στον πυρετό. Τον λυπήθηκα.

Τη νύχτα κάναμε κι άλλο άλμα, και πήγαμε και σταθμεύσαμε στο χωριό Κυριακάκι - στο βάθος, φαινότανε καθαρά τώρα το Αργυρόκαστρο.

Θυμάμαι ότι ήρθαν εκεί μερικοί Έλληνες της Αλβανίας, και κάνανε σαν τρελοί από τη χαρά τους, που βλέπανε ελληνικό στρατό στα μέρη τους - μας αγκαλιάζανε, χαϊδεύανε τα κανόνια, παραληρούσαν από ενθουσιασμό... Μας είπαν πως οι Καραμπινιέρηδες ήταν ακόμα εκεί, μόλις πριν λίγες ώρες. Εν τω μεταξύ οι Ιταλοί υποχωρούσαν σχεδόν ατάκτως. Αργότερα μάθαμε ότι επειδή κάποιοι Έλληνες στρατιώτες είχαν σώσει τις σφαίρες, τους κυνηγάγανε τούς Ιταλούς με τις πέτρες, και τούς αιχμαλώτιζαν - εκείνοι βέβαια είχαν πετάξει τα πάντα, και τρέχανε για να σωθούν.

Ο τόπος θυμάμαι ήταν σπαρμένος από λογής - λογής εγκαταλειμμένο υλικό - ανάμεσα στ' άλλα και πολλά ποδήλατα με συμπαγή λάστιχα, που χρησιμοποιούσε ο εχθρός για τη γρήγορη μετακίνησή του, όπου ήταν αδύνατη η χρήση μηχανικών μέσων.

Τη νύχτα βλέπαμε πέρα από το Αργυρόκαστρο, τα φώτα από τις φάλαγγες των Ιταλικών οχημάτων που μεταφέρνανε στρατό και υλικό προς τα πίσω, προς το οχυρό Τεπελένι. Κι όλη μέρα κι όλη νύχτα βόγκαγε ο κάμπος και τα βουνά μπροστά μας από τις πολλές εκρήξεις - από ντουφέκια, οβίδες, χειροβομβίδες, όλμους, αυτόματα, μυδράλια, κι όλα τα διαβολικά σύνεργα του θανάτου. Ιδίως στις πλαγιές και τις κορυφογραμμές - γιομάτες χιόνια τότε - νόμιζες τη νύχτα ότι καίγανε συνεχώς πυροτεχνήματα, όπως στην Ανάσταση, ενώ στην πραγματικότητα ήταν φωτιές της κόλασης.

— Ε, ρε, θούρια και εποποιίες που γράφονται εκεί
  απάνου!...
άκουσα σε κάποια στιγμή τον αξιωματικό Ξυνοστάθη να λέει, καθώς άφωνοι παρακολουθούσαμε την τραγωδία.

Ήταν μια μακάβρια συμφωνία ολέθρου, υπό τους ήχους

της οποίας, μεθυσμένος ο Άρης χόρευε και γλεντοκόπαγε, καταβροχθίζοντας ζωντανές σάρκες - ζωντανές, ανθρώπινες, νεανικές σάρκες !...

Από κει πήραμε διαταγή να τρέξουμε στον παραλιακό τομέα, προκειμένου να βοηθήσουμε το Πεζικό στις μάχες για την κατάληψη της Χιμάρας. Ήταν μια πολύ κουραστική πορεία, κυρίως γιατί η περιοχή ήταν ορεινή και δύσβατη, συχνά δε χάναμε το δρόμο - το μονοπάτι δηλαδή, γιατί δρόμοι δεν υπήρχαν - με αποτέλεσμα λίγο αργότερα να ξαναγυρίζουμε πάλι στο σταυροδρόμι, και πάει λέγοντας...

Ο πρώτος μας σταθμός ήταν θυμάμαι στο τσιφλίκι κάποιου Μπέη, ο οποίος και μας πρόσφερε μερικά γίδια, τα οποία σφάξαμε, και καλοπεράσαμε. Είχαμε ήδη αρχίσει να πεινάμε, τόσο εξ αιτίας της κακοκαιρίας, και της ταχείας προέλασης - με αποτέλεσμα να δυσκολεύονται τα μεταγωγικά να μας φτάσουν όσο και προ παντός εξ αιτίας της ανοργανωσιάς της Επιμελητείας.

Φύγαμε από κει το ίδιο βράδυ, το δε πρωί καταυλιστήκαμε σε κάποια πλαγιά, πολύ κοντά στην κορυφογραμμή. Είχαμε σπουδαία λιακάδα εκείνη την ημέρα, μας είπαν δε ότι θα μέναμε εκεί ως το μεσημέρι. Έτσι λοιπόν, απλώσαμε χλαίνες και κουβέρτες κ.λπ. για να στεγνώσουν, εμείς δε σκορπιστήκαμε στα προσηλιακά μέρη, και λιαζόμασταν σαν τις αλεπούδες. Πιο κάτου από μάς είχε επίσης σταθμεύσει κι ανασυνταζότανε και κάποια άλλη μονάδα, του Πεζικού.

Οπότε ξαφνικά πρόβαλλαν πίσω από το βουνό τ' αεροπλάνα, κι ' έγινε χαλασμός κόσμου. Ρίξανε και μερικές μπόμπες, αλλά το μεγάλο κακό ήταν τα μυδράλια, κι ο πανικός, που μάς αλλάξανε τον αδόξαστο. Θύματα είχε κυρίως το Πεζικό, αλλά δεν θυμάμαι πόσους νεκρούς, και τραυματίες. Εγώ συνέπεσε να κάθουμαι στον τοίχο μιας πεζούλας, και παρ' ολίγο - από το ξάφνιασμα και την ταραχή - να πέσω μέσα σε κάτι αγριόβατα και σφάλαχτρα, που ήταν ακριβώς πίσω μου - ίδιες λόγχες τ' αγκάθια τους, και Κύριος είδε τι θα μ' εύρισκε, αν έπεφτα εκεί μέσα. Τα μουλάρια κόψανε τα καπίστρια και σκορπίστηκαν, κι είδαμε και πάθαμε για να τα βρούμε, και να ανασυνταχτούμε. Από κείνη την ημέρα, ο φόβος των αεροπλάνων ήτανε μόνιμος εφιάλτης μας.

ΧΕΙΜΑΡΑ

Το ίδιο βράδυ φτάσαμε στη θάλασσα - στο Ιόνιο - αρκετά προ της Χειμάρας. Η παραλία ήταν γιομάτη πορτοκαλιές, πέσαμε δε στα πορτοκάλια, σαν τα γεράκια. Πρηστήκαμε από το πολύ φαΐ, αλλά μας βγήκε ξινό - λόγω της πολυήμερης μισόνηστείας, μας έκοψε η οξύτητα του χυμού, και μας γύρισε σε ευκοιλιότητα.

Γι' αρκετή ώρα συνοδοιπορούσαμε στον παραλιακό δημόσιο δρόμο με μια πεδινή πυροβολαρχία, επίσης με μια Ίλη Ιππικού, κι είδαμε και δυο - τρία αντιαεροπορικά κανόνια - απηρχαιωμένα κι άχρηστα κατ' ουσίαν. Επίσης κυκλοφορούσαν (μπρος -πίσω) και μερικά αυτοκίνητα, ιδίως φορτηγά. Αργότερα αφήσαμε τη δημοσιά, και αφού απομακρυνθήκαμε κάπως από τη θάλασσα, στρατοπεδέψαμε σε μια δασώδη πλαγιά.

Την άλλη μέρα ασχοληθήκαμε με το καμουφλάρισμα του υλικού και των μουλαριών, το δε απόγευμα πήγαμε κάπου πιο ψηλά, και πιο μπροστά, και οργανώσαμε τη βολή της επόμενης μέρας - προσδιορίσαμε τις θέσεις των πυροβόλων, κάναμε σχετικό καμουφλάζ, και επίσης ανοίξαμε και μερικά ορύγματα, ως καταφύγια σε περίπτωση βομβαρδισμού.

Κατά το μεσημέρι θυμάμαι ότι είδαμε στο πέλαγος δυο - τρία καράβια, και επειδή δεν μας χτυπάγανε, τα εκλάβαμε για δικά μας. Μερικοί μάλιστα ήταν τόσο σίγουροι, που λέγανε...

και τα ονόματά τους. Εν τω μεταξύ ο πόλεμος μπροστά μας εμαίνετο κυριολεχτικά.

Την άλλη μέρα με το φώτημα - ήταν 9 του Δεκέμβρη θαρρώ - αρχίσαμε βολή, και μάλιστα πυρ - ομαδόν - δηλαδή ρίχνανε ασταμάτητα όλα τα κανόνια της Πυροβολαρχίας. Όλα προχωρούσαν καλά, και καλές ήταν επίσης και οι ειδήσεις από το παρατηρητήριο: Οι Ιταλικές θέσεις δείχναν να κλονίζονται, κι ότι ίσως ως την άλλη μέρα, το Πεζικό να 'μπαινε στη Χιμάρα! Ο ενθουσιασμός μας ήταν μεγάλος. Όπου ξαφνικά ο εχθρός αρχίζει ένα τέτοιο μπαράζ γενικού βομβαρδισμού - από γη, αέρα, και θάλασσα - πού κάηκε το πελεκούδι.

Ειδικά εμάς φαίνεται ότι μας είχε επισημάνει το βαρύ τους πυροβολικό, κι άρχισαν να πέφτουν απανωτά οι οβίδες γύρω μας. Ένα βλήμα θυμάμαι χτύπησε ένα δέντρο εκεί κοντά μας, και το διέλυσε. Όλοι μας πανικοβληθήκαμε, και πολλοί των άλλων στοιχείων τρέξανε στα ορύγματα, προς τα εκεί δε - δειλά κάπως - άρχισαν να κινούνται και μερικοί δικοί μου. Οπότε εγώ βάζω μια φωνάρα - βρυχηθμό θα 'λεγα:

— Εη! Εδώ! Όλοι δώ!

Κι όλοι γύρισαν αμέσως στις θέσεις τους, και συνεχίσαμε το πυρ - μόνοι εμείς, από τα τέσσερα στοιχεία βολής. Ο Λοχαγός, που κατηύθυνε τη βολή από το παρατηρητήριο, φαίνεται ότι ανησύχησε πολύ από το βομβαρδισμό, ιδίως για την τύχη των κανονιών, που τυχόν ζημιά σ' αυτά τέτοιες ώρες, σήμαινε καταστροφή.

Και γι' αυτό σε λίγο διαταχτήκαμε να σταματήσουμε τη βολή, και να καταφύγουμε στα ορύγματα. Τότε φυσικά τρέξαμε και μείς προς τα εκεί, αλλά δεν υπήρχε διαθέσιμος χώρος, και περιοριστήκαμε να πέσουμε κάτου, πρηνηδόν. Ένας μάλιστα πυροβολητής μου, ονόματι Γκότσης, θυμάμαι ότι από την ταραχή του έπεσε απάνου σε κάποιους άλλους που ήταν μέσα στο όρυγμα, σπαρτάραγε δε απαίσια όλο του το σώμα -

σαν το κοκορόπουλο, ευθύς μετά το σφάξιμο. Πολύ ανθρώπινη η σκηνή, αλλά δεν θυμάμαι γιατί, εγώ παρ' ολίγο να βάλλω τα γέλια...

Ευτυχώς εμείς δεν είχαμε θύματα εκείνη την ημέρα. Όσο για το θάρρος που επέδειξα σ' αυτή την περίσταση, εξετιμήθη πολύ τόσο από τους αξιωματικούς, όσο και από ολόκληρη την πυροβολαρχία, αλλά περί αυτού θα μιλήσω αργότερα. Τώρα θα ειπώ μόνο ότι ήμουν πολύ του καθήκοντος - πέρα από όρια, σχεδόν παλαβός. Κι αν τυχόν ήμουνα αξιωματικός του Πεζικού, θα κλαίγανε μάνες κι αδερφές, που λέμε, γιατί σε ώρα κρίσης, καθόλου δεν θα δίσταζα να έριχνα τους άντρες μου στη φωτιά!...

Το βράδυ διαταχτήκαμε να προωθηθούμε προς το χωριό Κηπαρό, που δεν ήταν και πολύ μακριά από κει πού ήμασταν. Αλλά ενδιάμεσα ήταν όλο βράχια, και δεν υπήρχε μονοπάτι, και γι' αυτό κατεβήκαμε πάλι στην παραλία - στου Μπόρσια που το λένε - απ' όπου και βρήκαμε διέξοδο. Μαζί μας στο ανηφόρισμα πορευότανε και μια άλλη πυροβολαρχία, του Λιακούτσου, τον οποίον μάλιστα θυμάμαι ότι αναγνώρισα από τη φωνή - είχα υπηρετήσει υπό τας διαταγάς του ως κληρωτός, στο Ναύπλιο.

Σαν ξημέρωσε αρχίσαμε πάλι το κανονίδι, αλλά κατά το μεσημέρι διαταχτήκαμε να διακόψουμε τη βολή, και να καλυφθούμε όπου μπορούσαμε εκεί γύρω. Δεν θυμάμαι αν η διακοπή έγινε λόγω του σφοδρού βομβαρδισμού, που συνεχιζότανε αμείωτος, η έγινε γιατί ο εχθρός είχε υποχωρήσει, και ήταν πια εκτός βολής για τα δικά μας κανόνια. Ευτυχώς, εκεί κοντά υπήρχαν αρκετές σπηλιές, όπου και καταφύγαμε, κι έτσι τουλάχιστον αποφύγαμε τ' αεροπλάνα. Θυμάμαι ότι εκείνο το χωριό ήταν σωστή αετοφωλιά - ήταν σα να είχαν σκάψει τα βράχια, για να το χτίσουν. Και το ξαναθυμήθηκα έντονα - πολύ αργότερα - καθώς κάποια μέρα περιπλέαμε τις ακτές του Αγίου Όρους, κι αγνάντευα ψηλά τις σκήτες, που επίσης είναι χτισμένες σε πολύ απόκρημνα μέρη.

Όλη εκείνη την ημέρα ωρύονταν τα κανόνια του εχθρού, τόσο του Στόλου όσο και του Πυροβολικού, πεδινού και βαρέως. Τα δε αεροπλάνα, εκτός από τις πολλές μπόμπες που ρίχνανε, κατέβαιναν επίσης πολύ χαμηλά, και γαζώνανε τον τόπο, με τα μυδράλια τους. Από τη σπηλιά που είχαμε καταφύγει, θυμάμαι ότι παρακολουθούσαμε το βομβαρδισμό που κάνανε σ' ένα λόφο, ακριβώς απέναντί μας - μας χώριζε μόνο μια μεγάλη χαράδρα. Έρχονταν κύματα - κύματα, τ' αεροπλάνα, και "ξύριζαν" την πλευρά, αδυνατώ δε να περιγράψω το διαβολικό χορό που κάνανε οι λάμψεις από τα βλήματα - καθώς χτυπούσαν στις πέτρες, και σπάζανε η εξοστρακίζονταν, θύμιζαν κόλαση του Δάντη.

Και ξαφνικά, μέσα σ' αυτόν τον ορυμαγδό, βλέπουμε να ξεπετιέται κάποιος στρατιώτης, και να τρέχει σαν τρελός, πότε δώθε και πότε κείθε, για να σωθεί - η σκηνή ήταν συγκλονιστική, κι αποτρόπαιη, και φοβερά συγκλονιστήκαμε όλοι μας, από την αγωνία αυτού του δύστυχου.

Από τη δική μας πυροβολαρχία σκοτώθηκαν μόνο τρείς θαρρώ, μεταξύ τους δε ήταν κι ο έφεδρος αξιωματικός ο Μάζμουλας - τούς σκότωσε μπόμπα, στου Μπόρσια, που έπεσε πάνω σ' ένα εκκλησάκι, όπου είχαν καταφύγει για προστασία. Και να σκεφτεί κανείς ότι κάποιος ασυνείδητος - δικός μας - σύλησε το πτώμα του αξιωματικού αυτού - τού πήρε το ρολόι, την καδένα, μια ασημένια ταμπακέρα, ως ακόμα και τα λεφτά που βρήκε απάνω του. Τρομερό! Τον ανακάλυψαν το δράστη αργότερα, και πέρασε κι από στρατοδικείο, αλλά δεν έμαθα τι απέγινε. Και δυστυχώς, τέτοια καθάρματα και τέτοιοι ιερόσυλοι, όπως άκουσα παρουσιάστηκαν κι αλλού, και σε άλλες δηλαδή μονάδες. Δυστυχώς είμαστε λαός πλιατσικολόγων, και δυστυχώς μπροστά σε δαύτο - στο πλιάτσικο δηλαδή - δεν ορρωδούμε προ ουδενός, αλλά θα επανέλθω σ' αυτό το θέμα.

Σοβαρές ζημιές είχαμε θυμάμαι στα μεταγωγικά -

πρόγκηξαν τα ζα από τους βομβαρδισμούς, και σκορπίστηκαν σ' ανατολή και δύση, αρκετά δε βρέθηκαν τραυματισμένα.. Δεν έχω υπ' όψει μου συγκεκριμένα νούμερα για τις γενικές απώλειες, αλλά όπως ακούσαμε ήταν πολύ μεγάλες, ιδίως του Πεζικού, που ως γνωστό από κάθε άλλο Όπλο, πληρώνει πάντα πιο ακριβά "τη νύφη". Το πυροβολικό γενικά έχει λίγα θύματα, κι αυτό γιατί συνήθως βρίσκεται τέσσερα - πέντε χιλιόμετρα μακριά από την πρώτη γραμμή, όπου γίνεται και το μεγαλύτερο κακό. Η άλλη όψη του νομίσματος ήταν ότι, παρά τους λυσσώδεις αυτούς βομβαρδισμούς και τις μεγάλες απώλειες, ο Ελληνικός στρατός κατατρόπωσε τους Ιταλούς, και μπήκε θριαμβευτής στη Χειμάρα.

Εμείς δεν προχωρήσαμε πιο πέρα από το Κηπαρό. Αντίθετα, γυρίσαμε μερικά χιλιόμετρα πίσω, και από κει κατευθυνθήκαμε πιο βόρεια. Εν τω μεταξύ ξέσπασαν φοβερές βροχές, και θύελλες, και βλέπαμε και παθαίναμε όχι μόνο για να στήσουμε τ' αντίσκηνά μας, αλλά και για να τα συγκρατήσουμε στο έδαφος. Τέτοιος ειδικότερα θυμάμαι ήτανε ο καιρός, ανήμερα τη γιορτή μου, στις 12 του Δεκέμβρη του 1940.

Τα πρώτα χωριά που περάσαμε ήταν το Κούτσι, κι η Φτέρη. Τούτη η πορεία ήταν χειρότερη από κάθε άλλη. Σε πολλά σημεία ήταν πολύ δύσκολο για τα μουλάρια να περάσουν, βαριά φορτωμένα όπως ήταν. Κι αλλού πάλι περπατάγανε πάνου σε κάτι πολύ γυρτές πλάκες, και τρέμαμε να μη γλιστρήσουν και πέσουν, γιατί κάτου ήταν χάος. Σ' ένα πολύ επικίνδυνο ρέμα, θυμάμαι ότι ξεφορτώσαμε μ' έναν ημιονηγό κάποιο κομμάτι του πυροβόλου, και το φορτώθηκα και το πέρασα πέρα εγώ... τιμής ένεκεν, για τη διάκρισή μου στο χαμαλίκι. Μετά το ξαναφορτώσαμε, και συνεχίσαμε την πορεία.

Ο πόλεμος τον σκληραίνει άσχημα τον άνθρωπο. Θυμάμαι ένα μουλάρι είχε αποκάνει το ταλαίπωρο, κι έπεσε κάτου, και δε σηκωνότανε με κανένα λόγο. Οπότε εγώ βάζω τη ξιφολόγχη στο όπλο, και του δίνω μια, γερή. Βόγκηξε άσχημα το φουκαριάρικο, από τον πόνο, αλλά ζορίστηκε και σηκώθηκε, και προχώρησε, σχεδόν τρικλίζοντας. Ένιωσα φοβερά δυστυχής.

Κάπου στο δρόμο συναντήσαμε μερικούς Αρβανίτες. Απροσδόκητα ένας δικός μας του αρπάζει το τσιμπούκι. Εγώ ταράχτηκα από την προσβολή που γινότανε στο στρατό μας - παίρνω αμέσως το τσιμπούκι και το δίνω πίσω στον Αρβανίτη, και κατσαδιάζω άσχημα το στρατιώτη. Τέτοια - και πολύ χειρότερα - συνέβαιναν συχνά στο μέτωπο, γιατί δυστυχώς πολλοί από μας δεν είχανε συναίσθηση της βαριάς μας ευθύνης. Και θυμόμουνα το Σπύρο το Μελά που στο βιβλίο του Ο Γέρος του Μωρηά, γράφει ότι πιο πολλοί Έλληνες σκοτώθηκαν στο πλιάτσικο, μετά την πτώση της Τριπολιτσάς, παρά στην ίδια τη μάχη για την κατάληψη της πόλης!...

Μερικά ακόμα από τα στιγμιότυπα που θυμάμαι από την πορεία μας εκείνη, ήταν ότι διασταυρωθήκαμε με τρείς - τέσσερες αποστολές Ιταλών αιχμαλώτων, που στέλνονταν στα μετόπισθεν. Και επίσης μερικούς Έλληνες αξιωματικούς που είδα, από κάποια απόσταση, σ' έναν εγκαταλειμμένο Ιταλικό σταθμό εφοδίων, να κινούνται πέρα - δώθε ανάμεσα στο υλικό, και να τρώνε πολλές σοκολάτες, και μπισκότα, που είχαν βρει εκεί.

Τελικά φτάσαμε στον προορισμό μας, που ήταν στη δυτική πλευρά κάποιου βουνού που το λέγανε Μεσημέρι. Πολύ αποσκερός ο τόπος, και στο δίμηνο που μείναμε εκεί, κυριολεχτικά μουχλιάσαμε από τη μεγάλη υγρασία. Φοβερά επίσης υπέφεραν και τα καημένα τα μουλάρια. Κι αυτό γιατί αφ' ενός ήταν σχεδόν όλα τους πληγιασμένα στη ράχη - από τη μεταφορά - και αφ' ετέρου γιατί εμείς ήμασταν ασυνείδητοι. Θέλω να ειπώ δηλαδή ότι, εν ονόματι της δικής μας αυτοσυντήρησης - επιβίωσης, βγάζαμε από τα ταλαίπωρα τα ζά τα σχετικά δερμάτινα καλύμματά τους - τα στρώναμε κάτου μέσα στ' αντίσκηνα, για ν' αποφεύγουμε την υγρασία -κι έτσι τα δύσμοιρα εκείνα - παρ' ότι πληγιασμένα τ' αφήναμε τελείως ακάλυπτα κι απροστάτευτα, έρμαια στην οργή των στοιχείων της φύσης - στο κρύο, στη βροχή, στο χιόνι, και στον πάγο! Τρομερό!...

Συχνά τη νύχτα τ' ακούγαμε να χλιμιντρίζουν πονεμένα - θρήνος κι οδυρμός, κι απόγνωσης λυγμοί ήταν οι φωνές τους εκείνες, μεσ' τη νύχτα, προσωπικά δε σαν τ' άκουγα, μου ερχότανε να κάνω τακ, να τρελαθώ... Μικρός φόρος τιμής και ευγνωμοσύνης, θα ήταν να στηθεί και για κείνα κάποιο μνημείο, όπως κάνουμε για τον Άγνωστο Στρατιώτη...

Επί τέλους αρχίσαμε να παίρνουμε γράμματα, και να διαβάζουμε κι εφημερίδες, κι η χαρά μας ήταν άλλο πράμα. Κάπου - κάπου παίρναμε και κανένα δεματάκι - κυρίως μάλλινα - κι όχι μόνο από τούς δικούς μας, αλλά κι απ' το ανώνυμο πλήθος - πού έκανε το πάν για να συνδράμει το στρατό - μέσα δε εκεί συχνά βρίσκαμε και γράμματα, μερικά μάλιστα πολύ συγκινητικά.

Ένα τέτοιο λοιπόν γραφτό, μού 'φερε μια μέρα ένας ημιονηγός ονόματι Σπυρόπουλος - από τους καλύτερους άνδρες του στοιχείου μου - γιατί όπως είπε δεν μπορούσε να καταλάβει τί έλεγε, κι ούτε και ν' απαντήσει ήξερε. Το γράμμα εκείνο το 'στελνε κάποια φοιτήτρια της Μαρασλείου Παιδαγωγικής Ακαδημίας, ονόματι Αργυρούλα Στριμπούλη, ήτανε δε αριστούργημα στο είδος του. Ήτανε ίδιο ένα θούριο κι ένας παιάνας, για στρατό και λαό, που ενωμένοι σαν ένας άνθρωπος μαχόμασταν ηρωικά, υπέρ βωμών και εστιών. Απάντησα όσο πιο καλά μπορούσα στην Αργυρούλα, ανταλλάξαμε ένα - δυο ακόμα γράμματα, αργότερα δε τη γνώρισα κι από κοντά. Πρόκειται περί λαμπρού στοιχείου, κάποτε δε μάλιστα σκέφτηκα και να την παντρευτώ.

Υποφέραμε βέβαια και από πείνα, αλλά όχι για πολύ καιρό, κι ούτε στο βαθμό που - όπως μαθαίναμε - υπέφεραν άλλοι, αλλού. Πότε - πότε μας μοίραζαν και λίγα σύκα, καθώς επίσης και από μια - δυο χούφτες μαύρες σταφίδες. Και νοσταλγικά θυμόμουνα τις χιλιάδες τους τόνους που είχαν περάσει από τα χέρια μου, απ' αυτό το είδος. Ευτυχώς ο ταχυδρόμος πήγαινε συχνά στο Δέλβινο, κι έτσι με βόλευε με λίγα καλούδια που μου αγόραζε από κει, ιδίως κομπόστες - ήταν η πρώτη φορά που έφαγα κομπόστα βερίκοκο.

Δυο από τους ημιονηγούς μου - κατάγονταν από το Χέλι του Αργούς, ονομαστοί κατσικοκλέφτες όλο το χωριό -είχαν κατασκηνώσει κάπως μακριά, και παραξενευόμουνα γι' αυτή τους την πράξη. Το λόγο τον έμαθα κάποιο βράδυ που με κάλεσαν στ' αντίσκηνό τους, για να με φιλέψουν, λέει, ένα μεζέ. «Μπα, είπα, που τον βρήκαν αυτοί το μεζέ». Πήγα λοιπόν, και με κατάπληξη παρατήρησα ότι ενώ όλοι εμείς οι άλλοι πεινάγαμε, εκείνοι καταβρόχθιζαν του κόσμου το κρέας - σωρός τα πεταμένα κόκκαλα μπροστά στο τσαντίρι τους. Και μου αποκάλυψαν ότι κάθε τόσο πηγαίνανε μακριά, κι αρπάζανε κι από ένα σφαχτό από τους Αρβανίτες, με απάτη. Παρουσιάζονταν δηλαδή κάπως σαν επιτροπή του στρατού, και αντί για λεφτά δίνανε στους κτηνοτρόφους κάτι ψεύτο-αποδείξεις, για να πληρωθούν τάχα από την Επιμελητεία. Δαιμονίστηκα. Αλλά πόλεμος είναι, σκέφτηκα, κι άκρη κανείς δεν βρίσκει τέτοιες ώρες. Και την πέτσωσα για καλά, αλλά ούτε ξαναπήγα, παρ' ότι με ξανακάλεσαν. Αργότερα, στη Νεμέα, μου παράγγειλε ένας από δαύτους να του στείλω βερεσιά 100 κιλά κρασί, αλλά έτσι άσχημα που ένοιωθα σε βάρος του, τον αγνόησα.

Από πλευράς βολής, δεν θυμάμαι να κάναμε πολλά πράγματα από εκείνη τη θέση. Ακουγότανε μάλιστα ότι υπήρχε και σοβαρή έλλειψη από οβίδες, σε τέτοιο μάλιστα βαθμό που κάποιο λοχαγό τον είχανε καλέσει σε απολογία, για υπερβολική χρήση βλημάτων.

Όπου ξαφνικά μια νύχτα χτυπάει συναγερμός, και

τρέχουμε αλαφιασμένοι όλοι στα κανόνια, με τον αξιωματικό να φωνάζει μέσα στο σκοτάδι τα στοιχεία του στόχου που έπρεπε να χτυπήσουμε πάραυτα. Ουσιαστικά επρόκειτο να δοκιμαστεί η ετοιμότητά μας, πρώτο δε σ' αυτή την περίπτωση, έβαλλε βολή κάποιο άλλο στοιχείο - όχι το δικό μου. Σαν να μου ξυνοφάνηκε λιγάκι...

Μεγάλο κακό ήταν οι ψείρες, και μου ξαναθύμισαν το Καπαρέλι, όπου επίσης υποφέραμε πολύ απ' αυτά τα ζωύφια, και ξυόμασταν απαίσια.

Μια μέρα ο λοχαγός άρχισε να μιλάει σφόδρα κατά στοιχείων που κάνανε - λέει - αντιπολεμική προπαγάνδα στο στρατό. Παραξενεύτηκα. Αλλά πάραυτα και ταράχτηκα, γιατί βλέπω το λοχαγό να σηκώνει μια μαγκούρα που κράταγε, και ν' αρχίζει στο ξύλο κάποιο στρατιώτη, που ήταν εκεί μπροστά του. Το ραβδί έγινε κομμάτια πάνω στο σώμα του δύστυχου πυροβολητή, ο οποίος ολόλυζε μέχρι τον ουρανό. Ένιωσα πολύ - πολύ άσχημα...

Στη νεκρή ζώνη - έτσι λέγεται ο χώρος μεταξύ των φυλακίων των αντιμαχομένων στρατών - υπήρχε ένα χωριό που το λέγανε Βράνιστα. Εκεί λοιπόν ίσχυε σιωπηρή ανακωχή, και κάθε μέρα μπαινόβγαιναν - οπλισμένοι βέβαια - Ιταλοί, κι Έλληνες στρατιώτες, για να πάρουν τσιγάρα, η κανένα τρόφιμο. Έτσι, πήγα κι εγώ εκεί μια μέρα, με μερικούς άλλους άντρες της πυροβολαρχίας, και παρ' ολίγο να μη γυρίσω.

Στο δρόμο περάσαμε κοντά από δικά μας παρατηρητήρια, όπου και είδα μερικούς αξιωματικούς στημένους πίσω από διόπτρες, η με κιάλια στα χέρια, να διερευνούν την απέναντί τους εχθρική γραμμή.

Στο χωριό που φτάσαμε, ανεβήκαμε θυμάμαι τις σκάλες κάποιου σπιτιού - η πόρτα του οποίου ήταν ανοιχτή -και μπήκαμε μέσα, για ν' αγοράσουμε λίγο ψωμί. Εκεί ήταν τρείς - τέσσερες γυναίκες, ξαφνικά δε μια από δαύτες έβαλλε τις φωνές. Κι αμέσως ακούμε γρήγορα και τρανταχτά βήματα στη σκάλα, μπροστά μας δε - σε δευτερόλεφτα - παρουσιάζεται ένας Αρβανιταράς, ίδιος βουρλισμένος ταύρος, έτοιμος για εφόρμηση. Τα 'χασα. Θα σκοτώσουμε, η θα σκοτωθούμε, είπα. Ευτυχώς ο δικός μας, που μίλαγε τη γλώσσα, εξήγησε αμέσως στον Αρβανιταρά το σκοπό μας, εκείνος δε καθησύχασε τις γυναίκες, κι έτσι αποσοβήθηκαν τα χειρότερα - ο "ταύρος" δηλαδή, δεν εφόρμησε κατ' απάνου μας...

Αγοράσαμε λίγα καρβέλια μπομπότα, καθώς κι ένα κοτόπουλο, και κάποιοι πήρανε και μερικά κουτιά τσιγάρα. Κι απροσδόκητα βλέπουμε κάποιον από τους δικούς μας να διακονεύει για ψωμί, κι ότι τάχα ήταν έτοιμος να λιποθυμήσει. Φρύαξα από το κακό μου, για την προσβολή πού έκανε σε όλους μας, σε όλο τον ελληνικό στρατό, και μούρθε να τον τρυπήσω, με τη λόγχη. Τού 'δωσα λίγο ψωμί, και τον έβρισα χυδαία. Αργότερα - όταν έφευγα από την Αλβανία - τον άνθρωπόν αυτόν τον συνάντησα στα Γιάννενα, κατευθυνόμενο όπως μου είπε, και μού έδειξε και το φύλλο του πορείας για τ' αναρρωτήριο, γιατί έπασχε από την καρδιά του. Μου εξήγησε δε ότι αυτή ήταν και η αιτία - η καρδιακή του δηλαδή πάθηση - για την γνωστή συμπεριφορά του στη Βράνιστα.

Καθώς γυρίζαμε, κάποιο σημείο απ' όπου έπρεπε αναγκαστικά να περάσουμε, άρχισε να βάλλεται άσχημα από το εχθρικό πυροβολικό, και χέσαμε μαλλί από λύκο που λέμε, μέχρις ότου ξεφύγουμε από κει, και απομακρυνθούμε.

Αρκετά κοντά στο στρατόπεδο και για πολλές μέρες, βρισκότανε - νεκρός κι άθαφτος, και φαρδιά - πλατιά ξαπλωμένος - κάποιος Ιταλός, ένα πολύ ζηλευτό παλληκάρι. Καθώς περνούσα από κει και τον έβλεπα, πολύ μελαγχολούσα, τόσο για τα ζηλευτά του νιάτα που πήγαν χαμένα, όσο και - προ παντός - για την πίκρα και τον καημό της βαριόμοιρης μάνας του, που ποτέ πιά δεν επρόκειτο να τον ξαναδεί.

Όταν τον πρωτοείδα ήταν καθ' ολοκληρίαν άθικτος, από ρουχισμό κι άρβυλα, αλλά κάθε τόσο έβλεπα ότι όλο και του 'λειπε κάτι, και στο τέλος οι πλιατσικολόγοι τον είχαν αφήσει μόνο με τα γιομάτα αίμα και λάσπη εσώρουχά του. Εδέησε να στείλει κάποτε η πυροβολαρχία μερικούς άντρες, να τον θάψουνε. Τον σούρανε σ' ένα βαθύ χαντάκι εκεί κοντά, όπου και τον πέταξαν, σωριάσανε δε μετά απάνω του κάμποσο χώμα και πέτρες...

Όχι πολύ μακριά από το αντίσκηνό μου, βρήκα μια μέρα πεταμένη μια χειροβομβίδα. Κι επιπόλαιος κι απαίσια αυθόρμητος όπως είμαι ώρες-ώρες, τραβάω αμέσως την αλυσίδα, και την πετάω μακριά, και πέφτω κάτου. Η χειροβομβίδα έσκασε, έκανε δε έναν τόσο δαιμονισμένο κρότο, που με συντάραξε. Και το χειρότερο είναι ότι ανησύχησαν και οι αξιωματικοί από την έκρηξη, αλλά υπέθεσαν ότι προερχότανε από κάπου μακριά, κι έτσι τη γλύτωσα.

Το πέρασμα Ιταλών αιχμαλώτων για τα μετόπισθεν, συνεχιζότανε. Προς μεγάλη μάλιστα τιμή των αξιωματικών - της ελληνικής ψυχής θα έλεγα - επειδή κάποιο βράδυ ένα κοπάδι από δαύτους δεν ήταν δυνατό να προωθηθεί, σπάσανε τα τηλέφωνα όλων των μονάδων για να βρεθούν τρόφιμα, για τους αιχμαλώτους - σε ώρες που όλος ο στρατός πείναγε απαίσια. Να, αυτός είναι ο Έλληνας, όταν είναι στις καλές του ώρες- τιμάει με το παραπάνω τον άνθρωπο...

Λόγω μόνιμης κακής προσαρμοστικής λειτουργίας του οργανισμού μου, τα πόδια μου ήταν πάντα μπούζι, και γι' αυτό τις νύχτες υπόφερνα φοβερά, μέχρις ότου τα καταφέρω και κοιμηθώ. Όπου κάποια μέρα το αριστερό μου πόδι άρχισε να πρήσκεται - καθαρό σημάδι κρυοπαγήματος. Μου 'δωσε και τού 'βαλλα κάτι αλοιφές ο γιατρός, αλλά το κακό δεν υποχωρούσε, και κοντολογίς κουτσουριάστηκα. Και στη μετατόπιση που έγινε μετά λίγες μέρες, με μετέφερε σ' ένα μουλάρι, κάποιος πυροβολητής.

Κατά τα μέσα του Φλεβάρη μεταφερθήκαμε πιο βόρεια, σε μια κοιλάδα λίγο μετά τον Αώο ποταμό, που τη λέγανε Καλαράτες. Επί τέλους απαλλαγήκαμε από τη μούχλα της αποσκιάς - τώρα χαιρόμασταν τον ήλιο, σχεδόν όλη την ημέρα. Η πιο ζεστή ατμόσφαιρα, θυμάμαι ότι πολύ με βοήθησε να συνέλθω από το κρυοπάγημα, κι έτσι σύντομα άρχισα να περπατάω πάλι. Εν τω μεταξύ με είχαν αντικαταστήσει από Αρχηγό Στοιχείου Βολής με κάποιον άλλον, αξιόλογο υπαξιωματικό. Και εκεί η βλητική μας δραστηριότητα δεν ήταν μεγάλη. Αντίθετα, κάθε τόσο "μας θυμότανε" το εχθρικό πυροβολικό. Σε μια τέτοια μάλιστα περίπτωση κάποτε πέσανε πολλά βλήματα στο κεντρικό χώρο του στρατοπέδου, αλλά ευτυχώς ούτε τότε είχαμε θύματα.

Κι εδώ πρέπει ν' αναφερθεί και να τονιστεί η τεμπελιά κι η επιπολαιότητά μας. Παρά τις επίμονες συστάσεις των αξιωματικών να φτιάξουμε ορύγματα - για την προστασία μας από τ' αεροπλάνα, και το προβολικό - εμείς περιοριζόμασταν σε κάτι μικρό - λάκκους, γύρω από τους οποίους και βάζαμε και μερικές πέτρες. Τρίχες. Αντίθετα οι Ιταλοί, κατά εξακριβωμένες πληροφορίες, δουλεύανε ακατάπαυτα για την προστασία τους, είχανε δε φτιάξει ολόκληρα τούνελ, που μάλιστα τα είχαν στρώσει και με σανίδες, για την υγρασία.

Κάποτε πέρασε για να μας κάνει επιθεώρηση, ο θρυλικός Κωστάκης - μετρίου αναστήματος, μελαχρινός, κάπως εύσωμος, και πολύ σφριγηλός, πολύ ζωντανός.

Οι Ιταλοί θυμάμαι κατείχαν όλα τα γύρω βουνά - με εξαίρεση το Μεσημέρι - όπου φυσικά είχαν εγκαταστήσει παρατηρητήρια, κι έτσι μας είχαν στο χέρι τους από πλευράς παρακολουθήσεως των κινήσεών μας. Εκείνοι που πιο πολύ δοκιμάστηκαν - και μαρτύρησαν - σ' αυτό τον πόλεμο, ήταν οι στρατιώτες των προχωρημένων φυλακίων. Γίνονταν βέβαια κάποιες αλλαγές, αλλά και δυό μόνο ώρες να σταθείς, χειμώνας καιρός, ένα και μισό μέτρο κάτου από τη γη, μέσα στη λάσπη, μ' όλες σου τις αισθήσεις τεντωμένες στο έπακρο, δεν είναι μικρό πράμα - είναι αντίθετα κάτι που κυριολεχτικά σε παραλύει, που σε τρελαίνει... Και ήταν κυρίως μεταξύ αυτών των στρατιωτών τα πιο πολλά κρούσματα από κρυοπαγήματα, και δικά τους ήταν τα πιο πολλά πόδια που κόπηκαν στα χειρουργεία...

Και ξαφνικά μού 'ρχεται το κακό μαντάτο, ότι ο Μήτσιος σκοτώθηκε !... Σκοτείνιασε θυμάμαι ο νους μου, κι η ψυχή μου σπαράχτηκε από τον πόνο. Γιατί πέρα από το χαμό ενός νέου ανθρώπου - τριάντα μόλις χρονών - ο αδερφός μου άφηνε πίσω του - στη φτώχεια και χωρίς προστασία - χήρα γυναίκα - και μάλιστα πολύ νέα, μόλις στα είκοσι πέντε της - και τρία ορφανά, τρία ορφανά μικρά παιδάκια. Και τι θα ειπεί φτώχεια κι ορφάνια, κι έλλειψη προστασίας, ξέρει μόνο εκείνος που τις έζησε αυτές τις καταστάσεις, και κανένας άλλος...

Σε λίγο ήρθε και η μεταφορά μου - λόγω φονευθέντος αδελφού - στη δεύτερη σειρά εφεδρείας. Κι έτσι στις 12 του Μάρτη πήγα στο παρατηρητήριο, και μου υπέγραψε ο λοχαγός μου το φύλλο πορείας για την Αθήνα, μού 'δωσε δε επίσης και την ακόλουθη βεβαίωση:

IIIη Μοίρα Ορειβ. Πυρ/κού
2α Πυροβολαρχία

Βεβαίωσις

Ο υπογεγραμμένος Λοχαγός Πυρ/κού Κυριακόπουλος Γεώργιος βεβαιώ ότι ο Λοχίας Γλαρέτας Σπυρίδων του Νικολάου υπηρετήσας εν τή ημετέρα Πυρ/χία από της ενάρξεως του πολέμου, υπήρξε πρότυπον στρατιώτου απολαύων της εκτιμήσεως τόσον των αξιωματικών όσον και των οπλιτών της Πυρ/ρχίας, επιδείξας λαμπρά στρατιωτικά προσόντα, διακριθείς δια το εξαιρετικόν θάρρος του και ψυχραιμίαν του.

Η Πυρ/ρχία εκτιμώσα δεόντως τάς υπηρεσίας και τον χαρακτήρα του, τον προτείνει, δι' ηθικήν αμοιβήν, προς προαγωγήν εις τον αμέσως ανώτερον βαθμόν και την απονομήν πολεμικού Σταυρού.

Τ. Τ 912 τη 12 - 3 - 41
Ο Διοικητής της Πυροβολαρχίας
Γ. Κυριακόπουλος
Λοχαγός Πυρ/κού

(Σημ. Τον Πολεμικό Σταυρό και το Αναμνηστικό Μετάλλιο, τα πήρα το 1955, στη Φιλιππιάδα.)

Έφυγα την ίδια μέρα. Κι ήταν μεγάλη θυμάμαι η συγκίνησή μου καθώς αποχαιρετούσα τους συμπολεμιστές μου - αξιωματικούς και πυροβολητές - ιδιαίτερα τους άντρες του στοιχείου μου. Πενήντα σχεδόν χρόνια πέρασαν από τότε, και συνεχίζω να τους ανακαλώ όλους στη μνήμη μου, με πολλή μεγάλη αγάπη. Και κάποτε χύνω πικρό δάκρυ για κείνους που έφυγαν πρόωρα: Για τον υπαρχηγό του στοιχείου μου το Γιώργο το Μαρίκο, που πέθανε το '42 από φυματίωση. Και επίσης για το λιοντάρι το Ντίνο το Σιατερλή, που τον σκότωσαν οι Γερμανοί στην κατοχή, ως αντιστασιακό. Ήτανε δε ο Ντίνος ο Σιατερλής ένας άντρακλας κι ένας αντρειωμένος, από κείνους που γράφουν ιστορία στο διάβα τους, και που ποτέ δεν φεύγουν από τη μνήμη όσων ευτύχησαν να τους γνωρίσουν. Ο θεός ας αναπάψει τη γενναία ψυχή του, την ψυχή όλων των συμπολεμιστών μου, που έχουν φύγει από τη ζωή.

Και για να κλείσω το κεφάλαιο περί Αλβανικής εκστρατείας, ξαναγυρίζω – όπως είχα υποσχεθεί - στο προσωπικό μου θέμα, για το θάρρος δηλαδή και την ψυχραιμία που επέδειξα κατά το βομβαρδισμό που δεχτήκαμε κάποια μέρα σε ώρα βολής, από το εχθρικό πυροβολικό. Έλεγα ότι η στάση μου εκείνη εξετιμήθη πολύ τόσο από τους αξιωματικούς όσο και από ολόκληρη την πυροβολαρχία. Επί πλέον ο πατριώτης μου ο Κώστας ο Τσεκούρας το 'γραψε και στο Γυμνό, απ' όπου και πήρα δυό εγκωμιαστικά γράμματα, ένα από το Βασίλη τον Όψιμο - πατέρα του κουμπάρου μας - κι ένα από το φίλο μου το Χρήστο τον Καραργύρη.

Δεν μπορώ να ειπώ ότι δεν με συγκινούσαν οι έπαινοι αυτοί, και οι Πολεμικοί Σταυροί και τα Μετάλλια, αλλά η κύρια ικανοποίησή μου ανάβλυζε από μέσα μου, από τη συναίσθηση ότι είχα ενεργήσει σωστά την ώρα της κρίσης, ότι είχα κάνει εκείνο που έπρεπε να κάνω, δηλαδή το χρέος μου. Και γι' αυτό και δεν "κορδώθηκα", που λέμε. Κάτι τέτοιο θα ήταν πολύ εγωιστικό - αν δεν ήταν βρισιά και βλαστήμια. Γιατί περιστατικά μεγάλου θάρρους, και ηρωισμού, και γενναιότητας - πολύ πιο αξιόλογα από το δικό μου - σημειώνονταν κάθε μέρα, και κάθε ώρα, σ' ολόκληρο το μέτωπο. Και τα πιο πολλά μάλιστα πέρναγαν απαρατήρητα, και έσβηναν και χάνονταν. Και συχνά θυμόμουνα κάποιο σχετικό ποίημα που είχα διαβάσει πριν χρόνια, αλλά από το οποίο δυστυχώς, τώρα συγκρατώ μόνο δυό - τρείς στίχους, κι αυτούς λειψούς:

"... Ανώνυμοι ήρωες, άγνωστοι τάφοι,
κανείς δεν έκαψε για σας λιβάνι,
κανείς δεν έπλεξε για σας στεφάνι...
... Γιατί δε ζητάει ψηλές λαμπάδες,
ο θεός, και γονατίσματα βραγιά...
... Γιατί λατρεύει το θεό όποιος για την πατρίδα
δίνει τη ζωή του, όποιος το γυμνωμένο κρυφοντύνει,
και το φτωχό τον ελεεί..."

Αντίο λοιπόν αιματόβρεχτη Αλβανική Εκστρατεία, κι ο

θεός να δώσει να πάψουν πια οι καμπάνες να χτυπάν για πόλεμο - να χαθεί από προσώπου γης ο βρικολακιασμένος τούτος Μινώταυρος. Να σταματήσουν τα μίση, κι οι βαρβαρότητες, κι οι ανθρωποσφαγές, και μόνιμα πια να επικρατήσουν μεταξύ των ανθρώπων η αγάπη και η ειρήνη...

ΓΥΡΙΣΜΟΣ - ΕΙΣΒΟΛΗ - ΚΑΤΟΧΗ

Ανάγκη να κάνω μια διευκρίνηση: μ' αυτά που έχω γράψει, και μ' αυτά που θα ακολουθήσουν, δεν γράφω ιστορία - δεν είμαι ιστορικός. Απλώς παρουσιάζω τις προσωπικές μου αναμνήσεις, τα δικά μου δηλαδή βιώματα, κάποτε μάλιστα και λίγο μπερδεμένα, ιδίως χρονολογικά.

Συντροφιά μου στο γυρισμό είχα και κάποιον άλλον, που επίσης μεταφερότανε στη δεύτερη σειρά εφεδρείας, γιατί πρόσφατα η γυναίκα του είχε γεννήσει το τέταρτο παιδάκι τους.   Για να περάσουμε τον Αώο ποταμό φεύγοντας από το στρατόπεδο, έπρεπε να πάμε σε κάποιο γεφυράκι - για το φόβο των αεροπλάνων ήταν φτιαγμένο σε σημείο που σμίγαν πάνω του κάτι πανύψηλα και φουντωτά δέντρα, κι έτσι ήταν αθέατο - αλλά ήταν αρκετά μακριά, και γι' αυτό περάσαμε από το ποτάμι συρτά πάνου σε δυό εναέρια συρματόσχοινα, που είχε κάπου πιο κοντά μας εγκαταστήσει το Μηχανικό.

Η πρώτη μας στάση ήταν σ' ένα χάνι κάποιου Τουρκαλβανού. Μέσα εκεί ήταν κι αρκετοί άλλοι στρατιώτες, το τζάκι έκαιγε στο φουλ, δίπλα δε κάθονταν και δυο-τρείς μεγαλόσωμες γυναίκες, με πολύ φαρδιά φουστάνια, και που κάπνιζαν σαν φουγάρα καραβιού - μία μάλιστα φούμερνε ναργιλέ.

Προχωρώντας φτάσαμε στο Κέντρο Διερχομένων, στο χωριό Κούτσι, όπου και διανυχτερέψαμε. Ο θάλαμος ήταν πήχτρα από στρατιώτες, γύρω - γύρω δε στους τοίχους ήτανε κρεμασμένες, του κόσμου οι χειροβομβίδες - έτσι και γινόταν κάτι, δεν θα 'μενε κανένας μας. Εκεί συνάντησα κάποιον γνωστό μου αξιωματικό, που θυμάμαι μίλαγε πολύ συγκλονισμένος για τις φοβερές απώλειες που είχε ο στρατός μας, στις απανωτές κατά μέτωπο επιθέσεις που έκανε - χωρίς μάλιστα αποτέλεσμα - για την κατάληψη του υψώματος της Σκουτάρας.

Την άλλη μέρα μας προώθησαν για το Δέλβινο, από κει πήγαμε στα Γιάννενα, και συνεχίζοντας φτάσαμε στο Μεσολόγγι, όπου και διανυχτερεύσαμε. Την επομένη μας πήρε ένα καραβάκι από το Κρυονέρι, και μας πέταξε απέναντι, στην Πάτρα. Εκεί παρουσιαστήκαμε σε κάποια Υπηρεσία και πήραμε εισιτήρια για την Αθήνα - με το τρένο.

Καθώς περιμέναμε για το θέμα μας, μπαίνει στο θάλαμο κάποιος στρατιώτης - κουρέας το επάγγελμα - αναστατωμένος και κίτρινος σαν Κινέζος.

— Τί συμβαίνει, Γιάννη, γιατί είσαι έτσι; τον ρωτάει ο γραφιάς.

— Άστα, με στέλνουν στο μέτωπο!... απαντάει ο Γιάννης.

Ρε κάτι πράματα, σκέφτηκα, εγώ. Όλοι εμείς οι άλλοι χαλάσαμε τον κόσμο για να βρεθούμε εκεί όσο γίνεται πιο γρήγορα, για να πολεμήσουμε, και τούτος 'δώ ο κιοτής γέμισε τα μπατζάκια του, και χουχουλιέται, επειδή θα πάει στο μέτωπο. Ρε κάτι πράματα...

Στην Αθήνα σαν φτάσαμε παρουσιαστήκαμε στο Έμπεδο Πυρ/κού, στο Γουδί, απ' όπου και πήραμε προσωρινό απολυτήριο. Χαιρόμουνα βέβαια που είχα γλυτώσει από τις κακουχίες, και τον κίνδυνο του πολέμου, αλλά τη χαρά μου τη φαρμάκωνε η σκέψη ότι η λύτρωσή μου αυτή χρωστιότανε στο σκοτωμό τού αδερφού μου...

Στην πρωτεύουσα κυκλοφορούσαν τότε πολλοί Εγγλέζοι στρατιώτες - του εκστρατευτικού σώματος της Βρετανίας. Και "ψώνιο" όπως την είχα μαζί τους - σύμφωνα με όσα είχα διαβάσει κι ακούσει, προ παντός από την προπαγάντα τους μέσω του ΒΒC , τον καθέναν από δαύτους τον θεωρούσα Υπέρ - μορφωμένο, Υπέρ - γενναίο, κοντολογίς Υπεράνθρωπο - χάλαγα τον κόσμο να πάρω επαφή, και για τον πρόσθετο λόγο γιατί ήθελα να "τροχιστώ" στη γλώσσα τους. Χαιρόμουνα επίσης τη μεγάλη άνεση που έδειχναν στην οδήγηση. Οπού μια μέρα σ' ένα εστιατόριο στην οδόν Μπενάκη, όπου τρώγανε πολλοί απ' αυτούς, βλέπω το γκαρσόνι να παραφυλάει μερικούς μήπως φύγουν χωρίς να πληρώσουν.

— Τί λες, του λέω, Εγγλέζοι αυτοί, και να πέσουν τόσο χαμηλά;

— Μωρέ άσε με με δαύτους, χθες έχασα όλο μου το μεροκάματο, και φοβάμαι πως και σήμερα θα πάθω τα ίδια!...

Άνοιξα το στόμα δυό πιθαμές. κι ένοιωσα παγωμένο νερό να πέφτει στη ράχη μου...

Τότε κοντά, διάβασα στις εφημερίδες ότι ο στρατός θέλει διερμηνείς στα εγγλέζικα, για άμεση πρόσληψη. Και επειδή δεν πολυ-περίπιανα τις "χυλοπίτες" που έτρωγα - που αποτύγχανα δηλαδή - μια και δυό πάω στο Ξενοδοχείο της Μεγάλης Βρετανίας, για να εξεταστώ. Με μπάσανε σε μια τεράστια σάλα, όπου - παρακαλώ - με δέχτηκε, προσωπικά, ο πρίγκιπας Πέτρος! - όχι παίζουμε... Για όσους δεν ξέρουν, ο εν λόγω πρίγκιπας ήταν αδερφός του Βασιλιά Κωνσταντίνου, παππού δηλαδή του σημερινού - έκπτωτου - βασιλιά.

Μού έδωσε λοιπόν η Αυτού Εξοχότης ένα μικρό ελληνικό κείμενο, να το μεταφράσω στα Εγγλέζικα. Κούνησα πέρα - δώθε την κεφάλα μου, για να γράψω κάτι της προκοπής, αλλά τζίφος. Γύρισα το χαρτί στον Πρίγκιπα, εκείνος δε σαν το κοίταξε συνοφρυώθηκε, και μετά το έσκισε και το πέταξε στο καλάθι των αχρήστων. Διάβολε, είπα, άλλη "αδικία" από δώ... αλλά παρά ταύτα, ο Πρίγκιπας μού έπιασε κουβεντούλα. Κι ο λόγος ήταν ότι μαζί με το προσωρινό μου απολυτήριο - το χρησιμοποιούσα ως ταυτότητα - ήταν και η βεβαίωση του λοχαγού, η σχετική με το θάρρος μου κ.λπ. Με συνεχάρη λοιπόν ο εξοχότατος, εγώ δε απαντώντας είπα ότι απλώς έκανα το καθήκον μου. Κι ο πρίγκιπας ανταπάντησε:

— Μα γι' αυτό το καθήκον, γίνεται λόγος, και που δυστυχώς δεν το κάνουμε όλοι μας.

Απλώθηκε λίγο η κουβέντα και σ' άλλα θέματα του στρατού και του μετώπου, έφυγα δε κατενθουσιασμένος από τούς ζηλευτούς τρόπους, την αρρενωπή φωνή, καθώς και τη λεβέντικη κορμοστασιά του πρίγκιπα.

Τελικά, κατέβηκα στη Νεμέα, βέβαια. Είχε γυρίσει κι ο Γιώργος, αλλά τραυματισμένος όπως ήταν δεν μπορούσε να δουλέψει, κι έτσι όλη τη δουλειά - αρκετά μειωμένη τώρα - συνέχιζε να τη βγάζει πέρα μόνος του ο Κώστας.

Ο πληθωρισμός είχε ήδη αρχίσει να φουντώνει. Τα λεφτά μας από τα βερεσέδια που είχαμε δώσει - περί τις δυό περίπου χιλιάδες χρυσές λίρες Αγγλίας - χάθηκαν τελείως, αλλά την ίδια περίπου τύχη είχαν και οι πιστώσεις που είχαμε πάρει, και κοντολογίς, μείναμε με πολύ μικρό δικό μας κεφάλαιο, αλλά και χωρίς χρέη. Και θυμάμαι ότι η ανακούφισή μου που ξεχρεωθήκαμε, ήταν πολύ - πολύ μεγάλη - εφιάλτης μου είχε καταντήσει το χρέος...

Φρόντισα κι έβγαλα σύντομα τη σύνταξη της Αντριανής, πρώτος δε σε προτεραιότητα στόχος μου από δω και πέρα, θα ήταν η προστασία της και των παιδιών - των ορφανών παιδιών του αδερφού μου.

Πρωί 6 τ' Απρίλη 1941. Ξύπνησα μ' ένα συμβολικό όνειρο: Είδα στον ύπνο μου τον ξάδερφό μου τον Πιπέρη, φορώντας τη στολή του και σε στάση προσοχής, και ξαφνικά ένας αέρας να του αρπάζει το πηλήκιο, και να μένει ασκεπής, και σαστισμένος. Πέντε λεφτά αργότερα που βρέθηκα στο μαγαζί,

έμαθα ότι οι Γερμανοί είχαν εισβάλλει στα Ελληνο-Βουλγαρικά σύνορα, και προήλαυναν ακάθεκτοι προς τη Θεσσαλονίκη. Το δικό μας Επιτελείο έλεγε ότι ο στρατός μεταφερότανε στη δεύτερη γραμμή άμυνας, στον Όλυμπο. Τρίχες. Από κείνη την ώρα η Ελλάδα ήταν υπό την κατοχή, Γερμανών και Ιταλών.

Οι εξελίξεις ήταν ραγδαίες. Ο στρατός της Ηπείρου οπισθοχώρησε, και τελικά διαλύθηκε, οι Ιταλοί - ιδίως αυτοί - κατάκλυσαν την Ελλάδα, και λίγο αργότερα ο Τσολάκογλου υπέγραφε την υποταγή μας στους καταχτητές.

Εν τω μεταξύ οι εδώ Εγγλέζοι - το εκστρατευτικό τους σώμα δηλαδή - είχαν αιφνιδιαστεί, και τρέχανε και δεν φτάνανε. Θυμάμαι κάπου στην περιοχή Λαμπρινής που είχαν μερικές αποθήκες με υλικό, πετάγανε κάτου από τα παράθυρα ότι ιματισμό κι άλλα χρήσιμα είδη είχαν, για να τα πάρει ο κόσμος, και να μην πέσουν στα χέρια των εισβολέων. Σ' όλη την Ελλάδα επικρατούσε μεγάλος αναβρασμός, και σύγχυση, κι αγωνία.

Εμένα πάντα με τριβέλιζε η σκέψη να φύγω για έξω. Ένα λοιπόν από κείνα τα βράδια, συνέπεσε ν' ακούσω κάποιον που τηλεφωνούσε από το Ξενοδοχείο που έμενα, σ' έναν γνωστό του, και κανόνιζαν που θα συναντηθούν, προκειμένου να φύγουν με τους Εγγλέζους για τη Μέση Ανατολή - ήδη οι Εγγλέζοι είχαν αρχίσει να υποχωρούν, προς την Πελοπόννησο. Πήρα φωτιά... Και κοντολογίς έφυγα μαζί με αρκετό άλλον κόσμο, πεζή προς την Ελευσίνα, ελπίζοντας να σκαρφαλώσουμε σε κανένα φορτηγό, δικό μας η εγγλέζικο, και βλέποντας και κάνοντας. Περπατάγαμε όλη νύχτα, στο δε δρόμο βλέπαμε κάθε τόσο τουμπαρισμένα Εγγλέζικα στρατιωτικά οχήματα. Το μόνο που θυμάμαι παρακάτου είναι, ότι όταν το πρωί της άλλης μέρας έφτασα στην Κόρινθο, ήμουνα τόσο διαλυμένος, που πήγασε κάποιο ξενοδοχείο, κι έπεσα κάτου, ξερός.

Κατά το μεσημέρι ξύπνησα τρομαγμένος, από θόρυβο

απανωτών εκρήξεων. Πετάχτηκα έξω, όπου κι έμαθα ότι είχε βομβαρδιστεί ο σιδ/κός σταθμός. Καταδιώκοντας τους Εγγλέζους, η Γερμανική αεροπορία βομβάρδιζε κάθε σημείο που υπέθετε ότι θα τους πετύχαινε στο δρόμο προς την Πελοπόννησο. Αλλά κάνανε λάθος, γιατί το τρένο εκείνη την ημέρα μετέφερνε αποκλειστικά Ελληνικό στρατό.

Έτρεξα λοιπόν προς το σιδ/κό σταθμό, οι δε εικόνες φρίκης που είδα εκεί, ακόμα με βασανίζουν. Το τρένο είχε σταματήσει για λίγο στο σταθμό, και πολλοί φαντάροι είχαν κατέβει για σιγάρα και λοιπά. Επί πλέον μέσα στη σάλα αναμονής, και στο εστιατόριο του σταθμού, υπήρχε κι ένα σωρό άλλος κόσμος. Σαν χτύπησε συναγερμός, αρκετοί πολίτες και στρατιώτες τρέξανε κάτου από τα βαγόνια, για ν' αποφύγουν τα μυδράλια, κι ήταν ακριβώς εκεί που προκλήθηκαν και τα περισσότερα θύματα - τα αέρια από τις μπόμπες κάνανε τα βαγόνια να χοροπηδήσουν πολλές φορές, με αποτέλεσμα να λιώσουν τον κόσμο που ήταν από κάτω τους, μερικοί δε σκοτωμένοι φαντάροι, θυμάμαι, κρέμονταν από τους τροχούς, σα σταφύλια...

Εκεί είχα την ευκαιρία να θαυμάσω την ψυχραιμία των Εγγλέζων τραυματιοφορέων - φτάσανε πρώτοι στον τόπο της συμφοράς, και παρά τον κίνδυνο που αντιμετώπιζαν από τυχόν επανάληψη του βομβαρδισμού, συνέχιζαν απτόητοι να περιμαζεύουν τα θύματα. Μερικούς από τους τραυματίες τους μετέφεραν σε κάποια αίθουσα κινηματογράφου θαρρώ. Ένας απ' αυτούς είχε ακατάσχετη αιμορραγία, ικέτευε δε θυμάμαι να του δώσουμε λίγο νερό. Κάτι τέτοιο απαγορεύεται σε τέτοιες καταστάσεις, αλλά δεν άντεξα, και του έδωσα νερό.

Εκτός από το τρένο, οι Γερμανοί είχαν βομβαρδίσει και το Καλαμάκι, όπου - όπως μάθαμε την άλλη μέρα - ρίξανε και αλεξιπτωτιστές.

Ξαναγύρισα στο ξενοδοχείο - δυό φορές τώρα πιο διαλυμένος - κατά δε τα μεσάνυχτα ξύπνησα πάλι από φοβερή έκρηξη. Η οπισθοφυλακή των Εγγλέζων ανατίναξε τη γέφυρα του Ισθμού.

Ήταν αδύνατο να ησυχάσω. Και γι' αυτό, παρ' ότι μεσάνυχτα, πήρα το δρόμο για τη Νεμέα. Ξημέρωσα στο Χιλιομόδι. Τ' αεροπλάνα βαράγανε συνέχεια το δρόμο, γι' αυτό και περπατάγαμε - ήταν κι άλλοι - παράλληλα, και σε κάποια απόσταση. Σε κάποια στιγμή καταφύγαμε για προστασία σ' ένα τούνελ της σιδ/κής γραμμής, κάπου πριν από τον Αη-Βασίλη, ενδεχομένως δε και να τραυματιζόμουνα - γιατί δεν πολύ φυλαγόμουνα - αν δεν με παρακινούσε κάποιος της παρέας να μπω πιο μέσα στο τούνελ - σε δευτερόλεφτα οι σφαίρες γαζώσανε τον έξω χώρο.

Βγαίνοντας από το τούνελ ακούσαμε φωνές από το δρόμο, και τρέξαμε προς τα εκεί να ιδούμε τι συμβαίνει. Στη μέση στο οδόστρωμα είδαμε σταματημένο ένα τζιπ, και μερικούς Άγγλους να βγάζουν από μέσα τον οδηγό, νεκρό από σφαίρα που τον είχε πάρει στο κεφάλι. Τ' άλλα τζιπ της αποστολής - ήταν δέκα περίπου - είχαν προλάβει να παραμερίσουν προς τα χωράφια, κι έτσι τη γλύτωσαν.

Πήρα αμέσως επαφή με τον επί κεφαλής, και κοντολογίς τον έπεισα να με πάρουν μαζί τους. Εν τω μεταξύ ξαγνάντισαν πάλι αεροπλάνα από τη κατεύθυνση της Νεμέας, άκουσα δε κάποιον Εγγλέζο να λέει:

"Too many airplanes..."

Βρισκόμουνα σε διχασμό, γιατί τώρα κινδύνευα περισσότερο, να σκοτωθώ, αλλά το κουτούρησα. Ό,τι γίνει, ας γίνει είπα. Και σαν πέρασε το κύμα των αεροπλάνων, μπήκαμε πάλι στο δρόμο, και προχωρήσαμε.

Στα Φίχτια στρίψαμε αριστερά, προς τις Μυκήνες, και σταθμεύσαμε μέσα σε κάτι ελιές. Εκεί σκάψανε ένα λάκκο οι Εγγλέζοι, ο επί κεφαλής διάβασε κάποια προσευχή, και θάψανε τον σκοτωμένο. Μετά πήγαμε στο Άργος, σταθμεύσαμε δε στην κεντρική πλατεία. Εκεί κάτου σ' ένα υπόγειο είχανε μαζέψει κάμποσους Εγγλέζους τραυματίες, κι ο κόσμος ανεβοκατέβαινε για να τους συμπαρασταθεί. Αλλά οι Ρωμιοί κάνανε τόση φασαρία, που κάποιος από τους τραυματίες έβαλλε τις φωνές, και σχεδόν τους έβριζε... Λίγο αργότερα ο επί κεφαλής μου δήλωσε ότι πήρε διαταγή να μην πάρει κανέναν Έλληνα μαζί του, κι έτσι η ιστορία της διαφυγής μου προς το εξωτερικό, έληξε άδοξα.

Μετά πήγα στο σπίτι του φίλου μου του Τσερμπέ, για να ξενυχτίσω, αλλά το βρήκα κλειστό - λόγω των βομβαρδισμών είχαν φύγει προς τα έξω. Εκεί κοντά ήτανε η Εκκλησία του Αγιάννη, όπου τελικά και κοιμήθηκα, κάτου στις πλάκες, και χωρίς κανένα σκέπασμα.

Το άλλο πρωί τυχαία στο δρόμο είδα ένα κοπάδι από αδέσποτα ζα - μάλλον ήταν του στρατού, και λόγω εγκατάλειψης η των βομβαρδισμών, είχαν σκορπιστεί δώ και κει. Κι αμέσως σκέφτηκα να πάρω δυό - τρία απ' αυτά και να τα πάω στο Λιόντι, να κρατήσει δε ένα η Αντριανή, και τ' άλλα να τα δώσω σε εκεί συγγενείς και φίλους. Λόγω της γενικής επίταξης που είχε προηγηθεί στα ζά, όλος ο κόσμος είχε μείνει ρέστος από πλευράς μέσων για καλλιέργεια - τότε δεν υπήρχαν ακόμα τρακτέρ - και γι' αυτό ένα ζό για καμάτι, ήταν θησαυρός τέτοιες ώρες.

Τα κυνήγησα λοιπόν προς την κατεύθυνση που ήθελα, αλλ' εν τω μεταξύ μού ξέφυγαν τα πιο πολλά. Τελικά συγκράτησα μόνο τρία, σκέφτηκα δε να τα πάω πρώτα στο χάνι της θειάς μου της Αγγελικώς - επειδή ήταν πιο κοντά - για να μπορέσω να τα πιάσω και να τα δέσω, και μετά να προχωρήσω προς το Λιόντι. Τρέχοντας λοιπόν εκείνα, και λαχανιάζοντας απόκοντα εγώ, φτάσαμε στο χάνι. Εκεί τα σκόνταψε κάποιος, και δεν ξέρω πως, μπήκανε σ' ένα αχούρι.

Στο χάνι ήταν και μερικοί στρατολάτες, και με ρωτάγανε που τα βρήκα, εγώ δε τους έλεγα ότι τα είχα αγοράσει από τους Εγγλέζους, και τους έδειχνα μάλιστα και κάτι Εγγλέζικα κιτάπια που έτυχε να έχω μαζί μου. Οπότε ξάφνου ένας μπάσταρδος νεαρός, χυμάει στ' αχούρι κι αρπάζει ένα άλογο, το καβαλάει, και γίνεται καπνός προς το Άργος! Εγώ τότε έβαλλα τις φωνές, και... φοβέριζα, κουνώντας απειλητικά τα δήθεν πιστοποιητικά αγοράς. Εν τω μεταξύ παρακινήθηκαν και κάποιοι άλλοι, και θα μου τα 'περναν και τα υπόλοιπα, αλλά τα γλύτωσα χάρις στην παρέμβαση του θείου μου του Παπαδόπουλου.

Τα διασωθέντα ήταν ένα ζηλευτό άλογο, κι ένα τραυματισμένο στα καπούλια, μουλάρι. Και κοντολογίς κατέληξα να πάω το μουλάρι στο Καπαρέλι, στο μπάρμπα μου τον Καραβάνη, το δε άλογο το πήγα στο Λιόντι, στην Αντριανή. Ήταν ένα θαυμάσιο άλογο, τ' ονομάσαμε Κούλη, ένιωθα δε πολύ ευτυχής γι' αυτή μου την προσφορά μου στην οικογένεια της Αντριανής. Το κλεμμένο άλογο - από φόβο ίσως - το ξανάφεραν στο θείο μου τον Παπαδόπουλο, κι ένιωθα και γι' αυτό μεγάλη ικανοποίηση, αλλά που δυστυχώς - από υπαιτιότητά μου - μετετράπη αργότερα σε φαρμάκι. Κοντολογίς, και τα τρία εκείνα ζά δεν είχαν καλό τέλος, αλλ' αυτό το θέμα δεν είναι του παρόντος.

Σύντομα βρέθηκα στο Ναύπλιο, όπου και είδα τον πρώτο Γερμανό. Ήταν οπλισμένος μ' αυτόματο - κάτι που εγώ έβλεπα για πρώτη φορά - φύλαγε δε σκοπός απ' έξω από το Δικαστικό Μέγαρο, όπου κρατιούνταν αιχμάλωτοι κάμποσοι Εγγλέζοι. Αξέχαστη μου μένει η παρακάτω σκηνή: μια κοπέλα πλησιάζει το γωνιακό παράθυρο του Μεγάρου, και χωρίς καθόλου να σταματήσει, αφήνει εκεί ένα μικρό δεματάκι - προφανώς με τρόφιμα. Αμέσως προβάλλει από μέσα κάποιος Εγγλέζος, οποίος και παίρνει το δεματάκι. Κι ο Γερμαναράς φρουρός συνέχιζε να περιπολεί - με το δάχτυλο στη σκανδάλη - κι έτσι κι έπαιρνε χαμπάρι την κίνηση της κοπέλας, θα τη γάζωνε στο άψε - σβήσε με τ' Αυτόματο...

Τέτοια περιστατικά, λογής-λογής συνδρομής από Έλληνες

προς Εγγλέζους κρατούμενους, γίνονταν πολλά και κάθε μέρα, σ' όλη τη διάρκεια της κατοχής, και δεν ήταν λίγοι εκείνοι που πλήρωσαν με τη ζωή τους, την τόλμη τους. Κι ύστερα μερικοί από μας μιλάνε για ηρωισμούς, και παίρνουν μετάλλια, και τα τέτοια...

Θυμάμαι ότι εκείνη την ημέρα διάβασα και μια - κακομεταφρασμένη - Γερμανική προκήρυξη, που καλούσε τούς Έλληνες - με ποινή θανάτου - να παραδώσουν ότι όπλα βρίσκονταν στα χέρια τους.

Κάπως αργότερα βρέθηκα στο Άργος, συνέπεσε δε να έχει φτάσει εκεί η Μεραρχία των Κρητών, και βάραγε διάλυση. Πουλιότανε - ανεπίσημα βέβαια - από τους στρατιώτες κάθε είδους υλικό - πλην όπλων - ως ακόμα και τα ζά της Μεραρχίας.

Μερικοί Κρητικοί δεν ξέρω γιατί, μείνανε στην Ηπειρωτική Ελλάδα. Ξέπεσαν και στη Νεμέα τέσσεροι - πέντε, ένας δε απ' αυτούς λεγόταν Τσουγκράκης Γιώργος. Ήταν Ελληνοαμερικανός, συνέπεσε δε με την κήρυξη του πολέμου να βρίσκεται στην Ελλάδα, κι έτσι τον έπιασε κι αυτόν το δόκανο. Τον γνώρισα μια μέρα στο εστιατόριο, και κοντολογίς τον περίθαλψα, υπολογίζοντας και στη συνδρομή του στο να μάθω εγγλέζικα.

Εν τω μεταξύ ο πληθωρισμός όλο και φούσκωνε, τα δε μαγαζιά αδειάζανε από εμπορεύματα, γιατί δεν υπήρχε δυνατότητα ανεφοδιασμού. Εμείς τελικά είχαμε απομείνει μόνο με λίγα βαρέλια λάδι, καθώς και μερικές κάσσες σαπούνι. Και σύντομα τα πουλήσαμε κι αυτά, από φόβο ενδεχόμενης αρπαγής από τους καταχτητές, ιδίως τους Ιταλούς. Συγκεκριμένα μια μέρα μπήκε στο μαγαζί μια ομάδα από δαύτους, και ζήτησαν και πήρανε κάτι πατάτες που είχαμε - τώρα πια πουλάγαμε ο, τι έπεφτε στα χέρια μας. Κι αντί 610 δραχμές που κάνανε οι πατάτες, μου δώσανε μόνο τις 10, λέγοντας μάλιστα και... "σε καλή μεριά ".

Κάποιο βράδυ, θυμάμαι ακόμα, ότι ένας γείτονάς μου

άρπαξε μια ολόκληρη κάσσα σαπούνι - που είχα αφήσει προχείρως στο πεζοδρόμιο - και το 'βαλλε στα πόδια, προς το απέναντι σοκάκι. Τον γνώρισα, αλλά ήταν χαμένος κόπος για τα παρακάτω. Και συνέχισα να του μιλάω, σαν να μην τον είχα σταμπάρει...

Εν τω μεταξύ είχαμε μαζέψει κάμποσα λεφτά, και δεν ξέραμε τι να τα κάνουμε, πώς να μπορέσουμε να τα επενδύσουμε κάπου, για να μην τα χάσουμε, εξ αιτίας του πληθωρισμού. Η όλη κατάσταση θυμάμαι, με είχε κάνει τόπι, από ψυχονευρική άποψη.

Κάποια μέρα λοιπόν άκουσα ότι οι τσοπάνηδες πάνου στη Τζίργια, πουλάνε όσο κι όσο τα μαλλιά, και τα τυροκομικά τους, από φόβο μήπως τους τα πάρουν οι Ιταλοί. Και χωρίς να το πολυσκεφτώ, πήγα στη Φλαμπουρίτσα της Τζίργιας-πεζός βέβαια, και πρός τ' απάνου και προς τα κάτου -κι έκλεισα αρκετά λεφτά σε τυριά και μαλλιά. Μεταξύ μάλιστα Ασπρόκαμπου και Καλιανιού έφαγα μια βροχή, που έβαλλα και στα μανίκια μου, που λέμε. Ευτυχώς που η γυναίκα κάποιου φίλου μου στο Καλιάνι μού δώσε ρούχα του αντρός της, κι άλλαξα, αλλιώς θ' άρπαζα πούντα. Για την ιστορία το λέω, ότι τα μαλλιά μας τα πήρανε οι Γερμανοί κατά τη λεηλασία του μαγαζιού το '44, τα δε τυριά, κακήν κακώς πήγανε κι εκείνα.

Ο Γιώργος ο Τσιουγκράκης δεν θυμάμαι πως, έμαθε ότι σε μια στάνη πέρα κατά την Τουρκόβρυση κρυβόντουσαν μερικοί Εγγλέζοι. Και μια και δυό πήγαμε ένα βράδυ και τους γνωρίσαμε. Ήταν πέντε θαρρώ, τρείς από την κυρίως Αγγλία, και δυό από την Αυστραλία, τον δε τσοπάνη που τους έκρυβε στο κονάκι του, τον λέγανε Μήτσιο Μπεκιάρη. Και τον οποίον δυστυχώς, αργότερα τον σφάξανε οι κομμουνιστές, κυρίως γιατί είχε περιθάλψει Εγγλέζους.

Πήγαμε με το Γιώργο και τους είδαμε μερικές φορές, κι αρκετά βοήθησα και εγώ για τη συντήρησή τους. Μετά τον πόλεμο μάλιστα οι Εγγλέζοι μου δώσανε και κάποιο σχετικό χαρτί, που νομίζω πως καθόλου δεν το άξιζα. Μετά τρίμηνο θαρρώ οι φίλοι μας χάθηκαν, αργότερα δε μάθαμε ότι είχαν διαφύγει για τη Μέση Ανατολή, με υποβρύχιο.

Η όλη κατάσταση τώρα στην Ελλάδα - ιδίως στα αστικά κέντρα - ήταν τόσο μαύρη κι άραχλη, και τόσο τραγική, κι εφιαλτική, όσο δεν περιγράφεται. Αγορά πια ήταν "Η ΜΑΥΡΗ ΑΓΟΡΑ", και με λιγοστές φωτεινές εξαιρέσεις, όλοι μας νοιαζόμασταν αποκλειστικά και μόνο για το τομάρι μας. Ο σώζων εαυτόν σωθήτω.

Με την επίταξη των ζώων για τον πόλεμο, η μισή σχεδόν γη είχε μείνει ακαλλιέργητη, οπότε ο κόσμος βρέθηκε λειψός από στάρι, δηλαδή από ψωμί. Και το κακό ολοκληρώθηκε με τη διαρπαγή από τους καταχτητές του μεγαλύτερου μέρους των αποθεμάτων τροφίμων της χώρας, ως και κάθε άλλου είδους λαϊκής κατανάλωσης.

Έτσι ο χειμώνας του 1941 - 1942, ήταν από πλευράς πείνας ο πιο χειρότερος, ο πιο δραματικός από τούς χειμώνες της κατοχής, ιδίως στα αστικά κέντρα. Κάθε μέρα τα κάρα της Δημαρχίας της Αθήνας, μαζεύανε πτώματα κι άλλα πτώματα, στους δρόμους, σωστά δε φαντάσματα είχαν καταντήσει οι πιο πολλοί άνθρωποι, από την πείνα, και την αγωνία. Προσθέστε τώρα και την άγρια τρομοκρατία που εξαπελύθη κατά του κόσμου, τις αθρόες και καθημερινές συλλήψεις και φυλακίσεις και εκτελέσεις, κι ακόμα τα όργια εγκλήματος από τις ξένες προπαγάνδες, καθώς και τις εμφύλιες πολιτικοκοινωνικές συγκρούσεις - συρράξεις θα έλεγα - κι έτσι έχετε μια κάποια ιδέα, μια κάποια εικόνα του τί συνέβαινε σ' ολόκληρη την περίοδο της κατοχής, στο δύσμοιρο τούτον τόπο...

Τα όσα τραγικά θα μας βρίσκανε, τα προέβλεψε με καταπληχτική ακρίβεια ο τότε Διοικητής της Τραπέζης της

Ελλάδος, ο Διομήδης, σε άρθρο του που δημοσιεύτηκε τις μέρες της εισβολής, στο "Ελεύθερο Βήμα". Κατ' αρχήν φυσικά αναφέρθηκε στις βαρβαρότητες και τις θηριωδίες των κατακτητών, που θα γίνονταν κατά τη διάρκεια της κατοχής της χώρας, συνεχίζοντας δε μίλησε και για τις όχι μικρότερες συμφορές που θα προκαλούσαμε εμείς οι ίδιοι στον τόπο. Και ειδικά γι' αυτή την περίπτωση, έλεγε:

"... και τώρα θα αναταραχτεί η κοινωνική μας θάλασσα, κι από το βυθό της θα αναδυθεί όλος ο βούρκος κι η βρωμιά, όλα τα σαπρόφυτα υδρόβια φαρμακερά ερπετά, για να δαγκώσουν και μολύνουν και κατακρεουργήσουν το κοινωνικό σώμα..."

Φοβερά προφητικά λόγια, που δυστυχώς βγήκαν πέρα για πέρα σωστά...

Απρίλης 1941

ΚΑΤΑΡΡΕΥΣΗ ΥΓΕΙΑΣ

Βρισκόμαστε θαρρώ στις αρχές του Δεκέμβρη του ' 41, οπότε κάποια μέρα τουμπέρνω κάτου με μεγάλο πυρετό, πολύ βήχα, και σωρηδόν πτύελα. Κοντολογίς βρέθηκα ξανά πολύ κοντά στον τάφο, με εισιτήριο αποδημίας τη φυματίωση.

Τα κύρια αίτια της συμφοράς μου είναι τα ακόλουθα τέσσερα:

• Πρώτον. Εξ αιτίας σοβαρών επαγγελματικών υποχρεώσεων - επιβίωσης πρέπει να πω - δεν συνέχισα μετά το 1936 να πηγαίνω στου Φαρμακά, για παραθερισμό. Πήγα το 1938 θαρρώ, αλλά ήμουν τόσο ανήσυχος, που αναγκάστηκα να γυρίσω πίσω σύντομα.

• Δεύτερον. Το βράσιμο που έπαθα το καλοκαίρι του '40 στο Άργος, που κυριολεχτικά με τσάκισε.

• Τρίτον. Οι κακουχίες της Αλβανικής εκστρατείας.

• Και τέταρτον ο ψυχονευρικός σάλαγος, το απερίγραπτο stress που αντιμετώπισα μετά την εισβολή, για να περισώσω μέρος από τα κεφάλαιά μας, που τα ροκάνιζε καθημερινά ο καλπάζων πληθωρισμός.

Είπαμε ότι Κοινωνική Πρόνοια (Ι.Κ.Α. δηλαδή) υπήρχε τότε μόνο για τους εργάτες, δημοσίους υπαλλήλους και στρατιωτικούς - κι ούτε και γι' αυτούς στο βαθμό πού έπρεπε. Υπήρχε κάποια πρόβλεψη και για τους ανασφάλιστους άπορους, αλλά τέτοιοι εθεωρούντο - άκουσον, άκουσον - όσοι είχαν εισόδημα μέχρι 300 δραχμές το μήνα, όχι παραπάνου. Αλλά εκτός τούτου, τέτοιες ώρες - ώρες χαλασμού - δεν υπήρχε τίποτα, και για κανέναν.

Κάλεσα το γιατρό, κι έρεψα στο δωμάτιο μόνος μου για

μερικές μέρες, σε πλήρη απόγνωση. Οπότε μια μέρα ήρθε και με πήρε στο σπίτι του ο θείος μου ο δάσκαλος ο Πιπέρης, και κοντολογίς σώθηκα. Δεν ήταν τόσο θέμα χρημάτων, αυτά δεν λείπανε, αλλά ήτανε κυρίως θέμα περιποίησης. Και η θεία μου - καλή της ώρα - με φρόντισε με το παραπάνω. Αργότερα έγιναν δυστυχώς και κάποιες παρεξηγήσεις, που πολύ με πίκραναν, αλλά διατηρώ αμείωτη την ευγνωμοσύνη μου στη θεία μου για τη συνδρομή της εκείνη, κατέβαλλα δε κατά καιρούς πολλές προσπάθειες για ν' ανταποδώσω την οφειλή μου - και την ανταπόδωσα με το παραπάνω.

Μερικά άλλα πρόσωπα που πολύ μου συμπαραστάθηκαν σ' εκείνη την τόσο κρίσιμη για μένα ώρα, ήταν ο γιατρός ο Τομαράς, ο φαρμακοποιός ο Δημητρίου, ο φίλος μου ο Γιώργος ο Τσουγκράκης, καθώς επίσης και ο γαλατάς ο Νίκος ο Κουρδούβελης - τους χρωστάω πολλά.

Εκτός από την περιποίηση, στο νέο μου περιβάλλον είχα την ευκαιρία να βελτιωθώ λιγάκι και από κοινωνική άποψη. Ο θείος είχε σχέσεις με πολύ και καλό κόσμο, μπλεκόμουνα δε πότε - πότε κι εγώ στη συζήτηση, κι έτσι έκανα καλό... φροντιστήριο σε ανέκδοτα, καλαμπούρια κ.λπ. Ξεχειμώνιασα λοιπόν εκεί, απαλλάχτηκα κι από τον πυρετό και το βήχα, και κοντολογίς στάθηκα πάλι στα πόδια μου.

Κάποια μέρα χάθηκε ο Κώστας, και δεν ξέραμε τι τού είχε συμβεί, και φυσικά ανησυχήσαμε. Τελικά ξαναφάνηκε μετά από κάμποσες μέρες, μας είπε δε ότι είχε αποπειραθεί μαζί με μερικούς άλλους να φύγουν με κάποιο πλοίο - κάπου από το Τολό της Αργολίδας - για τη Μέση Ανατολή, αλλά δεν τα κατάφεραν. Μετά την κατοχή αποκαλύφτηκε, ότι γι' αυτό το σκοπό είχε πουλήσει μισοτιμής και κάποιο πατρικό χωραφάκι, που είχε στο όνομά του. Δεν μπόρεσε δυστυχώς να φύγει, κι αυτό γιατί ο χάρος τον περίμενε αλλού - του είχε δώσει ραντεβού στην Κόρινθο, στο περιβόλι του Νέγρη, όπου και τον ντουφέκισαν, δυό χρόνια αργότερα...

Κατά μήνα Απρίλη του '42 νοίκιασα το σπίτι κάποιας γριά - Τσιαμπούκενας, κι έτσι έφυγα από τα Πιπερέικα - δε σήκωνε άλλο, αρχίσαμε να νοιώθουμε άσχημα κι οι δυό πλευρές. Ξέχασα να ειπώ ότι στην περίοδο της αρρώστιας μου με επεσκέφθη κάποια μέρα η Σοφία η Τουρκολιού, λίγο δε αργότερα και η Ουρανία του Δανόπουλου (κοινώς Πατάκα[17], και κατόπιν γυναίκα μου) που μάλιστα μού έκανε και μια εντριβή.

Το καινούργιο σπίτι ήταν πολύ ευρύχωρο, και προσηλιακό - ακριβώς δηλαδή η αντίθεση από τη χαμοκέλα του Φέγγη, που ως τότε μέναμε. Εγκατασταθήκαμε λοιπόν εκεί όλοι, και τώρα τα βολεύαμε καλύτερα. Το φθινόπωρο μάλιστα της ίδιας χρονιάς ήρθαν κοντά μας και η μητέρα του Γιώργου, κι η αδερφή του η Χριστίνα, κι έτσι από κάθε άποψη, η κατάστασή μας βελτιώθηκα ακόμα πιο πολύ.

Τώρα θ' αρχίσω να παρουσιάζω μερικές από τις ημερολογιακές μου σημειώσεις μεταξύ 1942 - 1947, τα δε μεταξύ τους - χρονολογικώς - κενά θα προσπαθήσω να τα καλύψω με ό, τι σχετικές θύμησες διατηρώ. Και για το διαχωρισμό των μεν από τις δε, θα χρησιμοποιώ αγκύλες [..]. Η παράθεση θα γίνει σχεδόν αυτούσια, όπως δηλαδή εκφραζόμουνα τότε. Πάμε.

---

[17] Το προσωνύμιο βγήκε επειδή του άρεσαν οι πατάτες

Αποσπάσματα από το Ημερολόγιο

15/5/42. Είμαι ευτυχής σήμερα, γιατί ξόφλησα τα χρέη μου προς τους εμπόρους, προς την Τράπεζα Αθηνών, καθώς και προς τους Μύλους της Αττικής, εις την συνδρομήν των οποίων - κυρίως - οφείλω την επαγγελματική μου ευδοκίμηση.

21/5/42   Μέσα στο Αστυνομικό Κατάστημα και μπροστά στον Αστυνόμο, χαστούκισα σήμερα τον Αντώνη τον Κουτσιούμπη, γιατί με εξαπάτησε και μου πούλησε ένα σακί ξεθυμασμένο τσιμέντο, και παρενέβη τη σχετική συμφωνία μας να μου γυρίσει τα χρήματα, λέγοντας ψέματα μπροστά σ' όλους τους μάρτυρες. Το αποτέλεσμα ήταν να κλειστώ στη φυλακή για λίγη ώρα, μετά δε να πάω αυτόφωρο, όπου και μου κοπάνισαν   930 δραχμές πρόστιμο. Ας σημειωθεί ότι το τσιμέντο προοριζότανε για τη νύφη μου και τα ορφανά ανίψια μου - αυτός ήταν ο κύριος λόγος της παραφοράς μου, καθώς και η πλαδαρή στάση του Αστυνόμου έναντι του φταίχτη, καθόλου δε δεν μετανιώνω γι' αυτή μου την πράξη.

Χθες - προχθές έγινε ένα αντιστασιακό επεισόδιο στη Στυμφαλία - το πρώτο ίσως εδώ γύρω. Κάποιος ονόματι Χανιάς πυροβόλησε σ' έναν ορεινό δρόμο μια Ιταλική περίπολο, και γι' αυτό έχουν γίνει πολλές συλλήψεις - το κρατητήριο της Νεμέας ήταν φίσκα από κόσμο, και σχεδόν όλοι μας στεκόμασταν όρθιοι.

23/5/42. Παρευρέθηκα στο ετήσιο μνημόσυνο του αείμνηστου εξαδέλφου μου Μιχαλάκη Πιπέρη, εξεφώνησα δε έναν αρκετά καλό λόγο. Το απόγευμα πήγα ως το Γυμνό, το δε βράδυ ξαναγύρισα στο Λιόντι.

24/5/42. Καβάλα στον αγαπημένο μου Κούλη, και με συντροφιά την Αντριανή, γύρισα στη Νεμέα. Η τραχιά δουλειά της αγροτιάς που διαπίστωσα κατά την ολιγοήμερη παραμονή μου στο χωριό, με κάνει να θεωρώ ευτυχή τον εαυτό μου, που βρίσκομαι σε επαγγελματική ενασχόληση πολύ λιγότερο κουραστική.

Μέσω του Δημήτρη του Θεοδώρου από το Πετρί, δέχτηκα πρόταση γάμου για την ανιψιά του Βάσιω Καπώλη, από το Κούτσι.

26/5/42. Ακόμα μια πρόταση γάμου: ο δικηγόρος ο Βαγγέλης ο Γιομπρές, μου πρότεινε να παντρευτώ την ανιψιά του Δέσπω Γιομπρέ.

Ασβέστη φλόγα μάθησης και προόδου μου πυρπολεί την ψυχή, και αν τα καταφέρω και στεργιώσω μιά καλή υγεία - ειρήσθω εν παρόδω ότι προ τινός πέρασα βαριά αρρώστια, (προσβολή φυματίωσης) - είμαι βέβαιος ότι θα χαρώ πολύ τη ζωή, και αν στο τέλος με ρωτούσαν αν θα 'θελα να ξαναζήσω, χωρίς δισταγμό θ' απαντούσα: ΝΑΙ.

29/5/42. Είμαι πολύ ευχαριστημένος που διέγνωσα τα αίτια που εργάζονται κατά της υγείας μου: Η έλλειψη ηρεμίας, καλών σκέψεων, συστηματικού ύπνου, υπερσιτισμού, ψυχαγωγίας κ.λπ. Και κατόπιν του εντοπισμού του κακού, ελπίζω να παρέξω στον εαυτό μου αυτά που μου λείπουν. Γι' αυτή πάλι την ακατάπαυστη κι ανόητη κίνηση, πώς να δικαιολογηθώ;

31/5/42. Το παζάρι που άλλοτε σαν σήμερα - κάθε Κυριακή δηλαδή - γέμιζε κόσμο, και μαζί γέμιζε και η δική μας ψυχή από περιεχόμενο, είναι νεκρό σήμερα.

Η από το μπαλκόνι του Χρήστου του Μητράκου σημερινή ομιλία του Αγίου Πρωτοσύγγελου, μου έκανε βαθιά εντύπωση, ξανά δε φλογίστηκε η ψυχή μου από την επιθυμία να γινόμουν κι εγώ ένας καλός ομιλητής, ένας καλός ρήτορας.

Ω θεά Υγεία, μη με εγκαταλείπεις... Μείνε κοντά μου, θρονιάσου μέσα μου, και υπόσχομαι κάτι να παρουσιάσω.

1/6/42. Σήμερα έγινε έναρξη των λαϊκών συσσιτίων από μέρους της Λαϊκής Εστίας Νεμέας, της οποίας τυγχάνω ταμίας. Άρχισε επίσης πάλι η παροχή ηλεκτρικού ρεύματος.

Είχα μια πλατειά συζήτηση μετά της Σοφίας Τουρκολιά σήμερα, περί των σχέσεων των δύο φύλων, μακαρίσαμε δε τους ευτυχείς Αμερικανούς, για την υπεροχή τους σ' αυτό το σημείο.

2/6/42. Η λογική υποχωρεί αργά ή γρήγορα μπροστά στην επιταγή της φύσης. Έτσι κι εγώ, μολονότι δυστυχία μονάχα πιστεύω πως μπορεί να φέρει η γυναίκα, εν τούτοις, λίγο κατ' ολίγο παρασύρομαι κοντά της, και πολύ φοβάμαι πως τελικά θα νικηθώ.

Χαίρομαι το φλερτ - μάλλον τη συνομιλία - μετά των γυναικών, ιδιαίτερα όταν εκτός της συναισθηματικής απόχρωσης, υπάρχει και πνευματικό περιεχόμενο.

6/6/42. Πολύ χάρηκα σήμερα καθώς βρέθηκα ανάμεσα σε μεγάλο κύκλο από κυρίες και δεσποινίδες, κι αυτό κυρίως γιατί έτσι αντιμάχομαι τη φοβερή συστολή, από την οποίαν πολύ υποφέρω. Μονάχα σαν νοιώσουμε ζεστή στο πρόσωπο και την ψυχή μας την ανάσα του όχλου, μονάχα τότε μπορούμε ν' αποχτήσουμε το θάρρος να εκφραζόμαστε ελεύθερα.

7/6/42. Γλυκιές ελπίδες, αόριστοι φόβοι, ονειροπολήματα, να η συγκομιδή μου τούτης της μέρας.

Τρίτη 9/6/42. Νοσταλγικά πλανιέται η σκέψη μου σ'

όμορφες, παλιές και πρόσφατες μέρες, κι αχόρταγα ρουφώντας της αγάπης τα μύρα, γυρίζει μεθυσμένη... Μακάρι, πάντα σαν τώρα να ζω στην αφαίρεση, στην παραίσθηση...

17/6/42. Εγώ κι ο Γιώργος στείλαμε το παρακάτω γράμμα στον ξάδερφό μας αξιωματικό Δημητράκη Πιπέρη, με την ευκαιρία που απόχτησε το πρώτο του παιδί:

Αγαπημένα μας εξαδέλφια, ευτυχισμένοι γονείς!
Στην ακύμαντη θάλασσα της ευτυχίας σας, που αθόρυβα πλέετε όλο και πιο βαθιά από σήμερα το μεσημέρι, με την απόκτηση παιδιού - και μάλιστα baby boy - ταξιδιάρικα πουλιά εμείς, που δε χτίσαμε ακόμα φωλιά, πλησιάζουμε απαλά την ολόχρυση βάρκα σας, και με μαγεμένες μουσικές νότες σας τραγουδάμε: Να σας ζήσει!

Μ' αγάπη
Σπύρος, Γιώργος

21/6/42. Στη σκέψη πως η σημερινή είναι η τελευταία μου μέρα στον καυτερό τον κάμπο, νοιώθω μεγάλη ψυχική ευφορία, και νομίζω πως ήδη βρίσκομαι ψηλά στα έλατα, κοντά στα κρουστάλλινα νερά και τα γλυκόλαλα τ' αηδόνια...

ΦΑΡΜΑΚΑΣ 1942

22/6/42. Σαν άνοιξε ο ήλιος τα μάτια του, με βρήκε πάνω από το χωριό Γυμνό, στο δρόμο για του Φαρμακά. Μπροστά πάνε τα ζα με τα μπαγάζια, και πίσω ακολουθούμε εγώ με τη νουνά μου και το γαμπρό της τον Κωστή. Στις επτά η ώρα είχαμε φτάσει στο διάσελο, όπου και δεχτήκαμε τα πρώτα φιλιά της εξοχής, σταλμένα με τ' αγέρι της αυγής.

Θυμωμένος γιατί του ξεφύγαμε, ο καυτερός καλοκαιριάτικος ήλιος δυναμώνει όλο και πιότερο τις φωτιές του καθώς ανεβαίνουμε, για να μας φτάσει και να μας τσουρουφλίσει, αλλά του κάκου γι' αυτόν. Τώρα η δροσερή ανάσα του δάσους σβήνει τις φωτιές του, και σχεδόν μπορούμε να παίζουμε μαζί του κοιτάζοντας τον πότε - πότε κατάματα, χωρίς φόβο, χωρίς πάθος ή ντροπή...

23/6/42. Ξύπνησα κατά τις 7, νοιώθοντας να με λούζει η δροσιά του δάσους, ενώ τα πουλιά τριγύρω με ξετρέλαιναν με το κελάηδημα τους. Ευχαριστώ το θεό γι' αυτό που νοιώθω, γιατί έτσι πάνω - κάτω τη φαντάζομαι την ευτυχία.

24/6/42. Της αγάπης η ανάμνηση μου χάιδευε τρυφερά σήμερα όλη μέρα την ψυχή, κι ως κι ο ύπνος μου ακόμα ήταν γεμάτος ερωτικά όνειρα...

25/6/42. Έστειλα το παρακάτω γράμμα στην Κούλα:
Αγαπητή Κούλα,
Βρίσκομαι εδώ από τη Δευτέρα το πρωί, κι όλα γύρω μου είναι τόσο όμορφα κι ωραία που νομίζω πως βρίσκομαι σ' όνειρο, και φοβάμαι μην ξυπνήσω!... Κοιμάμαι νωρίς το βράδυ, και νωρίς επίσης ξυπνάω την αυγή, μαζί με τ' αηδόνια. Ντύνομαι κάπως βαριά γιατί το πρωί κάνει πολύ κρύο δω πάνω, και σε λίγο χάνομαι στο δάσος, ανάμεσα σε πανύψηλα

θεριεμένα έλατα, και πυκνά, μυρωμένα κέδρα. Το σκάσιμο του ήλιου με βρίσκει ανεβασμένον πάνου στο Κάστρο, στην ψηλότερη κορφή πού 'ναι εδώ γύρω, και η χαρά που νοιώθω αυτήν την ώρα είναι πολύ μεγάλη, πολύ τρυφερή. Ηδονικά και λαίμαργα αγκαλιάζουν τα μάτια μου το πεντάμορφο θέαμα π' απλώνεται γύρω μου, από καιρό δε σε καιρό το βλέμμα μου καρφώνεται στον ήλιο μαγεμένο, στον ήλιο που οι αχτίνες του δεν φτάνουν δω πάνου σαν φωτιές, όπως στον κάμπο, μα σαν απαλά ερωτικά χάδια, σα μεθυστικός ρεμβασμός...

26/6/42. Ξανανέβηκα στο Κάστρο σήμερα, και ξαναμέθυσα από την ομορφιά της θέας που προσφέρεται από κει, προς κάθε κατεύθυνση.

28/6/42. Ξύπνησα από τα βαθιά χαράματα, που λένε, πλανεμένος δε από τη φεγγαρόλουστη νύχτα και τη δροσιά, σηκώθηκα και περιπλανήθηκα στο δάσος. Κι ήταν πολύ όμορφο το θέαμα που έζησα κατά το φώτημα, όταν το μεν φεγγάρι λιπόθυμο από τη μεγάλη του πορεία, κατρακύλησε και χάθηκε κατά τη Τζήρια, κροκάτος δε κι αστραφτερός, πρόβαλλε από το Μεγαλοβούνι ο ζωοδότης ήλιος.

29/6/42. Για φανταστείτε, την ώρα που κάτου στον κάμπο λιώνει το σίδερο από τη ζέστη, που λέμε, σεις εδώ στο βουνό να πίνετε γάργαρο, κρουστάλλινο νερό, να λούζεστε ως το κόκκαλο από τη δροσιά τους δάσους, και να ξυπνάτε από τη μαγεύτρα μουσική των πουλιών, που ξετρελαμένα από τη χαρά τους κελαηδούν αδιάκοπα ολόγυρά σας...

1/7/42. Η βροχή απόκανε, κι ο παλαβός ο Αίολος λογικεύτηκε κάπως. Ο ήλιος απόχτησε πάλι την κυριαρχία του στον αιθέρα, κι όλα γύρω πήραν πάλι τη χαρούμενη όψη τους.

3/7/42. Από σήμερα η ζωή μου εδώ στην εξοχή αλλάζει, γιατί κοντά μου βρίσκονται για παραθερισμό το ζεύγος Τσερμπέ, μετά της κόρης τους Μένης.

4/7/42. Πολύ χάρηκα τους δίσκους γραμμοφώνου του Τσερμπέ, ιδιαίτερα δε μου άρεσαν τα τραγούδια "Αγωνία" και "Φεριζά". Ω θεέ μου! Σε ποιους αφάνταστα όμορφους και μαγικούς κόσμους μεταφέρει το θείο τούτο δώρο που λέγεται μουσική...

5/7/42. Τρελός βοριάς το πρωί, ραγδαία βροχή το απόγευμα, που σημαίνει ότι σήμερα ζήσαμε υπό περιορισμόν στη σκηνή.

Φλογερή είναι η επιθυμία μου να ξενιτευτώ, γι' άλλη γη που λέμε, γι' άλλα μέρη, και συγκεκριμένα για την Αμερική. Αλλά αν πάλι δεν τα καταφέρω, τότε λογαριάζω να αλλάξω επάγγελμα, και σαν τέτοιο θαρρώ πως το του βιβλιοχαρτοπώλη και τυπογράφου, ταιριάζει καλύτερα στο χαραχτήρα μου.

6/7/42. Το γεγονός ότι δεν είχα σήμερα γράμμα από την Κούλα, που τόσο πολύ το περίμενα, καθώς και εξ αιτίας μερικών άλλων αφορμών, ήμουνα όλη την ημέρα μελαγχολικός. Απολογούμενος για την προτίμησή μου στην Κούλα, θαρρώ πως κυρίως οφείλεται στη όψη της, πλέον δε στη γοητευτική της φωνή, στην καλή της υγεία, καθώς επίσης και στη ζηλευτή ενεργητικότητά της.

7/7/42. Στην παρέα μας προστέθηκαν σήμερα ο Νίκος ο Ρουμελιώτης και η αδερφή του Αθανασία, από τη Νεμέα, καθώς και η οικογένεια Κακάκη, από το Άργος.

Μελαγχολία με παιδεύει αυτές τις μέρες, πράγμα που δεν μου επιτρέπει να χαίρομαι τις ομορφιές που με περιτριγυρίζουν. Ο πόθος μου να ταξιδέψω ανά την υφήλιο, και ευρύτερα να γνωρίσω τον κόσμο και τη ζωή, πολύ, πάρα πολύ μ' απασχολούν τελευταία.

24/7/42. Μούρλια το φεγγάρι, η δε ασημόσκονη που απλόχερα σκορπιέται από τις αχτίνες του στη γη, μεταμορφώνει σ' όνειρο και παραμύθι, ο, τι στο διάβα της αγγίζει... Ελάχιστα κοιμήθηκα απόψε, εξ αιτίας από κάποιο γράμμα που πήρα από το Γιώργο, που μιλάει για την επιτυχία που είχαμε στην έγκαιρη αγορά του ρετσινιού, πράγμα που μου φούντωσε τη λαχτάρα για κέρδη, για επιτυχία.

26/7/42. Είναι βράδυ. Τ' ολόγιομο φεγγάρι βρίσκεται καταμεσής στον ουρανό, και τ' ασήμια του, όμοια με χρυσόσκονη σκορπιούνται σπάταλα στη γη. Ησυχία, ο αέρας μόλις κρυφανασαίνει ανάμεσα στα κλαδιά, τα δε κουδουνίσματα από τα γιδοπρόβατα που βόσκουν στις γύρω πλαγιές, χαϊδεύουν απαλά τ' αυτιά μου, και με σέρνουν στο ρεμβασμό, στο ρεμβασμό και την ανάμνηση και τη νοσταλγία των παιδικών μου χρόνων, των χρόνων που έζησα στη στάνη...
Πέρασε η ώρα. Όλα γύρω μέθυσαν απ' τα φιλιά της φεγγαρόλουστης νύχτας, και χωρίς όρους παραδόθηκαν ηδονικά στον ύπνο, παραδόθηκαν στ' όνειρο... Τα νερά της βρύσης ξεκαρδίστηκαν απ' τα πολλά τα γέλια. Τούτην την ώρα γίνεται το θάμα του δάσους: κοπάδια - κοπάδια ξεπροβάλλουν απ' τις ρεματιές οι νεράιδες, και με ξέπλεκα τα ολόχρυσα, μακριά μαλλιά τους, στήνουν το χορό στη Μεγάλη Λάκκα. Άντε τώρα, αν μπορείς να τις βλέπεις και να μην τρελαθείς...

4/8/44. Για πρώτη φορά φέτος, ανέβηκα σήμερα στην Αβεζιά, για τσάι. Η Αβεζιά ως γνωστό είναι το πιο ψηλό σημείο του βουνού εδώ γύρω, κυριολεχτικά δε μαγεύτηκα από την απεριόριστη και πανέμορφη θέα που προσφέρεται από κει.

Απλώς να ζει κανείς, δεν είναι αρκετό. Επιβάλλεται παράλληλα και να απολαμβάνουμε τη ζωή, κι αυτό δεν γίνεται χωρίς καλή υγεία.

16/8/42. Μετά δίμηνη απουσία απολαμβάνω και πάλι τη ζωή της Νεμέας. Και πολύ χαίρομαι για τη θερμή υποδοχή που μου κάνουν όλοι οι γνωστοί μου, θαρρώ δε πως τούτο δείχνει ότι διαθέτω κάτι το αξιόλογο, κάτι που έλκει. Κι αυτό μου στεργιώνει περισσότερο την πεποίθηση πως αν αναχτήσω πλήρως την υγεία μου, λαμπρό μέλλον πρέπει τότε να διαγράφεται μπροστά μου.

20/8/42. Στίχοι του Γιάννη Ρίτσου, από το ποίημά του "Γράμματα από το Μέτωπο":
Μάνα, μια παπαρούνα σήμερα είδα / έξω από τ' αμπρί και μ' άγγιξε η ελπίδα.
Σαν το πουλί που πάει κλαδί - κλαδί / παίρνω κι εγώ στρατί το μονοπάτι,
στης μνήμης ακουμπώντας το ραβδί / ν' αράξω στο χωριό ψυχή και μάτι.
Άσβεστη δίψα για την απόχτηση υγείας και μόρφωσης με βασανίζει, και πολύ μακαρίζω και ζηλεύω όλους εκείνους που χαίρονται τα ασύγκριτα τούτα αγαθά.

11/10/42. Πενήντα τόσες μέρες κύλησαν χωρίς να γράψω ούτε μια λέξη σε τούτο το χαρτί, ολότελα απορροφημένος από τις επαγγελματικές μου κυρίως ευθύνες, αλλά κι από αμέλεια πρέπει να πω. Τι τα θέλετε, μεγάλο κακό η καθολική αλλοτρίωση μας από τις σκοτούρες της συντήρησης, γιατί έτσι χάνουμε κάθε επαφή, τόσο με τον εαυτό μας όσο και με το θεό.

[Κατά παράκληση του δάσκαλου του Γεωργίου, δέχτηκα το πόστο του Ταμία της Λαϊκής Εστίας της Νεμέας. Και από κείνη την περίοδο, θυμάμαι δυο χαρακτηριστικά συμβάντα.

Το πρώτο ήταν που αντιτάχτηκα σφόδρα τόσο στο χαρακτηρισμό ορισμένων ως απόρων - ενώ δεν ήταν - όσο και στη χορήγηση αμοιβής - σε αλεύρι γινόταν τότε - στα μέλη της Επιτροπής. Δυστυχώς τελικά συμβιβάστηκα, αλλά θυμάμαι ότι η στάση μου έκανε αίσθηση - κάποιος είπε:

— Φέρε μου τέτοιους, ντε...

Το δεύτερο ήταν μερικά ορθογραφικά και συνταχτικά λάθη που έκανα σε κάποιο κείμενο της Εστίας, το οποίο και τοιχοκολλήθηκε στο καφενείο. Επρόκειτο κατ' ουσίαν περί συγκρούσεως αντιμαχομένων κύκλων, στην οποίαν δεν ξέρω πώς, ενεπλάκην κι εγώ. Κάποιος λοιπόν της άλλης παράταξης - ευφυώς πράττων - πήγε και τσέκαρε το κείμενό μου, και μού έβαλε...καλώς 5 . Μου στοίχισε το χουνέρι, γιατί ήτανε πολλοί εκείνοι που ξέρανε το "δράστη". Επί πλέον απείλησαν ότι θα καταφύγουν στον εισαγγελέα, γιατί καθώς φαίνεται τους τα 'ψελνα άσχημα.]

27/3/43. Η σημερινή διόρθωση του κειμένου της Εστίας, στο καφενείο, και η δυνατή εντύπωση που δημιουργήθηκε μέσα μου, μ' ανάγκασαν, μετά από πολύμηνη διακοπή, να ξαναθυμηθώ το ημερολόγιό μου. Και χαράζω τούτες τις γραμμές για ν' αποθανατίσω το συμβάν, γιατί η ανάμνηση της πίκρας που μου προκάλεσε, προβλέπω ότι πολύ θα με βοηθήσει να μάθω καλή σύνταξη και ορθογραφία.

8/3/43. Τι τα θέλετε, το πάν είναι η κατάταξη - είχε πολύ δίκιο εκείνος που το έγραψε. Χάρις στη σωστή στάση που κράτησα στη χθεσινή σοβαρή ατυχία μου, η λύπη μου έχει ήδη εξατμιστεί. Πολύ πεθύμησα ένα καλό κουστούμι ρούχα κ.λπ. , και θα κάνω το παν για να τ' αποχτήσω.

29/3/43. Το μανιφέστο που έγραψα, της Εστίας, ως και

μερικά άλλα γραψίματα μου, αποκαλύπτουν ότι διαθέτω μια εξαιρετικά πλούσια φαντασία, η οποία καλλιεργούμενη εγκαίρως, σίγουρα θα μ' ανέβαζε αρκετές σκάλες πιο πάνω από εδώ που είμαι. Ίσως είναι κάπως αργά, αλλά και δεν αποκλείεται να είναι ακόμα καιρός, γι' αυτό και θα επιμείνω.

31/3/43. Βρίσκομαι στην Κόρινθο, σε κάποιο πάρκο της οποίας πολύ χαίρομαι τη σημερινή ζηλευτή λιακάδα.   Στα έγκατα της ψυχής μου, ξανά νοιώθω να ζουζουλάει ο παλιός μου πόθος να φύγω για την Αμερική - θα τα καταφέρω, τάχα;...

1/4/43. Φούντωσε γύρω μας η Άνοιξη, και μακάρι να γίνει κάτι τέτοιο και μέσα μας...
Διαβάζω "Το αηδόνι και το τριαντάφυλλο", του Οσκαρ Wilde, το οποίο και πολύ μ' αρέσει.

2/4/43. Ο αγώνας μου για την αποκατάσταση της υγείας μου φαίνεται ότι στέφεται υπό επιτυχίας. Νοιώθω αρκετά καλά, κι ελπίζω ότι σύντομα θα γευτώ την αίσθηση της απολύτου υγείας, χωρίς την οποία δεν μπορεί κανείς να ειπεί ότι ζει, πολύ λιγότερο ότι ευτυχεί.
"Ανάγκη και συμφέρον, θα βρείτε στο βάθος κάθε θυσίας μας". ΝΙΤΣΕ

12/4/43.   Είμαι πολύ μελαγχολικός, και με δέρνει άγρια νευρικότητα. Για αιτία της κακοδαιμονίας μου αυτής, διακρίνω την έλλειψη συγκεκριμένης, σωστής κατεύθυνσης, καθώς και την έλλειψη γυναίκας. Μα τι θέλω τέλος πάντων κι εγώ, να βρω στη ζωή ;

[Από καιρό τώρα ο Γιώργος έχει εγκατασταθεί στην Αθήνα, αλλά δεν είμαι καθόλου ευχαριστημένος από τον από μέρους του χειρισμό των εκεί υποθέσεών μας. Πιο πολύ κι από μένα στενοχωριέται ο Κώστας, αλλά τον καθησυχάζω λέγοντάς του ότι ευθύς ως σημάνουν οι καμπάνες της πολυπόθητης ειρήνης, θα διαλύσουμε τη συνεργασία μας με το Λιάπη, , και θα κάνουμε δική μας δουλειά. Αλλά δυστυχώς, λογαριάζαμε χωρίς την κακουργία μερικών Νεμεατών...]

29/5/43. Αλλεπάλληλα εμπορικά λάθη του συνεταίρου μου, διαπραχθέντα ομαδικά τις τελευταίες μέρες, και που προκάλεσαν ζημιά πάνω από 4.000.000 δραχμές, με κλόνισαν τόσο, που μολονότι κινητοποίησα όλη μου τη στωικότητα, εξακολουθώ να σφαδάζω ψυχικά.

Περνάω μια από τις πιο κρίσιμες φάσεις της ζωής μου, τόσο στον οικονομικό, όσο και στον κοινωνικό τομέα, καθώς και στον της υγείας μου. Δοκιμάζομαι άσχημα, αλλά αισιοδοξώ ότι θα νικήσω, κι αυτό γιατί εκτός από τα όπλα μου άμυνας και επίθεσης, διαθέτω και δυνατή θέληση.

14/7/43. Μια ολόκληρη βδομάδα πέρασε από την ημέρα που φτάσαμε δω πάνω - εγώ, η θεία μου η παπαδιά, η Χριστίνα, η Μαρικούλα της Ντίνας καθώς και Βασιλική του θείου μου του δάσκαλου. Πολλά βέβαια μπορούσαν να γραφούν σ' όλες αυτές τις μέρες, αλλά μου έλλειψε κάθε διάθεση να ζευγαρώσω τη σκέψη με το μολύβι.

Έχω σχεδόν τα πάντα στη διάθεσή μου, αλλά παρά ταύτα, από έλλειψη σωστής φιλοσοφικής στάσης έναντι της ζωής, νοιώθω δυστυχής. Ας ελπίσω ότι χάρις στην αλλαγή, στον καθαρό αέρα και γενικά χάρις στην ευλογία του δάσους, θα πετύχω να ρίξω κάπως το θερμόμετρο του ψυχικού μου πυρετού, ώστε να νοιώθω καλύτερα.

15/7/43. Μας τάραξαν τα κουνούπια, κυρίως γιατί δεν μας αφήνουν να κοιμηθούμε. Νωρίς το πρωί ο ουρανός γέμισε σύννεφα, κι ο βοριάς άρχισε να παλεύει με τα έλατα, σημάδι πως έρχεται βροχή. Σε λίγο λέμε θα χαλάσει ο κόσμος, τα νερά θα κάνουν ποτάμια, που θα τρέξουν γρήγορα στη θάλασσα για να την... ξεδιψάσουν, αλλά βροχή δεν ήρθε. Φαίνεται πως... βούλωσε το καταβρεχτήρι τ' ουρανού, ωστόσο το δάσος παρέμεινε σκυθρωπό και λυπημένο, όλη την ημέρα.

Καλή λοιπόν διατροφή, πολύς ύπνος, αξιόλογη ανάπαυση και πολλές ευχάριστες σκέψεις και παραστάσεις, να τι μου χρειάζεται για ν' αναπλαστώ, κι ελπίζω κάτι να κάνω.

Πολλές αφορμές και παρατηρήσεις - παλιές και πρόσφατες - με πείθουν πως μόνο ένας γερός φιλοσοφικός εξοπλισμός μπορεί να μας προστατέψει από τις κάθε είδους καταδρομές της ζωής και της τύχης, κι έτσι να νοιώσουμε και να χαρούμε κάποιες - αχνές έστω - αναλαμπές ευτυχίας. Αποπειραθήκαμε να ψυχαγωγηθούμε λίγο, κάτου στη Λάκκα - όπου μαζευτήκαμε όλοι της παρέας - αλλά μας διέλυσε ο βοριάς.

Μούρλια το φεγγάρι, κι αν δεν νύσταζα τόσο πολύ, θα ξενύχταγα μαζί του.

16/7/43. Ξύπνησα αργά, και με προαισθήματα ψυχικής τρικυμίας, θα έλεγα. Και πραγματικά, η απόβαση στη Σικελία - που επίσημα ανακοινώθηκε - με όλες της τις επιπτώσεις στην οικονομική μου κατάσταση, μου χάλασαν το κέφι. Έπειτα δεν ξέρω γιατί, νοιώθω άσχημα και κατά των Ντρολάδων, και σχεδόν τα τράκαρα μαζί τους. Βέβαια και εδώ είναι θέμα κατάταξης, και δεν λογαριάζω να χάσω τον έλεγχο, να υποκύψω δηλαδή στη νευρικότητα που με βασανίζει.

Για εμπορικούς λόγους, αλλά και για ν' αλλάξω λίγο - έστω και προς το χειρότερο - αποφάσισα να κατέβω στη Νεμέα αύριο. Απέραντος καθρέφτης ο Αργολικός κόλπος τη νύχτα, κάτου από το φως του φεγγαριού, και δε χορταίνει κανείς να τον αγναντεύει...

19/7/43. Μετά το βράσιμο και το τσουλούφρισμα που

μούκανε δυο - τρεις μέρες η Νεμέα, όλα εδώ στη δροσιά του βουνού τα βρίσκω χαρισάμενα, και βαθιά εχτιμάω την καλή τύχη που έχω που μπορώ και παραθερίζω.

Παρέλειψα να σημειώσω πως μαζί μας παραθερίζει και η Σοφία η Τουρκολιού, με το γιό της, σήμερα δε ήρθε και η αδερφή της, δίδα Τασία Δανοπούλου.

22/7/43. Θαυμάσια φαίνεται ο κάμπος, καθώς και μερικά χωριά της Νεμέας, από τη Βίγλα - πέρα κατά τα Ντρολέικα - όπου βρέθηκα σήμερα.

Υποβλητικές εικόνες συναντάει κανείς εδώ κι εκεί μέσα στο δάσος: Εδώ ένας πελώριος έλατος, ολότελα ξεριζωμένος, κι αναποδογυρισμένος από το βοριά. Εκεί κάποιος άλλος επίσης, κεραυνωμένος σύγκορμος από τ' αστροπελέκι. Και πάρα πέρα μια σειρά από άλλα ξεριζωμένα δέντρα, που παίζοντας μαζί τους οι αέρηδες, τ' ανακάτεψαν και τα σώριασαν κάτου σ' έναν παράξενον, τερατόμορφον όγκο...

26/7/43. Σπάνια θυμάμαι να στενοχωρήθηκα τόσο πολύ όσο σήμερα, κι αυτό από γράμμα του συνεταίρου μου Λιάπη, που μου αναγγέλει τον ολοκληρωτικόν ενταφιασμό των ως σήμερα σκληρών κόπων και μόχθων μας, με βασικούς νεκροθάφτες εκείνον και το Δημητρόπουλο. Φέρνομαι σκαιότατα προς όλους, τόσο που κι εγώ ο ίδιος δεν αναγνωρίζω τον εαυτό μου. Κι ο θεός να με φυλάει από κάτι τέτοιους παροξυσμούς, γιατί ο αντιχτυπός τους στην υγεία μου είναι τρομερός.

28/7/43. Μαθαίνω πως οι Ιταλοί κάνουν τρομοκρατία στη Νεμέα, γι' αυτό και αποφάσισα να μείνω, ενώ όλοι οι άλλοι - εκτός της Βασιλικής - ετοιμάζονται να φύγουν.

29/7/43. Έφυγαν η θεία μου, καθώς κι η Χριστίνα με τη Μαρικούλα, κι έτσι ανακουφίστηκα κάπως, γιατί είχαμε μαζευτεί πολλοί.   Η στάση της θείας μου στις σχέσεις μου με το Γιώργο πολύ με στενοχώρησε, αλλά μου 'δωσε κι ένα πολύτιμο μάθημα:

Να μην στηρίζομαι σε κανέναν, παρά μόνον στον εαυτό μου. Έρχεται βλέπεις ώρα που και λεπτότητες και φαινομενικώς ανώτερα αισθήματα σωριάζονται κάτου σε άμορφο σωρό ερειπίων, και γυμνός κι απροκάλυπτος προβάλλει τότε ο εαυτός μας. Αυτό ακριβώς συνέβη μέσα μου, αυτή δηλαδή τη μεταστροφή ζω τούτες τις μέρες έναντι του συνεταίρου μου, εξ αιτίας της οικονομικής καταστροφής που προκάλεσε στη δουλειά μας, η αδεξιότητα και η ανεπάρκειά του.

Ευλογημένο δάσος, πόσα πολλά σου χρωστάω για την τόσο πολύτιμη συνδρομή σου στην αποκατάσταση της υγείας μου...

12/8/43 Υγεία, Μόρφωση, Χρήμα. Αυτά είναι εκείνα που κυρίως λαχταράω σ' αυτόν τον κόσμο, και θαρρώ πως θα τα καταχτήσω.

Θέλησα να θυμηθώ, και ξαναθυμήθηκα... Θυμήθηκα δηλαδή το δεσμό που προσπάθησα να συνάψω με την Κούλα, αλλά απότυχα, κι αυτό είναι φυσικό να με στενοχωρεί. Και πολύ θα χαιρόμουνα αν γινόταν κάτι το θετικό προς την κατεύθυνση αυτή.

Προσπαθώ να στήσω αναχώματα, στην επιδρομή της πλημμύρας από μαύρες σκέψεις για τη ζωή και το μέλλον μου, που μου προκάλεσε η πρόσφατη οικονομική καταστροφή. Κι αυτό θα περάσει - λέω - κι οπωσδήποτε θάρθουν καλύτερες μέρες, αρκεί να ξανάβρω την υγειά μου, και επίσης να γλυτώσουμε από το χαμό που ολόγυρα μας φοβερίζει.

23/8/43. Αντίο λοιπόν Φαρμακά, και με το καλό ν' ανταμώσουμε του χρόνου, κι ως τότε, και πάντα, θα σ' έχω βαθιά στην καρδιά μου.

Κατεβήκαμε λοιπόν στη Νεμέα, κι από σήμερα τα πάντα αλλάζουν στη ζωή μου. Ήρθε η ώρα να ζευτώ πάλι στον αγώνα της βιοπάλης, και μάλιστα για καλά. Ναι, πρέπει να δουλέψω πολύ σκληρά, για να μπορέσω να ξαναφέρω τα πράγματα σε κάποια ισορροπία.

Ακόμα μια φορά λαχτάρησα να μάθω Εγγλέζικα, γιατί τη γλώσσα αυτή τη θεωρώ αφ' ενός πολύτιμο σύμμαχο στο εμπόριο, αλλά επίσης και πηγή μεγάλης ηθικής ικανοποίησης, γενικά στη ζωή.

Χθες, καθώς γύριζα με τη σούστα των Πιπεραίων από το Λιόντι στη Νεμέα, αναθυμήθηκα τη συγκλονιστική εντύπωση που μού 'κανε η μικρή αυτή πολιτεία, όταν την πρωτοείδα από μακριά - το 1926 - εντύπωση που πολύ αμφιβάλλω αν θα μου κάνουν το Παρίσι ή η Νέα Υόρκη, όταν κάποτε - όπως ελπίζω - τις επισκεφθώ.

[Υπενθυμίζω ότι τα μεταξύ αγκυλών και κάποιας χρονολογίας κείμενα που ακολουθούν, γράφτηκαν αργότερα, και, φυσικά, περικλείουν και μεταγενέστερα περιστατικά.

Κάποια λοιπόν μέρα το καλοκαίρι του '43 με επισκέφτηκαν στο Φαρμακά ο Βασίλης ο Παπαπάνος, και δυό αξιωματικοί του πυροβολικού, υπό τας διαταγάς των οποίων είχα υπηρετήσει στην Αλβανία: ο Αποστολόπουλος κι ο Στεργιόπουλος. Κοντολογίς ο Αποστολόπουλος μου εξήγησε ότι σκοπός τους ήταν ο σχηματισμός αντάρτικου, για την καταπολέμηση των εισβολέων. Επίσης κατεφέρθη σφόδρα κατά του Ε.Α.Μ, γιατί, όπως είπε, αυτοί καπηλεύονταν τον πόθο του κοσμάκη για λευτεριά. Την ιερή δηλαδή φωτιά και λαχτάρα του λαού για λευτεριά και ανεξαρτησία, τη χρησιμοποιούσαν αποκλειστικά και μόνο για την από μέρους τους κατάκτηση της εξουσίας, και τίποτ' άλλο. Το διώξιμο του εχθρού από τον τόπο μας, ήταν το τελευταίο πράγμα που τους απασχολούσε. Και δυστυχώς, τα πράγματα απέδειξαν ότι έλεγε όλη την αλήθεια.

Πράγματι οι εν λόγω αξιωματικοί και μερικοί άλλοι εγκαταστάθηκαν αργότερα στο Φαρμακά, επί κεφαλής δε είχαν μια δόξα της Αλβανικής εκστρατείας, το Βαζαίο. Αλλά λίγο αργότερα, τους χτύπησαν και τους διέλυσαν οι Ελασίτες, πιάσανε δε αιχμάλωτο το Βαζαίο, και ο οποίος στη συνέχεια υπηρέτησε στον ΕΛΑΣ.]

ΣΚΛΑΒΙΑΣ ΤΟ ΑΝΑΓΝΩΣΜΑ

25/8/43. Η Αλεξάντρα Μασέλ (Ρώσος ο πατέρας της) ανέλαβε σήμερα υπηρετριούλα στο σπίτι μας, κι έτσι ελπίζω να' αποφύγω - προς το παρόν έστω - το σκόπελο Γάμος, δηλαδή σύζυγος - οικοκυρά.

Ο οικονομικός απολογισμός μου καταδεικνύει σαφέστατα την ολοκληρωτική χρεοκοπία μου. Για ν' αποφύγω το όνειδος, αλλά και την ένδεια, κι ακόμα περισσότερο για ν' ανταποκριθώ στην ευθύνη προς τον εαυτό μου και το μέλλον μου, είμαι υποχρεωμένος ν' αντιστρέψω τον κατηφορικόν ρουν των πραγμάτων και να βαδίσω προς τα εμπρός. Θα το επιτύχω; - Αφεύκτως ΝΑΙ.

26/8/43. Παρατηρώ μια κάποια δυσκολία στην λειτουργία της αναπνοής μου, που θαρρώ ότι οφείλεται στην υπερευαισθησία μου. Τα δε άμεσα μέτρα που παίρνω για τη θεραπεία του κακού, είναι ν' αποφεύγω κατά το δυνατόν τις έντονες συγκινήσεις, και επίσης να κάνω κάθε πρωί μερικές αναπνευστικές ασκήσεις.

Η παρτίδα το κριθάρι που πήρα σήμερα από το Μανώλη, είναι η πρώτη σοβαρή και πετυχεμένη εμπορική πράξη μου, στη μάχη της αναδημιουργίας, αναθαρρώ δε ότι θα πάω καλά.

27/8/43. Η σημερινή μεσολάβησή μου ως διερμηνέως στο Γυμνάσιο, μεταξύ του προέδρου της Κοινότητος και των Γερμανών, μου τόνισε για μια ακόμα φορά την ανάγκη να μάθω καλά Εγγλέζικα. Και προφητικά σημειώνω εδώ, πως η γλώσσα αυτή θα αποβεί για μένα σοβαρός συντελεστής προόδου και ευημερίας.

29/8/43. Το πρώτο μεταφαρμακιώτικο παζάρι που αντιμετώπισα σήμερα - λαμβανομένης υπ' όψιν της γύμνιας που τώρα "στολίζει" το μαγαζί - πρέπει να ειπώ πως δεν ήταν κι άσχημο. Αντίθετα, αποκάλυψε ότι ο κόσμος συνεχίζει να μας εμπιστεύεται, και να μας προτιμάει στις συναλλαγές του, τούτο δε μ' άλλα λόγια σημαίνει ότι ο θεμέλιος λίθος της ανασυγκρότησης, βρίσκεται ήδη κατατεθειμένος.

30/8/43. Συνεχίζω να περιπλανιέμαι στα ομορφοστόλιστα πάρκα της θεωρίας σχετικά με την αντιμετώπιση της άθλιας οικονομικής καταστάσεώς μου, χωρίς να τα καταφέρω ακόμα να καταλήξω κάπου. Αλλά τι περίεργο πράγμα!... Έρχονται στιγμές που καταλαβαίνω, και πιστεύω, πως η περίοδος που διανύω τώρα, μολονότι τόσο μίζερη και ασταθής, μου παρέχει ένα αρκετά καλό τρόπο και αίσθημα ζωής, ώστε πολύ να αμφιβάλλω αν μεθαύριο - σαν δηλαδή αποχτήσω αφθονότερα υλικά μέσα - θα κάνω και καλύτερη ζωή. Γενικά, έχει τόσο παράξενη νοοτροπία ο άνθρωπος, ώστε όλα μπορεί κανείς, να τα περιμένει από δαύτον...

1/9/43. Κινήθηκα πιο ενεργητικά σήμερα στο εμπόριο, σύντομα δε θα γνωρίζω τα σχετικά αποτελέσματα. Οποιαδήποτε πάντως κι αν είναι η ενδιάμεση έκβαση, αισιοδοξώ για την κατάληξη, και θα επιμείνω μέχρις εσχάτων... Χαίρομαι την ελεύθερη ζωή μου, και πολύ θα δίσταζα να ζευτώ στο ζυγό του γάμου, ακόμα κι αν βρισκόμουνα προ μοναδικής ευκαιρίας. Πολύ χαίρομαι το φθινοπωρινό καιρό, και μακάρι να κρατήσει ως τα Χριστούγεννα, γιατί ομολογώ πως το χειμώνα καθόλου δεν τον συμπαθώ.

2/9/43. Σήμερα - μετά το γυρισμό μου από το Φαρμακά -

δοκίμασα την πρώτη σοβαρή επίθεση νευρικότητας πάνω στη δουλειά μου, και φυσικά το αποτέλεσμα κάθε άλλο παρά ευχάριστο ήταν. Το βασικότερο ως γνωστόν όπλο προάσπισης της υγείας μου είναι η ΗΡΕΜΙΑ - και των φρονίμων ολίγα... Παραπαίω από αντίφαση σε αντίφαση σχετικά με την παντρειά μου: τη μια μέρα την ξορκίζω, και την άλλη νοιώθω ακριβώς αντίθετα. Όπως σήμερα, που λαχταράω να βρω κάποιον ταιριαστό σύντροφο, και να παντρευτώ ει δυνατόν αμέσως. Η δουλειά στρώνει λίγο - λίγο, μόνο που από έλλειψη καλής οργάνωσης κουράζομαι πολύ.

6/9/43. Κατά τα μεσάνυχτα ξύπνησα από το θόρυβο της βροχής. Πρωτοβρόχια... Οι δυό εποχές - φθινόπωρο και χειμώνας - κήρυξαν πόλεμο μεταξύ τους, ήδη δε ανταλλάσσουν τα πρώτα πυρά. Σίγουρα θα νικηθεί το Φθινόπωρο, και γι' αυτό θα πρέπει να ασχοληθώ επειγόντως με τον... επικήδειό του.

9/9/43. Πρωί, ώρα 7:15 βγαίνοντας από το σπίτι μου και προχωρώντας προς την αγορά, πληροφορούμαι από την Καλτεζού ότι φεύγουν οι Ιταλοί κ.λπ. Σε λίγο η είδηση επιβεβαιώνεται, ότι πράγματι η Ιταλία συνθηκολόγησε, και ότι τάχα οι Γερμανοί φεύγουν από την Ελλάδα. Όλος ο κόσμος κατέχεται από βαθιά συγκίνηση, η καρδιά μας χτυπάει παράφορα κι ακανόνιστα, καθώς μακριά στον ορίζοντα φαίνεται να προβάλλει αχνά το όραμα της λευτεριάς και της ειρήνης.

10/9/43. Το όνειρο της ειρήνης παίρνει σιγά - σιγά σάρκα κι οστά, και γίνεται αλήθεια, - ήδη έχουμε την αίσθηση ότι οι αιθέρες μας μεταφέρουν τον άγιο χαιρετισμό της...

11/9/43. Βρίσκομαι στην πατρίδα της Λαΐδας, συγκρίνοντας δε τον πυρετώδη ρυθμό εμπορικής κίνησης που βλέπω εδώ, με τη νεκραμάρα που επικρατεί στη Νεμέα, μελαγχολώ. Και αναστατώνομαι από τη λαχτάρα να σαλπάρω για κάπου πολύ μακριά, για μια μεγάλη και βουερή πολιτεία, άγνωστος μεταξύ αγνώστων, και όπου, ολότελα αψηφώντας κόπους και κινδύνους, να σχιστώ στα τέσσερα για ν' ανέβω, ν' αναδημιουργηθώ. Κάτι τέτοιο είμαι βέβαιος ότι θα με ξεθύμαινε από τον τυχωδιωχτισμό που με κατακαίει, το ανερμάτιστο και την αβεβαιότητα που με κατατυραννούν. Κι όταν πια έχω ντύσει με σάρκα και οστά τα όνειρά μου, να γυρίσω κατά το γέρμα της ζωής μου πίσω σε κάποια γωνιά της Ελληνικής γης, όπου και να τελευτήσω. Είδατε όνειρα που κάνω;...

16/9/43. Σιγά - σιγά και χωρίς να το καλοκαταλαβαίνω απορροφιέμαι από τη δίνη της δουλειάς. Τουλάχιστον τώρα - αντίθετα από τις προηγούμενες φορές - διατηρώ κάποια τάξη στο μηχανισμό της δουλειάς, τρέφομαι καλύτερα, κοιμάμαι όσο πρέπει, κι έτσι περιορίζω σημαντικά τη σχετική φθορά. Και δίχως άλλο θα διαβώ το Ρουβικώνα, στην απέναντι όχθη του οποίου με περιμένουν η εξυγίανση, η εμπορική επιτυχία, η ολοκλήρωση της εκμάθησης της Αγγλικής γλώσσας, ευρύτερη μόρφωση και κοινωνική προσαρμογή, κι ίσως το πιο σπουδαίο απ' όλα, η σωστή αντίληψη για το νόημα της ζωής.

18/9/43. Πάντοτε το Σάββατο ήταν ημέρα της προσμονής και των ελπίδων, πολύ περισσότερο τώρα στην πολεμική περίοδο, αφού είναι σχεδόν η μόνη μέρα που καταφέρνουμε να πάρουμε επαφή με τον έξω κόσμο. Ταχτικός "ταχυδρόμος" μας είναι κάποιο φορτηγό αυτοκίνητο, που μάλιστα το βαφτίσαμε "Κουρτουλούς" - είναι το όνομα κάποιου Τούρκικου φορτηγού πλοίου, που φέρνει πότε - πότε στον Πειραιά, εφόδια του Ερυθρού Σταυρού.

Έτσι, καθώς φτάνει το "Κουρτουλούς", μαζεύεται πολύς κόσμος γύρω του, σα να πρόκειται για συλλαλητήριο. Αρκετοί ρωτάνε αν έχουν κανένα γράμμα ή τίποτ' άλλο, όλοι μας δε νοιαζόμαστε να μάθουμε τι νέα έχουμε από την Αθήνα. Τόσο λοιπόν η αναχώρηση όσο και η άφιξη του "Κουρτουλούς", είναι τώρα κύριο γεγονός, για τη Νεμέα.

20/9/43. Κουράζομαι πολύ, κι επίσης έχω και κρυώσει, γι' αυτό και νοιώθω άσχημα. Δέχομαι επίθεση από την Κούλα για ξεκαθάρισμα των σχέσεών μας. Δυστυχώς η απάντησή μου θα είναι αρνητική, για τον απλό λόγο ότι δεν ταιριάζουμε. Ως τόσο δεν θα 'θελα ν' αφήσω πικρία ή μίσος στην ψυχή αυτής της γυναίκας, γιατί χάρις στη χαρούμενη συναναστροφή της, έζησα κοντά της πολλές ευχάριστες ώρες. Κάποτε αποπειράθηκα και να τη φιλήσω, αλλά μ' απόφυγε λέγοντας : "αυτό βγάλτο από το νου σου, γυναίκα με δοκιμή δεν πρόκειται να πάρεις..." Δίχως άλλο πρόκειται περί ηθικού στοιχείου, αλλά δυστυχώς, αυτό μόνο του δεν αρκεί στο γάμο.

8/10/43. Ο ουρανός εφοδιάστηκε με άφθονα μπλάβα κρέπια, και το φθινόπωρο κυριαρχεί παντού. Τις νύχτες βρέχει κάπου - κάπου, ενώ την ημέρα παίζουν κρυφτούλι ο ήλιος με τα σύννεφα. Μ' αρέσει πολύ το καλοκαίρι, τούτο μάλιστα το φετινό, ήταν ίσως από τα καλύτερα της ζωής μου. Εν τούτοις δεν μένω αδιάφορος και προς τις άλλες εποχές του χρόνου, κι αυτό θαρρώ οφείλεται στην πάντα έντονη και πάντα αξεδίψαστη λαχτάρα μας για ποικιλία, για αλλαγή... Ο νόμος της αναπαραγωγής και της διαιώνισης ζητάει επιτακτικά την εφαρμογή του. Οφείλω να ενδώσω, αν δεν θέλω να αποξενωθώ της καλώς εννοούμενης ζωής.

Περνάω δύσκολες μέρες από οικονομικής απόψεως (εννοώ τις δουλειές μου), κι αυτό το πράγμα οπωσδήποτε με καταβάλλει. Βρίσκομαι σε μια διαρκή ψυχονευρική υπερένταση, κι ως κι ο ύπνος μου ακόμα είναι διαταραγμένος.

9/10/43. Σήμερα φεύγουν από 'δώ (από τη Νεμέα) οι Γερμανοί, και νοιώθουμε μέσα μας κάποια υπόνοια λευτεριάς, αλλά και δεν την πολύ - πιστεύουμε - τη λευτεριά -γιατί δεν είμαστε βέβαιοι ότι ο εχθρός φεύγει οριστικά, κι απ' όλη την Ελλάδα. Έπειτα, με την αποχώρηση του καταχτητή θα ξεσπάσουν μεταξύ μας τέτοιες κοινωνικές συγκρούσεις, και τόσο σφοδρός εμφύλιος σπαραγμός, που την καθιστούν σχεδόν ανεπιθύμητη, τη λευτεριά.   Προβλέπω ότι πρόκειται σίγουρα να συγκρουστώ με τους του Ε. Α. Μ. , κι εδώ θα φανεί η ποιοτική μου κατάσταση.

10/10/43. Κατά το μεσημέρι μας φύγανε οι Γερμανοί, τα δε "παιδιά" (εννοώ τους αντάρτες του Ε.Λ.Α.Σ.) βρίσκονται εν αναπτύξει στα προάστια της Νεμέας.

Ανακούφιση - τουλάχιστον - δοκιμάζουμε τώρα κατά τις βραδινές ώρες, τόσο λόγω της ησυχίας που επικρατεί στους δρόμους, όσο και γιατί σταμάτησε ο περιορισμός στο φωτισμό.

11/10/43. Κωμικοτραγικές σκηνές ζήσαμε σήμερα το πρωί. Με την ανατολή τού ήλιου άρχισαν να χτυπάνε χαρμόσυνα οι καμπάνες, για την υποδοχή των ανταρτών, και πάνου στην ώρα που πάνω - κάτω πλησίαζαν ν' αρχίσουν τη... θριαμβευτική τους είσοδο στην πόλη, νάσου ένα Γερμανικό αυτοκίνητο!...- το τί έγινε δε λέγεται!.. Τρεχάλες, πανικός, και τρομάρα!!!

12/10/43. Το πιο χαρακτηριστικό για μένα γεγονός σήμερα ήταν η βραχεία, αλλά αρκετά ζουμερή αγόρευσή μου εις την Τράπεζα Αθηνών, με ακροατήριο τους εμπόρους Νεμέας, καθώς και τους εκπροσώπους του Ε.Α.Μ. Γαστινιώτη και Σιδέρη. Είμαι πολύ ικανοποιημένος από τον εαυτό μου, διαπιστώνω δε ότι το στοιχείο "Γράμματα" - με όλα του τα παρελκόμενα - αντιπροσωπεύει σεβαστό ποσοστό της όλης μας ανάπτυξης, της προσωπικότητάς μας, γενικά.

13 - 24/10/43. Ταξίδια, ανησυχίες, υπερένταση. Σαν ξεφύγει κανείς από τη σειρά του, μπερδεύεται άσχημα, και δεν μπορεί ν' ανταποκριθεί ούτε και στις πιο στοιχειώδεις υποχρεώσεις του έναντι της ίδια του της ζωής.

Κάπως αργά το βράδυ κυκλοφόρησε μια διάδοση πως έρχονται οι Γερμανοί, για να ενεργήσουν κι εδώ συλλήψεις ομήρων. Πανικοβληθέντες, οι πιο πολλοί άρπαξαν από ένα σκέπασμα και το 'βαλλαν στα πόδια. Μερικοί κατέφυγαν σε ακραία σπίτια, συγγενών ή φίλων, άλλοι τρύπωσαν στις γύρω ρεματιές, ή σε καλύβες στα χτήματα, άλλοι ζήτησαν καταφύγιο σε μαντριά, και κάποιοι φτάσανε ως τα γύρω χωριά. Ευτυχώς επρόκειτο απλώς περί φήμης.

25/10/43. Η θέα της επιστροφής σήμερα το πρωί όσων δραπέτευσαν χθες βράδυ, ήταν κωμικοτραγική. Μερικοί κρατούσαν από μια λιοπάνα στον ώμο, κάποιοι ένα παλιό παλτό, μερικοί γύριζαν καβάλα σε υποζύγια, αλλά οι πιο πολλοί επέστρεφαν πεζή, κρατώντας μάλιστα και κάποιο ξύλο στο χέρι. Και δεν ήταν λίγοι εκείνοι που βήχανε, γιατί είχαν πουντιάσει. Εγώ αψήφησα τις φήμες κι έμεινα σπίτι, κοιμήθηκα δε θαυμάσια ως το πρωί.

27/10/43. Οργιάζουν στο έπακρο οι φήμες για συλλήψεις, και λόγο του φόβου είμαστε από τα χαράματα στο πόδι, αναζητώντας να κρυφτούμε κάπου, πιο έξω από την πόλη - μερικοί μάλιστα παίρνουν τα μάτια τους για τα βουνά... Όλοι μας - εξ αιτίας των Γερμανών - ζούμε μέσα σε βαριά ατμόσφαιρα, ατμόσφαιρα συνεχούς ανησυχίας, τρομάρας, νευρασθένειας και απόγνωσης.

1/11/43. Υποδέχομαι με όχι και τόσο καλές συνθήκες τον καινούργιο μήνα, αλλ' ως τόσο διατηρώ την ελπίδα ότι μέσα στις γεμάτες αυτοσυγκέντρωση, μελαγχολία και ρομαντισμό στροφές του, θα πραγματοποιήσω ευρύτατα άλματα προόδου και ανελίξεως.   Πέρασα μια πολύ ανήσυχη νύχτα, ύστερα από μια ακόμα διαπίστωση, ότι - εξαιρουμένου του Κώστα - στερούμαι ικανών συνεργατών.   Εν προκειμένω, παίρνω αφορμή από το γεγονός ότι πλάι στις πολλαπλές άλλες "κανονιές" του, ο Λιάπης μου πρόσθεσε και νεότερη, ύψους 4.000.000 δραχμών - που ισοδυναμούν με 1.000 οκάδες σταφίδα.   Δεν ξέρω αν θα γιατρευτώ σύντομα από την καινούργια τούτη οικονομική πληγή, οπωσδήποτε όμως φοβάμαι ότι θα θυμάμαι για καιρό το πολύ πικρό τούτο συναίσθημα που με διακατέχει σήμερα.

3/11/43. Διαφωνήσαμε ριζικά, και κατά πάσαν πιθανότητα θα χωρίσουμε. Αλλά μολονότι θα απαλλαγώ από τα καταθλιπτικά έξοδα και βάρη αυτού του ανθρώπου, κι οπωσδήποτε θα κερδίσω πολύ περισσότερα χρήματα, μόνος μου, εντούτοις λυπάμαι βαθύτατα για το χωρισμό. Κι ο κύριος λόγος της λύπης μου είναι η αποτυχία των προσπαθειών μου να τον "στρώσω" αυτόν τον άνθρωπο, να τον φέρω σε φόρμα σωστής συνεργασίας, να τον αξιοποιήσω, οπότε το καλό - από κάθε άποψη - θα ήταν πολύ μεγάλο και για τους δυο μας - δεν θα ευδοκιμούσαμε, απλώς, οικονομικά, αλλά θα μεγαλουργούσαμε.

Παρακολούθησα στο τοπικό θέατρο το έργο "Μια Γυναίκα του Δρόμου", πολύ δε χάρηκα το παίξιμο των ηθοποιών - ήσαν όλοι τους υπέροχοι.

6/1/44. Μετά από κάμποσο καιρό ξαναπήρα σήμερα στα χέρια μου τούτο το κιτάπι, ευχαριστήθηκα δε πολύ απ' όσα διάβασα, σχετικά με τα περασμένα μου. Και γι' αυτό θα προσπαθήσω από εδώ και πέρα να καταχωρώ πιο συχνά τα όσα μου συμβαίνουν, ώστε και στο μέλλον να δοκιμάζω την ίδια χαρά, οσάκις θα ανατρέχω στα παλιά.

Δεν είμαι πλούσιος, αλλ' ούτε και στερούμαι τα στοιχειώδη. Επίσης έχω καλύτερη τώρα υγεία - από κάθε άλλη φορά - πλέον δε, θαρρώ ότι σημειώνω ικανοποιητική πρόοδο στην όλη μου ανάπτυξη. Και θα προσθέσω ότι έχω βαθιά συναίσθηση της όλης αυτής καλής κατάστασής μου, κι ίσως γι' αυτό πότε - πότε, νοιώθω σχεδόν ευτυχής.

Είναι ένα από κείνα τα θλιμμένα κι ατέλειωτα βράδια του Γενάρη, που σαν βρέχει, και φυσάει, κι είναι και σκοτάδι όπως απόψε, θαρρεί κανείς πως ζει την τεσσαρακοστή ημέρα του κατακλυσμού.

Συνεπεία των Γερμανικών μέτρων περιορισμού της κυκλοφορίας, βρίσκομαι από νωρίς κλεισμένος στο σπίτι, τη δε μοναξιά μου διακόπτουν πότε - πότε τα χάχανα της Αλεξάνδρας και του Κώστα. Δεν πέρασα κι άσχημα σήμερα.

7/1/44. Κατηφορίζει τ' απόγευμα, και σε λίγο καταφθάνει η νύχτα, μ' όλη της τη θλιβερή ακολουθία. Κάνει πολύ κρύο, γιατί το χιόνι "θάρρεψε" και κατέβηκε πολύ χαμηλά, σχεδόν στους πρόποδες των γύρω βουνών, κι ίσως απόψε να "καταλάβει" και τη Νεμέα.

Κάθομαι αναγκαστικά μέσα, τόσο λόγω του κρύου, όσο και γιατί το μαγαζί είναι κλειστό, λόγω τ' Αηγιαννιού. Για λόγους οικονομίας το τζάκι μας παραμένει σβηστό. Κι έτσι δεν τριζοβολάν τα ξύλα στη φωτιά, ούτε ψένουμε κάστανα, ούτε κάποια γιαγιά γερμένη στην αγκωνή, λέει συγκινητικές ιστορίες στα εγγονάκια της, όπως λένε ότι συνηθίζεται τέτοιες μέρες...

Διαφορετικά βλέπετε τώρα, περνάμε εμείς τα χειμωνιάτικα βραδιά μας: Εγώ γράφω - σας βάζω μάρτυρες γι' αυτό -η Αλεξάνδρα διαβάζει κάποιο βιβλίο, κι ο Κώστας διαβάζει... την Αλεξάνδρα.

Καημό τώχω για το φτωχό μου σθένος, οργανικό και πνευματικό. Που κουράζομαι εύκολα, που με "πιάνει" η δουλειά, δηλαδή, που λέμε. Κι επί πλέον έχω και μεγάλη ευαισθησία στο κρύο. Αλλιώς ο χειμώνας προσφέρει πολλές, και από κάθε άποψη ασύγκριτες χαρές. Γι' αυτό και τώρα βρίσκομαι εδώ φυλακισμένος. Αλλιώς, φορτωμένος κάποιο σακίδιο κι ένα ντουφέκι στον ώμο, και κρατώντας ένα ραβδί στο χέρι, θα γύριζα βουνά και λαγκάδια. Θα δρασκέλαγα θολά βουερά ποτάμια, θα χωνόμουνα στις πυκνές συννεφιές, θα σκαρφάλωνα σε χιονοσκέπαστες βουνοκορφές, και θα έκανα όργια με τα χιόνια - αλλά και με το υγρό στοιχείο... Κοντολογίς θα παραβίαζα κάθε στοιχειοφύλαχτη γωνιά στα βουνά και στα δάση, και θα χαιρόμουνα τις αναρίθμητες, συγκλονιστικές συγκινήσεις που απλόχερα προσφέρει τούτη η εποχή - που ουσιαστικά προσφέρει η κάθε εποχή.

8/1/44. Τρικούβερτο γλέντι κάναμε χτές βράδυ στο Τομαρέικο, όλη η παλιοπαρέα: Μπριλέικο, Μελιγαλαίικο, Πολυδωρέικο, η Χριστίνα και φυσικά κι, ο φίλο μας ο Δημητράκης ο Γλατζίνας, με το φυσερό του - το ακορντεόν δηλαδή. Ναι, ήταν ακόμα κι η Χριστίνα, καθώς κι ο "χαμηλομάτης" ο Γιώργος ο Τζουράς. Του δώσαμε λοιπόν και κατάλαβε στο χορό, στο τραγούδι, και στο καλαμπούρι. Γι' αυτό και σήμερα νοιώθω ξεβιδωμένος, κι η απόδοσή μου γκρεμίστηκε στο μηδέν.

9/1/44. Για επιστέγασμα της όλης ατονίας μου, ήρθε σήμερα σ' αντάμωσή μου και η αναστάτωση της αγοράς. Τρομερά με επηρεάζουν οι μεταπτώσεις, κι αν δεν θέλω να βρίσκομαι κάθε τόσο πάλι στο άλφα της ανασυγκρότησης της υγείας μου - και της εμπορικής μου ανάπτυξης - πρέπει να εξοπλιστώ με αδιαπέραστο θώρακα ηρεμίας και στωικότητας.

Επί τέλους κατάφερα ν' αρχίσω το διάβασμα των "Αθλίων", ένα βιβλίο που πολύ με συγκινεί.

11/1/44. Βομβαρδισμός!... Ό,τι χειρότερο μπορεί να λάχει σ' έναν κατοικημένο, και χωρίς καταφύγια τόπο. Η δύσμοιρη Νεμέα την πλήρωσε και σήμερα, αφού σε πάνω από 17 νεκρούς και τραυματίες ανέρχονται τα θύματα.

Κατά τη μία η ώρα ακούστηκε μεγάλος βόμβος από αεροπλάνα, σε λίγα δε λεπτά έπεσαν δέσμες από βόμβες, και αδικοσκότωσαν τον κοσμάκη.

15/1/44. Πάνω από 150.000.000 δραχμές, είναι η καινούργια ζημιά που προκάλεσε - με την ατζαμοσύνη του - στην επιχείρησή μας ο κ. Λιάπης, ποσό δηλαδή πού θα αποτελούσε μια αξιόλογη βάση για τη μεταπολεμική μας εξόρμηση. Αλήθεια, πού θα το βγάλει αυτή η ιστορία;...

16/1/44. Καινούργιοι εξωφρενικοί υψωμοί, κι αλίμονο από κείνον που κρατάει χρήματα - όπως έτυχε να συμβαίνει με μας, τώρα. Αλλά δεν εννοώ να πολύ - στενοχωρηθώ, απάνου του, κι ό, τι γίνει, ας γίνει. Το θέμα της παντρειάς συνεχίζει να με γαργαλάει, και καθώς φαίνεται δεν θ' αντέξω για πολύ ακόμα.

17/1/44. Χιονίζει από χτες, αλλά ο θεός να το κάνει χιόνι, τούτο το πράγμα. Σε τίποτα δεν μοιάζει με την τραγουδημένη ασπράδα, την απαλότητα, και το ρομαντισμό του χιονιού άλλων εποχών. Έπειτα με τάραξαν κι αυτές οι βρωμοχιονίστρες, που να τις πάρει ο διάβολος, και να τις σηκώσει. Συνεχίζω το διάβασμα των Αθλίων του Ουγκώ, κείμενο που ιδιαίτερα μ' αρέσει.

21/1/44. Μεγάλη σημασία δίνω στην ψυχολογία, και θα ήμουν πολύ ευτυχής, αν μπορούσα να σπουδάσω αυτή την επιστήμη. Ιδιαίτερα στο εμπόριο, η βαθιά γνώση της ψυχολογίας, μπορεί να χαρίσει πλούτη κι άλλα πλούτη. Να και μια εμπορική παροιμία: Ο πραματευτής, πρέπει να 'ναι κουτσός.

23/1/44. Η Ευλυγισία και το χιούμορ, είναι η καλύτερη σύσταση για όλους μας.

Καταγίνομαι στο σχεδιασμό της μεταπολεμικής επαγγελματικής δράσης μου, και πολλά θα εξαρτηθούν σχετικά, από τις αποφάσεις που θα πάρω αυτή την εβδομάδα.

6/2/44. Στον διενεργηθέντα σήμερα έρανο για τους βομβόπληκτους και λοιπούς δυστυχείς του τόπου μας, αντί του ενός εκατομμυρίου που μου είχαν καταλογίσει, έδωσα τα διπλά. Κι ο λόγος που το λέω είναι όχι για να παινευτώ, αλλά για να κατηγορηθώ. Γιατί τη φώναξα την προσφορά μου, κάτι που φανερώνει ότι δεν έχω ακόμα λυτρωθεί εξ ολοκλήρου από τη ματαιοδοξία, την επίδειξη, τον υπολογισμό. Νοιώθω άσχημα για το λάθος μου αυτό, πάντως, είναι καλό σημάδι...

13/2/44. Καβάλα στον Κούλη και υπό βροχήν, γύρισα σήμερα από το Λιόντι, όπου είχα πάει για να παραβρεθώ στην κηδεία του Γέρο - Πιπέρη - πέθανε στις 11/2/44, ώρα 9 και 40. Έβγαλα και επικήδειο, ο οποίος και εντυπωσίασε το εκκλησίασμα.

"Άνθρωπο" ζητάω, και "άνθρωπο" δεν βρίσκω. Όσο για τον γνωστόν - δηλαδή την Κούλα - θαρρώ πως σύντομα θα βλεπόμαστε σαν ξένοι.

Εξελίσσομαι αρκετά καλά από πλευράς υγείας, και αυτοσυγχαίρομαι, γιατί η βελτίωση αυτή είναι καρπός αποκλειστικά προσωπικών προσπαθειών. Τα αυτά ισχύουν και για τη νευρικότητα, που δεν με πολυπαιδεύει τελευταία, ενισχυμένη δε επίσης παρουσιάζεται και η αυτοκυριαρχία μου. Το πιο βασικό σκαλοπάτι για προκοπή και ευτυχία στη ζωή, είναι δίχως άλλο ο ρ υ θ μ ό ς , είναι η τ ά ξ η , είναι η ο ρ γ ά ν ω σ η. Χωρίς τα κύρια αυτά στοιχεία, δεν υπάρχει παρά χάος,

Βαβυλωνία, αποτυχία και δυστυχία - ναι, έτσι είναι. Γιατί τι καλό μπορεί να περιμένει κανείς από την τσαπατσουλιά, τη σπασμωδικότητα, την προχειρότητα;

16/2/44. Η ανασύνταξη εξελίσσεται ικανοποιητικά, και εκτός απροόπτου ελπίζω σε λίγο καιρό να έχω σχηματίσει κάποιο αξιόλογο κεφάλαιο, με τη βοήθεια του οποίου - όπως λέει κι ο Συγγρός - μπορεί κανείς να καταχτήσει την επιτυχία. Αλλ' ας μην προτρέχω, γιατί με την ξέφρενη ρευστότητα των ημερών μας, τίποτα δεν αποκλείει το αναποδογύρισμα, που μάλιστα μπορεί να συμβεί από τη μια στιγμή στην άλλη.

Σήμερα φιλοξένησα στο σπίτι κάποιο Γερμανό, από το Αμβούργο, μού έκανε δε ιδιαίτερη εντύπωση η ευγένειά του. Διάολος να πάρει τον πόλεμο, που μας καταντάει όλους μας κτήνη.

Θαρρώ πως αν ήμουνα ανακριτής, θα διέπρεπα - νομίζω πως έχω αξιόλογη ικανότητα να διερευνώ μια κατάσταση, και να αποσπώ πληροφορίες.

19/2/44. Βρέχει, όλο βρέχει, βρέχει μέρα και νύχτα... Η ταλαίπωρη η σκέψη, μην μπορώντας να υποφέρει το απαίσιο παρόν - τη φρίκη δηλαδή του πολέμου - όλο και δραπετεύει προς το χθες, για να βρει καταφύγιο, αλλά δυστυχώς, καταφύγιο δεν υπάρχει, δεν υπάρχει πλοίο για μας, δεν υπάρχει οδός, που λέει και κάποιος ποιητής...

Είμαι αρκετά δυνατός στη δουλειά μου, κι αυτό το διαπιστώνω σχεδόν κάθε μέρα. Δώσ' μου ειρήνη, και να ιδείς τι έχω να κάνω.

Αρχίζει να με ενδιαφέρει η δεσποινίς Μαρίκα Αγουρογιάννη, και σύντομα θα ασχοληθώ με την περίπτωσή της.

20/2/44. Απόψε είχαμε πάρτι στα Γιαννακέικα,

αστειευόμενος δε με την Ειρήνη - που είναι στ' αλήθεια μπουκιά και συχώριο - της λέω: Ειρήνη είσαι εσύ κοπέλα μου, ή πόλεμος;... Στο γλεντάκι παρευρέθηκε και η Ουρανία του Δανόπουλου, μετά της οποίας και χόρεψα, για πρώτη φορά, θαρρώ δε μάλιστα πως την ξενύχιασα...

Φύγανε πάλι οι Γερμανοί, αλλά τίποτα δεν αποκλείει τον εκ νέου ερχομό τους.

Είμαι πολύ ευχαριστημένος από τη συμπεριφορά μου προς την υπηρετριούλα μας, και είμαι πλέον η βέβαιος ότι θα ήμουν ένας πραγματικός gentleman αν είχα κι εγώ στην παιδική μου ηλικία παρόμοια μεταχείριση.

Συνεχίζω να υποφέρω από τρακ, σαν βρίσκομαι μέσα σε μορφωμένο - ιδίως - κόσμο. Και να σκέπτεται κανείς ότι διαθέτω τέτοια έλξη, ετοιμολογία, καλοσύνη και πολιτισμό - παρά την αγραμματοσύνη μου - που αν τα είχε κάποιος άλλος, προικισμένος και με λίγο παραπάνω θάρρος, κυριολεχτικά θα διέπρεπε.

Λυπάμαι από καρδιά όλους όσους αρραβωνιάζονται, αλλά δυστυχώς δεν πρόκειται να έχω καλύτερη τύχη. Αν τουλάχιστον βρω καλό σύντροφο, χαλάλι του, αλλά πολύ φοβάμαι ότι θα ψωνίσω από σβέρκο, που λέμε.

24/2/44. Η σημερινή υπερέντασή μου, μου θύμισε το "Τρικυμία εν κρανίω", του Ουγκώ.

25/2/44. Το βιολί της πνευματικής υπερέντασης συνεχίζεται, αλλά και του υπερσιτισμού παράλληλα, και του καλού ύπνου ως και σχετικής ψυχαγωγίας, που ως γνωστό είναι μοναδικό αντίδοτα, σ' αυτή την περίπτωση - μοιάζουν με τους επανατάκτες των κανονιών, που μετά από κάθε βολή, ξαναφέρνουν το σωλήνα του πυροβόλου στη σωστή του θέση.

Πολύ χάρηκα σήμερα το βράδυ τη συντροφιά της Κούλας, αλλά νομίζω ότι θα πρέπει να ταχτοποιηθώ μαζί της.

Παρ' όλες τις σκοτούρες και τον πολύ μόχθο, θαρρώ ότι ζω αρκετά καλά, κι ίσως σε κάποιο απώτερο μέλλον να γυρίζω νοσταλγικά σε τούτη την περίοδο της ζωής μου. Αν μάλιστα ήμουν και ερωτευμένος, τότε σχεδόν θα ευτυχούσα.

26/2/44. Παρευρέθηκα στους γάμους του Πάνου του Καρκούλα, στο Γαλατά, όπου και πέρασα θαυμάσια. Ναι, οπωσδήποτε κάνω καλή εντύπωση στο διάβα μου, προσφέρω καλή παρέα κ.λπ. , αλλ' ως τόσο εξακολουθώ να έχω - ακόμα - σοβαρές ελλείψεις.   Πολύ χάρηκα καβάλα στον Κούλη, τη διαδρομή Νεμέα - Λιόντι - Γαλατά, και γυρισμό πάλι στη Νεμέα.

27/2/44. Είναι το τελευταίο αποκριάτικο βράδυ, και βρισκόμαστε καμιά πενηνταριά μαζεμένοι στο σπίτι του Μπάρμπα - Τάση, του Τζιουρά. Τί θέλουμε εδώ; απλούστατα κυνηγάμε τη χαρά. Τη στριμώξαμε μάλιστα μέσα σε μια ευρύχωρη σάλα, και της ριχτήκαμε με γραμμόφωνα και φυσαρμόνικες, και χορούς και τραγουδο-γαυγίσματα, ως και κάθε λογής άλλα ξεσπάσματα, για να την πιάσουμε. Κι εγώ προσωπικά βεβαιώνω πως όχι απλώς την έπιασα, αλλά και τη φίλησα - φίλησα δηλαδή την Τασία Αθανασσοπούλου, το ίδιο κανει...   Κανένας φυσικά δεν μπορεί να ξέρει την τελικά έκβαση, μιας τόσο ζηλευτής γνωριμίας και επαφής σαν την αποψινή δική μου με την Τασία, αλλά πάντως είναι πέρα από βέβαιο ότι είμαι πολύ μερακλωμένος μαζί της. Έχει θαυμάσιο σώμα, κινείται με πολλή χάρη, η φωνή της είναι λίγο παιχνιδιάρα, το δε πρόσωπό της είναι ανοιχτό ροζ τριαντάφυλλο, γι' αυτό και με ξεμυάλισε με τον πρώτο κιόλας χορό... Σχεδόν το ξενυχτήσαμε, το γλέντι μας.

2/3/44. Οι δουλειές πάνε καλά, και ελπίζω ότι η μοίρα θα επιτρέψει να διατηρήσω - για τη μεταπολεμική μου εξόρμηση -

τη χρυσή τούτη βάση που έχω τώρα καταφέρει ν' αποχτήσω, και που χοντρικά αποτελείται από: 1.500 οκάδες μαλλιά, 3.000 οκάδες ρετσίνι, 18.000 πακέτα σιγάρα, και 10.000 οκάδες μαύρη σταφίδα. Διάολος να τις πάρει αυτές τις αμυγδαλές μου, με ταράξανε.

3/3/44. Συμβαίνουν τέτοιες μεταπτώσεις στη δουλειά μου, που κυριολεχτικά τον ξεθεώνουν κανέναν. Λογιάζομαι πάντως ευτυχής που διατηρώ τόσο την ψυχραιμία μου, όσο και τη διαύγεια σκέψης, στοιχεία βασικά για να τα βγάλει κάποιος πέρα με τέτοιες καταστάσεις, γι' αυτό και πιστεύω δεν μπορεί παρά να ευδοκιμήσω οικονομικά.

Από το διπλανό δωμάτιο φτάνουν μερικές νότες μουσικής, από το "φυσερό" του Δημητράκη του Γλατζίνα, που το ξέχασε εδώ, και κακοπαθαίνει τώρα στα χέρια του Κώστα.

Σήμερα γνωρίστηκα από κοντά με την Κατίνα του Ζαφείρη, την οποία και βρίσκω ενδιαφέρουσα, κυρίως για τα νιάτα της. Μεγάλο καημό τώχω, να γνωρίσω και να ερωτευτώ μια όμορφη και καλή κοπέλα, για την ευτυχία της οποίας και να δώσω τα πάντα, ακόμα και τη ζωή μου.

7/3/44. Εξακολουθώ να ζω, και μάλιστα ελεύθερος, δηλαδή όχι στη φυλακή, ή στα στρατόπεδα συγκεντρώσεως, κι αυτό δεν είναι μικρό πράγμα - είμαι πολύ ευγνώμων στο θεό.

8/3/44. Τυγχάνω μέλος της Επιτροπής Εθνικής Αλληλεγγύης, σήμερα δε, μαζί με τον Αντώνη το Μπουζιώτη και μερικά κορίτσια, περιήλθαμε πολλά σπίτια και μαγαζιά όπου και κάναμε έρανο για τους χθες συλληφθέντες ως όμηρους.

[Ήταν ακριβώς σ' αυτόν τον έρανο που γνώρισα καλύτερα την Ουρανία, και κατενθουσιάστηκα μαζί της : για τη ζωντάνια της, τη μαχητικότητά της, καθώς και τη μεγάλη της άνεση στην αντιμετώπιση των ανθρώπων - σχεδόν τα μισά λεφτά του εράνου, τα μάζεψε προσωπικά εκείνη. Κι αυτή η εμπειρία μου, στάθηκε αφορμή αργότερα, να καταλήξω να την παντρευτώ.]

8/3/44. Συνεχίζω. Με ιδιαίτερη ευχαρίστηση παρατηρώ ότι εξελίσσομαι σε ζόρικο καλαμπουρτζή, και μια και... γλυκάθηκα σ' αυτό το πνευματικό σπόρ, θα συνεχίσω να επιδίδομαι στην ανάπτυξή του. Τις φασαρίες του εράνου, αλλά και τα τερπνά του μαζί, μας διέκοψε κατά το μεσημέρι επέλασης Γερμανών, κι όπου φύγει φύγει...

9/3/44 Η συμμετοχή μου στον έρανο για τους ομήρους, μου 'δωσε την ευκαιρία να σφυγμομετρήσω το βαθμό αλληλεγγύης των Νεμεατών, μετά λύπης μου δε λέω ότι ο βαθμός αυτός είναι πολύ χαμηλός - δεν αναφέρομαι βέβαια στις εξαιρέσεις, που ήταν αρκετές, και συγκινητικές, μιλάω για τον όχλο.

10/3/44. Ο Κώστας μου συνιστά να μην παντρευτώ ακόμα. Είμαι λέει κάπως πολύπλοκος από πλευράς ψυχοσύνθεσης, έπειτα, έχω ευπάθεια στην υγεία μου. Και γι' αυτό θα πρέπει να προσέξω πολύ, γιατί κινδυνεύω να αποτύχω στο γάμο μου. Τούτο το ημερολόγιο, καθώς και κάποιες εκθέσεις που γράφω πότε πότε, πολύ με βοηθάνε να "τροχιστώ" στον καλύτερο χειρισμό της γλώσσας. Οπωσδήποτε μου χρειάζεται και κάποια βοήθεια, από κάποιο δάσκαλο ή καθηγητή, την οποία και σύντομα θα αναζητήσω να βρω.

Έδωσα την τελική φόρμα στην έκθεσή μου "Λεπτομέρειες σκλαβιάς", και νομίζω ότι τα έχω καταφέρει αρκετά καλά. Κι απόδειξη τούτου είναι ότι με συνεχάρησαν όσοι από τους μορφωμένους έτυχε να τη διαβάσουν.

Έχω θάρρος. Περί αυτού δεν γεννάται αμφιβολία. Και χωρίς ίχνος περιαυτολογίας θαρρώ ότι σχετικώς δεν τα καταφέρνω κι άσχημα. Αλλά δίχως άλλο χρειάζεται ακόμα πολλή δουλειά, για την όσο το δυνατόν πιο σωστή (επιστημονική θά 'λεγα) χρήση αυτής της ζωοποιού, αλλά και πολύ επικίνδυνης, δύναμης.

15/3/44. Σωστός σεισμός έγινε σήμερα μέσα μου, λόγω των καινούργιων εξωφρενικών ανατιμήσεων της αγοράς, που μου ανάγγειλε από την Αθήνα ο συνεταίρος μου. Και θα πρέπει με κάθε τρόπο και σύντομα να ξαναβρώ την ηρεμία μου, γιατί αλλιώς είμαι χαμένος... Κι έχω επί πλέον και τα δόντια μου, και τις αμυγδαλές μου, και κάποιες γκρίνιες από τους πελάτες, κι όλα μαζί με κάνουν μπαρούτι... Και κάτι τέτοιες ώρες, συλλογίζομαι περισσότερο το γάμο. Γιατί λένε ότι η σύζυγος - η καλή φυσικά σύζυγος - είναι για τον άντρα καταφύγιο, και λιμάνι, κι ανεξάντλητη πηγή ανεφοδιασμού του με ηθική δύναμη. Να το ιδώ, και να μην το πιστέψω...

16/3/44 Ο ξανθός μάγος της Ανατολής, φρεσκολουσμένος στα χρυσαφένια νερά της λίμνης του ονείρου, λάμπει πιότερο σήμερα από κάθε άλλη μέρα, κι η γλυκιά θαλπωρή του νοιώθω να με περονιάζει ως τη ρίζα της ύπαρξής μου. Τα λουλούδια - μελιστάλαχτα χαμόγελα της Άνοιξης - σκορπάνε παντού γύρω τα μύρα τους, οι δε φτερωτοί τραγουδιστές του ωραίου, συμπληρώνουν με τη μουσική τους το θαύμα της κοσμογονίας, το θαύμα της άνοιξης. Μακάρι να γίνονταν ώρες και μέρες, και χρόνια, τούτες οι τόσο ηδονικές - πλην και τόσο φευγαλέες - στιγμές ευτυχίας που ζώ τώρα...

17/3/44. Τρομάρα και κακό, κι από πολλές αιτίες, δέρνει όλον τον κόσμο. Άλλοι φοβούνται τους Γερμανούς, άλλοι τους αντάρτες, κι άλλοι πάλι - όσοι λιμοκτονούν - φοβούνται και τρέμουν τη φτώχεια, μ' όλη την αραχλιασμένη ακολουθία της. Πότε πότε το σκάω προς τα έξω, στα χωράφια και στ' αμπέλια, κι αρκετά ανακουφίζομαι καθώς αγναντεύω γύρω και χαίρομαι τη μάνα φύση. Τόλμη. Ναι, έχουμε μεγάλη ανάγκη από τόλμη, γιατί μόνο μ' αυτό το νόμισμα εξαγοράζεται η πρόοδος και η ευημερία.

Παρακολούθησα μια διάλεξη από κάποιον του Ε.Α.Μ. ονόματι Σωκράτη, βασισμένη πάνω στα εθνικά μας θέματα. Πολύ δε λυπήθηκα γιατί παρ' ότι το θέμα ήταν υπερπλούσιο σε περιεχόμενο, ο ομιλητής αυτός δεν κατάφερε να το αναπτύξει σωστά. Αυτά βέβαια είναι Χαρίσματα. Πάντως θαρρώ πως αν είχα καλύτερη μόρφωση, και την ευκαιρία να "τροχιστώ" αρκετά πάνω στη δημόσια ομιλία, αισιοδοξώ ότι θα γινόμουν ένας καλός ομιλητής, αν όχι καλός ρήτορας.

21/3/44. Ξυπνήσαμε με μπλόκο από τους Γερμανούς, πιάσανε δε κόσμο και κοσμάκη, και κύριος είδε τι πρόκειται να ακολουθήσει - όλοι μας περνάμε εφιαλτικές ώρες. Τούτο το μπλόκο κι η προσωπική μου δοκιμασία, καθώς κι όσα άλλα φοβερά πράγματα συνέβησαν σήμερα στη Νεμέα, προσπαθώ να τα περιγράψω σε μια σχετική μου έκθεση, με τον τίτλο "Τραγωδία", την οποίαν και θα παρουσιάσω χωριστά.

22/3/44. Η σημερινή ημέρα ήταν η πιο τραγική στην ιστορία της Νεμέας: Ο καταχτητής ντουφέκισε ή απαγχόνισε όλα τα μέλη της πρόσφατα εκλεχθείσης υπό του Ε.Α.Μ. Τοπικής αυτοδιοίκησης, καθώς και μερικούς αντάρτες, συνολικά 13 τον αριθμό. Η τρομάρα για το κακό που έγινε δεν περιγράφεται.

23/3/44. Κηδέψαμε μ' άφατη θλίψη, αλλά και με ιερή αγανάχτηση κατά του καταχτητή, τα χθεσινά θύματα της θηριωδίας του. Η αναστάτωση και η αγωνία όλων μας έχουν φτάσει σε σημείο παροξυσμού.

24/3/44. Έκανα αρκετή παρέα σήμερα με την Κούλα, αλλά

κι αυτή τη φορά απογοήτευση μόνο δοκίμασα, και συνεπώς καλά θα κάνω να πάψω πια να ασχολούμαι μαζί της.

30/3/44. Η νύχτα διάβηκε ολόκληρη κάτω από έναν καταξάστερο ουρανό, κι ο δριμύς ανοιξιάτικος πάγος κράτησε μουδιασμένη ως αργά το πρωί κάθε εκδήλωση ζωής και κίνησης. Λευτερωμένος τώρα ο ήλιος από τα μαβιά παραπετάσματα της νύχτας ξανάντυσε στη ράχη του Αηλιά, κι ανηφορίζοντας γοργοκίνητα στον ουρανό αγκαλιάζει ερωτικά και δίνει ζωή, στο κάθε τι στη γύρω φύση.

Ανάλογα με τις σκοτούρες και τις έγνοιες μας, αντιμετωπίζουμε ο καθένας μας τη ζωή, και κοροϊδεύοντας τον ίδιον τον εαυτό μας, καταγινόμαστε να τον βεβαιώνουμε ότι ζει, κι απολαμβάνει τη ζωή... Να όμως που δυστυχώς υπάρχουν και χειρότερα, και νάτα: Κατά τις 11 ακούστηκε πως σήμερα θα καεί η Νεμέα από τους Γερμανούς, και τα παρακάτω τα φαντάζεστε...

Σ' άθλια προσφυγικά κύματα ξεχύνεται ο κόσμος προς κάθε κατεύθυνση, παίρνοντας μαζί του ότι πιο αξιόλογο έχει, και μπορεί να το μεταφέρει. Όλα φέρνουν φαρμακίλα κι απογοήτευση στην ψυχή, ιδιαίτερα το δράμα των μικρών παιδιών. Εγώ για ν' αποφύγω το κακό κατέφυγα στο Λιόντι. Η φευγάλα ήταν γενική και πρωτοφανής. Έφυγα με τους τελευταίους, βλέποντας δε όλον αυτόν τον όχλο και τα ψυχικά ράκη, θυμήθηκα την έξοδο των Εβραίων...

31/3/44. Το κακό που φοβηθήκαμε χτες, δεν έγινε. Παρέμεινα στο Λιόντι για να ξεκουραστώ λίγο.

1/4/44. Κάνει μια περίφημη φουσκοδεντριά, και μια γλύκα, που διαστέλλουν από ευφορία τόσο την ψυχή όσο και το τομάρι μας. Αλήθεια, μαζί μου έχω από προχτές και το Δημητράκη το Γλατζίνα, κι οι γκριμάτσες και οι πρωτοτυπίες και τα καλαμπούρια μας, πάνε σύννεφο...

Εκτός από μερικούς "δύσκολους", όλοι οι άλλοι χωριάτες και ιδίως τα παιδάκια πιάνονται εύκολα από τον οίστρο του γέλιου και της ευθυμίας. Κι έτσι, επιδιδόμενος στο χιούμορ και στο γέλιο, συχνά έχει κανείς το ευχάριστο συναίσθημα πως κάνει το καλό στον πλησίον του. Γιατί σοβαρά υποστηρίζω πως η προσφορά της χαράς είναι τόσο ζωτικής σημασίας, όσο και η μπομπότα...

2/4/44. Με συντροφιά το Δημητράκη, τη Βασιλική και Ματούλα Πιπέρη, καθώς και την Ελένη του Δανόπουλου πήγαμε περίπατο ως το Γυμνό. Περάσαμε καλά. Εγώ επιπρόσθετα χάρηκα τη συντροφιά της νουνάς μου. Πήγα επίσης και προσκύνησα τους τάφους των δικών μου, κι ακόμα πήγα κι είδα το σπιτάκι όπου γεννήθηκα, και πέρασα τα τρία πρώτα παιδικά μου χρόνια. Το βράδυ γυρίσαμε στο Λιόντι, πολύ ευχαριστημένοι από την εκδρομή μας.

3/4/44. Να χαίρεσαι τη συντροφιά ενός πραγματικού φίλου, περπατώντας κάποιο ανοιξιάτικο πρωινό σ' ένα αγροτικό μονοπάτι που από παντού το φράζουν ολάνθιστες αγριαμυγδαλιές. Να γροικάς την ίδια ώρα το δημιουργικό σάλαγο της εργατιάς που ολόγυρα δουλεύει τη γη. Και να παίζεις με τα λογής-λογής κωμικά παιχνιδίσματα που κάνει στον ίσκιο σου ο ολόφωτος ήλιος, καθώς αρμενίζει σ' έναν αλέκιαστο ουρανό, είναι νομίζω κάτι παραπάνω από μια μικρή αντίθεση στους πόνους της γης. Όλα τούτα μοιάζουν με μικρά καναλάκια χαράς, που χύνουν στο ίδιο σημείο: στην ψυχή μας, και μας κάνουν ευτυχισμένους.

4/4/44. Έφυγε ο Δημητράκης αλλά ήρθε η Βασιλική, κι απολαμβάνουμε μακρινούς περιπάτους στα γύρω. Διαβάζω το "De profundis", του Wilde, που πολύ μ' αρέσει.

5/4/44. Πέντε μέρες ζώ στο χωριό, χωρίς να πλήξω, πράγμα πρωτόγνωρο. Πολλά γράφτηκαν για τη λάμψη και τη θαλπωρή του ήλιου την άνοιξη, και σχεδόν τίποτα για τις συννεφιές της. Λάθος. Μια κατακάθαρη μέρα μοιάζει με τη γυμνή καλλονή, που θαρρώ ότι υστερεί έναντι της μοντέρνα ντυμένης ωραίας γυναίκας, γιατί απλούστατα αποκλείει τη φαντασία...

7/4/44. Δεν ορκίζομαι ν' αλλάξω επάγγελμα, βεβαιώνω πάντως πως μετά τον πόλεμο θα δράσω σε καλύτερο περιβάλλον. Δεν μου επιτρέπεται να παραδίνομαι εκούσια στην κόλαση της συμπεριφοράς ενός ανάγωγου κοινού. Φταίει, δε λέω, κι ο πόλεμος σ' αυτή την περίπτωση, αλλά καθώς θυμάμαι, και το παρελθόν ελάχιστα διέφερε.

Οι απρόσκλητοι ρυθμιστές του μεταπολεμικού εσωτερικού κοινωνικο-πολιτικού προβλήματός μας, αντιγράφοντας τις μεθόδους των Γερμανών, ξεσήκωσαν τώρα τελευταία, κάμποσο κοσμάκη για τα στρατόπεδα του Φενεού.

Εξ αιτίας και πάλι του Γερμανικού κινδύνου, τόσκασα εκ νέου για το Λιόντι. Ξύπνησα μετά τα μεσάνυχτα από το πρόγγιγμα των Λιονταίων, που είχαν ακούσει πυροβολισμούς, και είχαν μάθει ότι στη Νεμέα πλάκωσαν Γερμανοί. Παρά ταύτα κατάφερα να ξανακοιμηθώ, αλλά τα όνειρά μου πετάγανε φωτιές, και τα ξέσχιζαν πυροβολισμοί και βογγητά από μοτέρ. Να ήταν τάχα πραγματικότης, ή εφιάλτες;...

8/4/44. Πήγα περίπατο προς τ' Αλωνάκια, φτάνοντας δε στο διάσελο, βρέθηκα φάτσα με τ' απέναντι χιονισμένα βουνά. Κάποιο τεράστιο καστανόχρωμο σύννεφο, αρμενίζοντας κατά τη Τζήρια, τράκαρε στην ψηλότερη κορφή της, και κομματιάστηκε. Τα βρώμικα κουρέλια του σιγοκάθονται τώρα στη ράχη του βουνού, μοιάζουν δε με καπνό φωτιάς, που κρυφοβόσκει...

9/4/44. Πήγα στην εκκλησία. Και βέβαια η τέλεση της λειτουργίας από καλλίφωνους παπάδες και ψαλτάδες, πολύ βοηθάει τον εκκλησιαζόμενο στην επικοινωνία του με το θείο, και τον ψυχαγωγεί επίσης, αλλά πού τα μουσικά ταλέντα...

Το νοσταλγικό τραγούδι κάποιου αιχμάλωτου Ιταλού στρατιώτη, που φτάνει τώρα στ' αυτιά μου από το μπαλκόνι του Μήτσιο - Μπούφα - όπου κρατείται - με κάνει να νοιώθω ακόμα πιο βαθιά το δράμα του πολέμου...

Αν ζούσε σήμερα ο μεγάλος Ουγκώ, κι ιστορούσε έμμετρα το δράμα μας, δεν θάχε παρά ν' αλλάξει το όνομα "Τούρκοι" - της εποχής του - με το όνομα "Ούνοι", της δικής μας. Κι έτσι θα διαβάζαμε: "Ούνοι διαβήκαν, χαλασμός, θάνατος, πέρα ως πέρα..."

Αυτούς τους στίχους ανάσυρε η μνήμη μου, παίρνοντας αφορμή από την τρομοκρατία και το κούρσεμα που κάνανε αυτές τις μέρες οι Γερμανοί στα χωριά Πετρί, Λέριζα, Κούτσι και Καστράκι.

10/4/44. Έχουμε σχεδόν χειμωνιάτικο καιρό. Γύρισα πεζός από το Λιόντι στη Νεμέα. Εξαιρετικά μ' αρέσει η τάξη, γι' αυτό και τα τράκαρα για καλά με τον Κώστα σήμερα, για την τσαπατσουλιά του. Από τις συνεχείς βλακείες του συνεταίρου μου, αφ' ενός, και εξ αιτίας της Γερμανικής τρομοκρατίας αφ' ετέρου, η οικονομική μου κατάσταση δεν είναι καθόλου καλή.

11/4/44. Διορίστηκα μέλος στην Επιτροπή Διανομών του Ερυθρού Σταυρού. Η σημερινή σύλληψη της Κούλας παρά των Ταγμάτων Ασφαλείας, στην Κόρινθο, μου προκάλεσε ζωηρό ενδιαφέρον, χωρίς αυτό πάντως, να πάει παραπέρα...

Θα μάθω Αγγλικά, σ' αυτό το ζήτημα δεν πρόκειται ποτέ να κάνω πίσω.

14/4/44. Εξ αιτίας των καθηκόντων που ανέλαβα στον Ερυθρό Σταυρό, έγινε καζάνι το κεφάλι μου σήμερα. Ένοιωσα άσχημα που θέλανε να πάρουν βοήθεια, ακόμα και ευκατάστατοι. Όπως και τα μέλη της Επιτροπής - θέλανε δηλαδή να πάρουν οπωσδήποτε κι αυτοί βοήθεια, είναι δεν είναι άποροι. Τελικά, πιεζόμενος, συντάχτηκα με τον όχλο. Εξευτελισμός.

Κανείς μας δεν ξέρει από πού ξεκινάμε, κι ούτε πού, και πότε, θ' αράξουμε. Έτσι, και γέννηση και ριζικό κι ο δρόμος κι ο σκοπός μας σε τούτον τον κόσμο, βρίσκονται κλεισμένα και κρυμμένα σε μαύρη σκοτεινιά. Το διάβα μας μόνο θωρούμε μείς, μόνο - μόνο, κι ' ίσως κι αυτό μας φτάνει. Φαίνεται πάντως πολύ βιαστικό, σαν κάτι κακό να το κυνηγάει. Ίσως να είναι ο ταχυδρόμος, και στέλνει βιαστικά μηνύματα.

15/4/44. Είναι χωρίς αμφιβολία μεγάλος μπελάς, να ανακατεύεται κανείς με τη μοιρασιά του ψωμιού του κοσμάκη στις δίσεχτες τούτες μέρες, όταν δε μάλιστα έχει να κάνει με μικρανθρώπους σαν τους Νεμεάτες, τότε το κακό παραγίνεται. Παρά ταύτα όμως, η συναίσθηση ευθύνης για την απονομή δικαιοσύνης - όταν αυτή είναι η φιλοδοξία μας -την κάνει ευχάριστη την απασχόληση αυτή. Κι αυτό το κατάλαβα σήμερα, στη διανομή του σταριού που κάναμε ως Επιτροπή.

16/4/44. Βρίσκομαι στο Λιόντι, για το Πάσχα, αλλά δεν πήγα στην Ανάσταση, γιατί ήμουν πολύ κουρασμένος.   Η σημερινή ομιλία στο κέντρο του χωριού από κάποιον συναγωνιστή, μου ξαναφούντωσε την επιθυμία για τη δημόσια ομιλία, για τη ρητορική. Σίγουρα θα φτάσω κάποια μέρα εκεί που τείνω, αλλ' εν τω μεταξύ πρέπει να μάθω - μεταξύ άλλων - καλά ελληνικά.

17/4/44. Πήγα στην εκκλησία του Αη - Πέτρου. Χτυπητά δε στιγμιότυπα για σήμερα, ήταν: Η προσπάθεια κάποιου μικρού παιδιού να φτάσει να φιλήσει τις εικόνες, το καλό παίξιμο στο σχολικό θέατρο της Βάσιως Συργιάνη, καθώς και η θέα του παππά να κάθεται στα σκαλοπάτια της εκκλησιάς και να στρίβει τσιγάρο...

Το ταξίδι, ακόμα και στην πιο απλή του μορφή, ήταν - και είναι - η αδυναμία μου.

Μπλέκω άσχημα με τις διανομές του Ερυθρού Σταυρού, αν κι έτσι αποχτώ πολύτιμη κοινωνική πείρα. Πάντως εκφράζομαι ελεύθερα, κι ότι διάβολο θέλει ας γίνει.

19/4/44. Υπάρχει τόση δυστυχία γύρω μου, που δεν έχω κανένα δικαίωμα να παραπονούμαι για τις μικροενοχλήσεις που δέχομαι από τη ζωή.

9/5/44. Βαρύς ο ίσκιος της σκλαβιάς, κι αβάσταχτα τα βάσανά της, γι' αυτό και τόσκασα για το Λιόντι, με τελικό προορισμό το Καπαρέλι.

10/5/44. Το καμάρι μας ο Κούλης, δεν υπάρχει πια - το βαρυφόρτωσαν, και το ζόρισαν στο δρόμο, και τόσκασαν οι Εαμίτες, από το περασμένο Σάββατο. Καβάλα στ' άλογο του Παπανδριανού και με αγωγιάτη το Ντίνο τον Πιπέρη, πήγα στο Καπαρέλι. Πολύ χάρηκα τη φύση κατά διαδρομή - Άνοιξη γαρ - τόσο πολύ που χρειάστηκε να ψάξω πολύ στο μπαούλο της μνήμης μου, για να βρω κάποια άλλη όμορφη, εποχή, και διαδρομή.

11/5/44. Πέρασα μια πολύ ανήσυχη νύχτα, εξ αιτίας των ψύλλων. Απορώ πώς οι ιεροεξεταστές δεν σκέφτηκαν αυτό το μέσο για τους βασανισμούς που κάνανε, γιατί δεν υπάρχει θαρρώ πιο δραστικό μέσο γι' αυτό το σκοπό, από μερικά σύννεφα από ψύλλους...

Νοιώθω πολύ ευτυχής που ύστερα από καιρό, ξαναβρίσκομαι στο μέρος που πέρασα τα παιδικά μου χρόνια, κοντά στους εδώ συγγενείς μου, που πολύ τους αγαπώ. Όλα γύρω μού θυμίζουν και κάτι. Αγναντεύω και δε χορταίνω τις πλαγιές, τα θεόρατα τα βράχια, τις σπηλιές, τα διάσελα, τα τσιρούμπια, τα σύδεντρα, τις σάρρες, τους γκρεμούς. Θυμάμαι τις βρύσες, τα ' έλατα, τα μαντριά, τα ρέματα και τα ποτάμια - όλα, όλα γύρω μού θυμίζουν και κάτι, κάποια χαρά η κάποια πίκρα. Αλλά οι πίκρες ξεχάστηκαν, κι έτσι τις χαρούμενες μόνο στιγμές, θυμάμαι, κι αναπολώ τώρα. Τις χαρούμενες στιγμές, που σαν κοπάδι από πολύχρωμες πεταλούδες πετάνε γύρω μου, από λουλούδι, σε λουλούδι, το δε θέαμα κι ο μουσικός τους βόμβος, καθώς και το άρωμα των λουλουδιών - που μου σπάει τη μύτη - με κάνουν στ' αλήθεια να νοιώθω ευτυχής, πολύ ευτυχής...

19/5/44. Πήγα κατά τη Γριβίνα, για να ξαναδώ από κοντά τα παλιά μου λημέρια. Γύρισα αρκετά από τα εκεί σημεία, και πολύ ευχαριστήθηκα. Το μεσημέρι βρέθηκα σε μια στάνη, κι ήμουν έτοιμος να... επιτεθώ της μυτζήθρας που θα μου πρόσφερνε σε λίγο ο φίλος μου ο Τσιοπάνης, όταν άκουσα να φωνάζουν πως έρχονται Γερμανοί από την Καρυά. Οπότε, παραβγαίνοντας στην πιλάλα το σύντροφό μου το Γιώργη το Γκόφα, σκαπέτισα στου Καλιμάνι. Ευτυχώς ήταν ψέμα.

20/5/44. Η καταλύτρα λαϊκή επανάσταση στοιχειώνει μέρα με την ημέρα, κι αψηφώντας την τρομερή δύναμη του καταχτητή, ξεσπάει ενάντια του και τον χτυπάει όπου τον βρει, και μ' ότι βρει: με ξύλα, με λιθάρια, με σαμποτάζ, με καρυοφύλλια. Τον χτυπάει στην πόλη, στο χωριό, στο βουνό και στ' ακρογιάλι. Συθέμελα σείεται τώρα και τραντάζεται η πλάκα της σκλαβιάς πάνω από τον τάφο της σκλαβωμένης χώρας, και δειλά αρχίζουν να μπαίνουν στο τραγικό της μνήμα, οι πρώτες αχτίνες της λευτεριάς. Τρίζουνε τα κόκκαλα, χτυπάν και καίνε οι καρδιές, φουσκώνουνε σα μανιασμένη θάλασσα τα στήθια, κι απ' τα βάθη του απείρου ξεκινάνε φριχτές δυνάμεις που θα μεταβάλλουν σε χαρτοπόλεμο τα φονικά σύνεργα του άφρονα καταχτητή. Για να χαρίσουν και πάλι τη λευτεριά στις σκλαβωμένες χώρες, και να κάνουν να βασιλέψει και πάλι στη γη η ειρήνη, το δίκιο και η αλήθεια. Αλλά, πόσο αίμα χύνεται, θεέ μου!! Πόσα κορμιά μένουν χωρίς κεφάλια! Πόσοι κρεμιούνται στα σχοινιά σαν τα σταφύλια! Και πόσοι άλλοι πάλι σωριάζονται κάτου στη γη, κεραυνωμένοι από τα βόλια του τυράννου!... Καταλαβαίνει ο άτιμος πως χάνει το παιχνίδι, και λυσσομανώντας από το κακό του καταφεύγει σε κάθε είδους έγκλημα: Καίει, σκοτώνει, ντουφεκάει, κ ρ ε μ ά ε ι ! Αλλ' ως πότε;...

Κυριακή, 21/5/44. "Έρχονται!... Έρχονται από του Μπέλεσι!..." Σε λίγα λεφτά βρίσκομαι στα Τσερανάκια, μαζί με την ξαδέρφη μου, και τον Κωστή.   Στη Στέρνα και στο Μαλαντρένι δείξανε σήμερα τον "πολιτισμό" τους οι Ούνοι. Και που ως γνωστό είναι: ο σκοτωμός, το τσιγκέλι, η κρεμάλα, και η φωτιά. Σήμερα μάλιστα, κάψανε σ' αυτά τα χωριά ακόμα και τις εκκλησιές! Για ειδές οι... αντικομουνιστές!...

22/5/44. Στο πέρασμα του καταχτητή, ο θρυλικός Μοριάς καπνίζει απ' άκρη σ' άκρη, και χιλιάδες κοσμάκης μαυροφοράει... Νοιώθω βαθιά πως είμαι σκλάβος, κι αυτό με κάνει να μεταπέφτω από την παράλυση στην επανάσταση, κι αντίθετα. Τι θα γίνει;...
Κατά το βράδυ βάρεσε πρώτα η τρουμπέτα από το καραούλι, ύστερα η καμπάνα, και συνέχεια... οι φτέρνες μας στο κεφάλι. Έρχονται από την Καρυά!... Ανέβηκα στο καταράχι της Κούτρουλης, αλλά γιατί φοβήθηκα το κρύο, και το

κακονύχτισμα, αψήφησα τον κίνδυνο, και μέσα στο πηχτό σκοτάδι ξαναγύρισα στο χωριό. Πέρασα μια πολύ ανήσυχη νύχτα, όλο εφιάλτες και ταραχή.

ΜΕ ΕΛΠΙΔΑ ΚΑΙ ΤΟΛΜΗ

κακονύχτισμα, αψήφησα τον κίνδυνο, και μέσα στο πηχτό σκοτάδι ξαναγύρισα στο χωριό. Πέρασα μια πολύ ανήσυχη νύχτα, όλο εφιάλτες και ταραχή.

ΣΥΛΛΗΨΗ
ΕΚΤΕΛΕΣΗ ΚΩΣΤΑ

Είναι περίπου τέλος Μάη, βρίσκομαι δε στο Καπαρέλι. Παίρνω πότε πότε νέα από τον Κώστα, του γράφω δε να φυλάγεται όσο μπορεί. Όχι γιατί υπήρχε κάτι σε βάρος μας, αλλά σε τέτοιες ώρες το κακό σου έρχεται από κει που δεν το περιμένεις. Και δυστυχώς το κακό ήρθε - και παραήρθε μάλιστα.

Κατά το μεσημέρι εκείνης της μέρας, χτύπησε η καμπάνα για να φύγει ο κόσμος, γιατί έρχονταν Γερμανοί από το Μπέλεσι. Φύγαμε όλοι τρέχοντας, κυρίως προς τ' απάνου, κατά τη Γκούρα. Κατά τ' απόγευμα μάθαμε ότι οι Γερμανοί φύγανε προς το Άργος, κι έτσι γυρίσαμε πίσω.

Λίγο πριν φτάσω στο χωριό, κάποιος συγγενής μου - κάθαρμα εκατό τα εκατό, και που έκλεινε και προς τα Τάγματα Ασφαλείας - μου πάσαρε - χαιρέκακα μάλιστα - το μαύρο μαντάτο:

— Τάμαθες, Σπύρο, έγινε μπλόκο στη Νεμέα σήμερα, και πιάσανε και τον Κώστα, και γδύσανε και το μαγαζί...

Μούρθε ταμπλάς. Ένιωσα σα να με χτύπησε κεραυνός!... Κι όχι τόσο για τη λεηλασία του μαγαζιού - που κι αυτό δεν ήταν μικρό πράγμα - αλλά για τη σύλληψη του Κώστα. Πήγα σχεδόν τρικλίζοντας ως το σπίτι, από την πολλή συγκίνηση και τη στενοχώρια. Κουβέντιασα τη συμφορά μου με το μπάρμπα μου, αλλά τι να μού λέγε κι εκείνος.

Έφυγα αμέσως για τη Νεμέα - πεζός βέβαια - όπου και έφτασα κατά τα μεσάνυχτα. Κάπου στην Παναγία στο Βράχο, βρήκα έναν τσιοπάνη που έβοσκε εκεί τη στάνη του, από τον οποίον και έμαθα όλα τα καθέκαστα. Ότι δηλαδή έγινε μπλόκο από τους Γερμανούς και μαζέψανε πάνω από χίλιους ανθρώπους, ότι απ' αυτούς πήρανε αρκετούς για ομήρους, και ότι μεταξύ τους ήταν κι ο Κώστας. Και ότι επίσης λεηλάτησαν το μαγαζί μας.

Φτάνοντας στο σπίτι, έριξα πρώτα μια ματιά στο μαγαζί. Ήταν τελείως άδειο. Το μόνο που είχε διασωθεί - επειδή δεν μπορούσαν να το πάρουν - ήταν μερικό χύμα ρετσίνι, στη στέρνα στο υπόγειο. Τίποτ' άλλο.

Δεν θυμάμαι αν κατάφερα να κοιμηθώ. Θυμάμαι μόνο ότι είχα ταραχτεί όσο ποτέ άλλοτε στη ζωή μου. Σαν ξημέρωσε προσπάθησα να πάρω επαφή με ανθρώπους που ίσως μπορούσαν να με βοηθήσουν. Μεταξύ άλλων είδα στο σπίτι του το Βασίλη τον Αθανασόπουλο - της δεξιάς παράταξης - ο οποίος και μου συνέστησε να προσπαθήσω να πάρω επαφή με κάποιον που έναντι λύτρων - που τα μοιραζότανε με τους Γερμανούς - είχε πετύχει την απελευθέρωση αρκετών ομήρων.

Πάντα κρατούσαμε αρκετές χρυσές λίρες, αλλά για κακή μας τύχη τώρα βρισκόμασταν με 15 μόνο κομμάτια, όλα κι όλα. Και ταρίφα του χαφιέ για κάθε περίπτωση, ήταν από 50 λίρες κι απάνου, ποσό που με κανένα τρόπο δεν μπορούσα να μαζέψω, πλέον δε, μου έλλειπε κάθε δυνατότητα επαφής μ' αυτό το ρεμάλι.

Κατέληξα να στείλω την Ελένη του Δανόπουλου και την Κούλα του Μελιγαλά στο Άργος - Ναύπλιον, όπου μεταξύ άλλων θα ζητούσαν τη συνδρομή του πατριώτη Αριστείδη Νανόπουλου, που εφέρετο ως σχετιζόμενος με τα Τάγματα Ασφαλείας. Τους έδωσα και τις 15 λίρες, με εν λευκώ εντολή για τη χρησιμοποίησή τους. Γύρισαν άπραχτες.

Έγραψα και στο φίλο μου τον Τσερμπέ, αλλά για κακή μου τύχη έλλειπε από το Άργος, κάποιο δε σχετικό σημείωμα που πήρα από τον ανιψιό του το Μερίκα, ήταν σχέτο μπλά μπλά.

Έγραψα δύο ακόμα γράμματα, το ένα στο Βασίλη τον Παπαπάνο, και το άλλο στο Μίμη το Μπενέκο - δεδηλωμένοι κι οι δυό συνεργάτες των Ταγμάτων Ασφαλείας. Συνέταξα επίσης και κάποια σχετική έκκληση προς τις Γερμανικές Αρχές για την απελευθέρωση των ομήρων, την οποία και υπέγραψε πολύς κόσμος.

Στον Κώστα έστελνα συχνά τρόφιμα, επιστράτευσα δε επίσης για το σκοπό αυτό και το Γλατζίνα, που τότε υπηρετούσε στην Κόρινθο. Και στηριζόμενος στο γεγονός ότι δεν μας βάραινε τίποτα το ενοχοποιητικό, άρχισα να αναθαρρώ για αίσιο τέλος.

⸺◦⸺

Εν τω μεταξύ τα μπλόκα συνεχίζονταν, κι όλοι τρέχαμε και δεν φτάναμε. Μια φορά μάλιστα κατέφυγα με μερικούς άλλους σ' ένα όρυγμα, πίσω από το συνεργείο κάποιου τσαγκάρη, που λόγω της αναπηρίας του δεν ανησυχούσε ότι θα τον πιάνανε. Αφού κατεβήκαμε στο όρυγμα, ο τσαγκάρης σκέπασε το στόμιο με μια σανίδα, επάνω δε εκεί πέταξε κάμποσο χορτάρι, και μετά έβαλλε εκεί τη γίδα του, να βόσκει. Έξυπνη παραπλάνηση. Αλλά επειδή δεν είχαμε καλόν αερισμό, εγώ παρ' ολίγο να λιποθυμήσω, και γι' αυτό βγήκα έξω, αψηφώντας τον κίνδυνο της σύλληψης.

Εκτός από τα μπλοκ, φοβόμουνα και το ενδεχόμενο να μ' αδράξουν στο σπίτι, καμιά νύχτα. Γι' αυτό και κατέφυγα στου θείου μου του Πιπέρη. Εκεί σε ώρα κρίσης κατέβαινα από τον καταρράχτη στο υπόγειο, και μετά, επάνω στην είσοδο της καταπαχτής, βάζανε τα κορίτσια ένα μπαούλο και μεριά ρούχα, για συγκάλυψη.

Κάποια μέρα που συνέπεσε να είμαι επάνω στη σάλα, βλέπω από πέρα να έρχεται ένα λεφούσι από Ταγματαλήτες - έτσι λέγαμε τους τσολιάδες των Ταγμάτων Ασφαλείας.

Γύριζαν από το Κούτσι που είχαν κάνει επιδρομή, κουβαλάγανε δε μαζί τους λογής - λογής πλιάτσικο: Κοττερικά, γιδοπρόβατα, αρκετά μουλάρια φορτωμένα με το βιός του κόσμου, μπόγους από ρούχα, κλπ. Έτσι που τους έβλεπα, πνιγμένους στο πλιάτσικο, και να φωνάζουν, και τις βρώμικες φουστανέλες τους να μπερδεύονται με τα κλοπιμαία, τους σιχάθηκα όσο δε λέγεται. Κρίμα στη φουστανέλα, είπα. Από σύμβολο ηρωισμού και εθνικής περηφάνιας, την κατάντησαν αιματοβαμμένη πειρατική σημαία, σημάδι προστυχιάς και εξευτελισμού.

Εκτός από την περιοχή της Νεμέας, οι Γερμανοί βαράγανε πολύ και τη Στυμφαλία, γιατί εκεί κυρίως δρούσαν οι αντάρτες. Αλλά κάποια μέρα οι Ελασίτες τους στήσανε ενέδρα κάπου στου Ντούσια, και τους χτυπήσανε - σκότωσαν τρεις - τέσσερους, και πιάσανε και μερικούς αιχμαλώτους. Την άλλη μέρα κιόλας, ένα σωρό Γερμανοί και τσολιάδες φτάσανε στη Νεμέα, με προορισμό τη Στυμφαλία, για αντίποινα. Επί κεφαλής των τσολιάδων ήταν κάποιος δικηγόρος ονόματι Κωσταντίνου, από του Στιμάγκα, γνωστός της Τουρκολιούς – χάρις στον οποίον και σώθηκα.

Στη Νεμέα τ' ασκέρι ξεχύθηκε και μάζευε κόσμο, τον οποίον και κουβάλαγε στην αστυνομία, όπου γινότανε το "κοσκίνισμα". Μεταξύ των συλληφθέντων ήταν και η κυρία Μαρίκα Οικονόμου, επειδή ο αδερφός της ήταν σφαγιάς - αντάρτης. Παραδόξως, την άφησαν ελεύθερη - ίσως για δικό μου τυχερό, γιατί αλλιώς δεν θα υπήρχα σήμερα. Γυρίζοντας σπίτι της η κυρία Οικονόμου, είδε στο μπαλκόνι στα Κατσαρέικα την Ελενίτσα, της είπε δε ότι άκουσε στην αστυνομία ότι με ζητάγανε, και ψάχνανε να με βρούνε, και γι' αυτό θα έπρεπε να με ειδοποιήσει να κρυφτώ. Η Ελενίτσα - ήξερε πού κρυβόμουνα - έκανε φτερά κι ήρθε και μου είπε το μαντάτο. Βγήκα τάκα-τάκα από τον κρυψώνα, αντί δε να φύγω από την κεντρική είσοδο, προτίμησα την κάτου πόρτα - αυτό και μ' έσωσε, γιατί σχεδόν αμέσως έφτασε κάποιος τσολιάς, για να με πιάσει. Στο σπίτι συνέπεσε να ήταν ο θείος μου, ο οποίος και είπε στον τσολιά ότι είχα φύγει για το Λιόντι. Εγώ δε, βγαίνοντας από το Πιπερέικο, κατέφυγα στα Δανοπουλέικα.

Μετά από λίγη ώρα έρχεται ο θείος μου - κρυφά, από κάτου από του Ζορμπά – και μου λέει ότι τον ζήτησαν για την περίπτωσή μου στην Αστυνομία, και ότι θα έπρεπε να πάω να παρουσιαστώ, γιατί κινδύνευε. Τον διαβεβαίωσα ότι θα πάω αμέσως, και να μην ανησυχεί. Και πράγματι ετοιμάστηκα και προχώρησα για να πάω να παραδοθώ. Εδώ σημειώνω το εξής χαρακτηριστικό μου βίωμα: όσο κρυβόμουνα για να μην με πιάσουν, χόρευα ολόκληρος από φόβο, κι ανησυχία. Αντίθετα, ευθύς ως πήρα την απόφαση να πάω να παραδοθώ, παραδόξως ηρέμησα.

Καθώς προχωρούσα στην αυλή, αγνάντεψα θυμάμαι λίγο γύρω μου, κι ένοιωσα ευχάριστα - ξέχασα προς στιγμήν για πού πήγαινα... Ανοίγοντας την αυλόπορτα, νάσου μπροστά μου η Σοφία η Τουρκολιού.

— Για πού, μου λέει, πού πας;

— Πάω στην αστυνομία, της λέω, με ζητάνε.
Σκέφτηκε λίγο, και μου λέει:

— Για περίμενε λίγο, πήγαινε μέσα, και θα γυρίσω να σου ειπώ.

Γύρισα πίσω, ενώ η Σοφία ανηφόρησε κατά την αγορά.

Σε κάνα τέταρτο γυρίζει η Σοφία, και μου λέει ότι πήγε στην Αστυνομία και μίλησε με τον Κωσταντίνου - συνδέονταν όπως είπαμε. Του είπε την περίπτωσή μου, ότι είμαι δικός της άνθρωπος, και ζήτησε τη συνδρομή του. Κι ο Κωσταντίνου της απάντησε:

— Κρύφτε τον στου βοδιού το κέρατο, όλους αυτούς που θα πιάσουμε σήμερα, θα τους ντουφεκίσουμε.
Και δείχνοντας προς το μπαλκόνι, πρόσθεσε:

— Τα βλέπεις τ' αυτοκίνητα; Είναι όλα γεμάτα εκρηκτικές

ύλες και φλογοβόλα, αύριο θα καεί η Στυμφαλία.
Άκουσε ακόμα η Σοφία στην Αστυνομία κάποιο γείτονα χασάπη ονόματι Πιέρρο, να λέει:

— Βρε εμάς βρήκατε να πιάσετε, και δεν πιάνετε το Γλαρέτα, που τροφοδοτεί τους αντάρτες;...

Παράγγειλα στο θείο μου τα νέα μου, με την επαναβεβαίωση πως παρά ταύτα, αν τυχόν τον ενοχλήσουν πάλι, να με ειδοποιήσει, κι εγώ θα πάω να παραδοθώ. Τελικά οι Γερμανό-τσολιάδες προχώρησαν προς τη Στυμφαλία, χωρίς να ενοχλήσουν πάλι το θείο μου. Κι έτσι γλύτωσα. Όσους πιάσανε εκείνη την ημέρα - μεταξύ τους και τον εχθρό μας, τον Πιέρρο - τους ντουφέκισαν όλους το άλλο πρωί, στο Ψάρι.

Εκτός από τις πιο πάνω εκτελέσεις, οι Γερμανοί την άλλη μέρα κάψανε και το χωριό Ντούσια, το οποίο εθεωρείτο ως ορμητήριο των Ανταρτών, και όπου - κοντά εκεί δηλαδή - είχε γίνει η προαναφερθείσα σύγκρουση Γερμανών - Ελασιτών.

Κάποιο μεσημέρι, απροσδοκήτως έρχονται στα Δανοπουλέικα μερικοί Γερμανοί. Τα χρειάστηκα. Αλλά περιορίστηκαν σε μια ψευτοέρευνα - ιδίως κάτω από τα μαξιλάρια, για τυχόν κανένα περίστροφο. Και μάλιστα - χάρις στα λίγα εγγλέζικα που ξέραμε κι εκείνοι κι εγώ - πιάσαμε και κουβεντούλα. Το απόγευμα ξανάρθανε, και με ζητάγανε, αλλά εγώ εν τω μεταξύ είχα φοβηθεί, και το είχα στρίψει.

Μια από κείνες τις μέρες, ξεθάρρεψα και πήγα στο μαγαζί, όπου και βρήκα πεταμένο ένα γράμμα, όλο βρισιές και φοβέρες, μεταξύ δε άλλων έλεγε: "... θα σας φάμε όλους, κομμούνια, δεν θ' αφήσουμε κανέναν σας... " Χούχλαξε η ψυχή μου από το θυμό, κι αν το είχα μπροστά μου εκείνο το κάθαρμα πού γράψε αυτό το γράμμα, μπορεί και να το σκότωνα.

Εν τω μεταξύ, το ξεσήκωμα από το Ε.Α.Μ. των αντιφρονούντων, και η λεηλασίες των σπιτιών τους, είχε φτάσει στο κατακόρυφο. Κάποιο απόγευμα μάλιστα που έτυχε να βρεθώ στου θείου μου - ήταν πρόεδρος σ' εκείνη την περίοδο - ήρθε εκεί ο Γραμματικός της Κοινότητας, για να ειπεί στο θείο μου ότι οι αντάρτες του είχαν πάρει τη γυναίκα, και ότι θα πήγαινε στο βουνό για να τη γλυτώσει. Πήγε και δεν γύρισαν, ούτε εκείνος ούτε η γυναίκα του. Δεν είχε καταλάβει ο ταλαίπωρος ότι δεν είχε να κάνει μ' ανθρώπους αλλά με αιμοδιψή τέρατα, με σαρκοβόρα θηρία. Και τέτοιοι δυστυχώς ήταν και οι άλλοι, από την άλλη πλευρά. Κι όλα αυτά τα φρικιαστικά εγκλήματα γίνονταν για τη μεταπολεμική εξουσία: Η δεξιά παράταξη για να τη διατηρήσει, οι δε κομμουνιστές για να την αρπάξουν.

Ο θείος μου φαίνεται ότι και κείνος ανησύχησε μήπως τον πάρουν οι αντάρτες, Γι' αυτό και σύντομα κατάφερε κι έφυγε οικογενειακώς για την Κόρινθο, με κάποιο Γερμανικό αυτοκίνητο. Ακολούθησε λεηλασία του σπιτιού από τους Ελασίτες, το δε μόνο που πρόλαβα και του διέσωσα, ήταν η βιβλιοθήκη του - ωραίο έπιπλο, και πολλά βιβλία.

Όχι πολύ αργότερα πήρα ένα γράμμα από τον Κώστα, που μου έλεγε να τον βοηθήσω όσο μπορώ πιο σύντομα, "... γιατί εδώ είναι σφαγείο... ", μου έλεγε. Ακόμα ταράζομαι σαν θυμάμαι εκείνο το γράμμα. Να κινδυνεύει ο αδερφός σου, και να μην μπορείς να τον βοηθήσεις. Σκέφτηκα να πάω να παραδοθώ εγώ, για να απελευθερώσουν τον Κώστα, αλλά από το απειλητικό γράμμα που είχα πάρει, καθώς και μετά τα όσα ακούστηκαν εναντίον μου στην Αστυνομία, ήμασταν κι οι δυό καταδικασμένοι. Το γεγονός άλλωστε ότι πιάσανε τον Κώστα, και γδύσανε και το μαγαζί, και που ξέρανε ότι εγώ κρυβόμουνα στου Πιπέρη και στείλανε εκεί να με πιάσουνε, αποκάλυπτε ότι με παρακολουθούσανε, κι ότι μας είχαν βάλλει στο στόχαστρο, για ξέκαμα.

Και το σόλοικο είναι ότι πριν φύγω για το Καπαρέλι, ο Κώστας είχε μάθει ότι η Τοπική Επιτροπή του Ε.Α.Μ. με είχε γράψει και μένα στη λίστα της για να με πάρουν για το βουνό, σώθηκα δε χάρις στη σθεναρή αντίδραση κάποιου φίλου μου - του Μίμη τον Πέππα - που ήταν σημαίνον στέλεχος της οργάνωσης. Και θυμάμαι πως ήταν κι αυτός ένας από τους λόγους, που έφυγα τότε από τη Νεμέα.

Είχαμε ήδη μπει στον Ιούλη. Βγαίνοντας κάποιο πρωί από το σπίτι, μαθαίνω ότι τη νύχτα είχαν πάρει οι αντάρτες τον Αθανασόπουλο - που είχα ζητήσει τη βοήθειά του για τον Κώστα. Προχωρώντας προς την αγορά είδα ότι όλος ο κόσμος τώρα, ήταν περισσότερο αναστατωμένος από κάθε άλλη φορά, για το μεγάλο κακό που γινόταν κι από δώ, κι από κει. Και να φανταστεί κανείς ότι γνωστές ως τότε ήταν μόνο των Γερμανών οι εκτελέσεις - οι Ελασίτες είχαν καταφέρει να παραπλανούν τον κοσμάκη, ότι τάχα όλοι εκείνοι τους οποίους είχαν πάρει στο βουνό, βρίσκονταν εν ζωή - κάπου σ' ένα στρατόπεδο στα ορεινά του Φενεού, όπου δεν μπορούσαν να φτάσουν οι Γερμανοί.

Προσωπικά ήμουν κάπου στη μέση, γιατί έβλεπα - και προ παντός διαισθανόμουνα - ότι και οι δυό παρατάξεις είχαν καταντήσει μάστιγα για τον κόσμο. Ότι δεν τους πολύ ενδιέφερε η λευτεριά της χώρας, αλλά η εξουσία, προς τούτο δε δεν δίσταζαν να χρησιμοποιήσουν τα πάντα, την τρομοκρατία, ακόμα και το έγκλημα σε βάρος του κοσμάκη. Γι' αυτό και στον προ καιρού λόγο μου στην Τράπεζα Αθηνών, είχα καταφερθεί και κατά του Ε.Α.Μ. Θα παρουσιάσω μάλιστα με την ευκαιρία, κι ένα ακόμα περιστατικό - ένα από τα πολλά - που παρ' ολίγο να μου στοιχίσει τη ζωή.

Κάποιο πρωί συναντώ δυό σημαίνοντα στελέχη του

Ε.Α.Μ., και πιάνουμε κουβέντα. Ο ένας από δαύτους μου επιτίθεται, ότι τάχα είμαι κρυφοδεξιός. Αντίθετα ο άλλος με υποστηρίζει, λέγοντας ότι είμαι μαζί τους, συναγωνιστής δηλαδή, κι οπαδός του: "Καινούργιος Κόσμος Έρχεται" (Κ.Κ.Ε.) - αυτό ήταν ένα από τα τότε slogan τους. Οπότε εγώ, θέλεις για ευφυολόγημα, θέλεις γιατί το πίστευα, παρ' ολίγο να το αντιστρέψω το slogan, και να ειπώ: "Κακούργος Κόσμος Έρχεται". Παρά τρίχα, και θα το 'λεγα. Οπότε και θα μ' έτρωγε το σκοτάδι...

Προχωρώντας λοιπόν πέρασα και από του θείου μου του Κώστα για να ιδώ τι κάνανε και κείνοι, γιατί κάπου πήρε τ' αυτί μου ότι και το θείο μου επρόκειτο σύντομα να τον πάρουν για το βουνό. Μπαίνοντας στο σπίτι τους βρήκα όλους αναστατωμένους, το δε θείο μου να κλαίει, γιατί κι εκείνος είχε ακούσει τα ίδια κακά μαντάτα. Με δάκρυα δε η θειά μου στα μάτια, άρχισε να με παρακαλεί αν μπορούσα να τους βοηθήσω. Φαρμακώθηκα. Και το κεφάλι μου έβρασε, προσπαθώντας να ιδώ τί μπορούσα να κάνω, για να προλάβω τη συμφορά. Τους καθησύχασα όσο μπορούσα, κι έφυγα με την υπόσχεση να ξαναγυρίσω, για να ιδούμε τι θα μπορούσαμε να κάνουμε.

Γυρίζοντας τώρα προς την αγορά, συναντάω την κουμπάρα μου τη Μαρίκα του Αναστασίου, βουρκωμένη όσο δε λέγεται, η οποία και κοντολογίς μου λέει ότι ζητάνε να πιάσουν τον Κυριάκο - βρισκόταν ακόμα κάπου κρυμμένος - κι άρχισε να με ικετεύει να τη βοηθήσω. Άλλη κεραμίδα από δω, είπα. Τί κάνουμε τώρα;... Και για να προχωρήσω στο "Δια ταύτα", που λέμε, υπόσχομαι τόσο στο θείο μου όσο και στη Μαρίκα, να πάω μαζί με τον Κυριάκο στο βουνό, για να βοηθήσω όσο μπορούσα.

Και το κακό ήταν ότι η ενέργειά μου εκείνη δεν υπαγορεύτηκε μόνο από βαθιά συναίσθηση του κοινωνικό μου χρέους: να φανώ δηλαδή χρήσιμος σ' αυτούς που κινδύνευαν. Ούτε μόνο από το επίσης ιερό μου χρέος να μιμηθώ το παράδειγμα όλων εκείνων που ήδη είχαν σοβαρά εκτεθεί σε κίνδυνο για μένα, και με είχαν διασώσει από βέβαιο θάνατο, κ.λπ., κ.λπ. Η πλάστιγγα έγειρε, προς τα εκεί που έγειρε ΚΑΙ εξ αιτίας :

Πρώτον. Της παροιμιώδους αφελείας μου. Πού πίστευα δηλαδή ότι χάρις στις κάποιες καλές σχέσεις που είχα με αρκετά από τα ηγετικά στελέχη του Ε.Α.Μ., θα έβρισκα πρόθυμα αυτιά να με ακούσουν, και να ενδιαφερθούν όχι μόνο για τους ανθρώπους που θα συνόδευα εγώ ως τη Λαύκα, αλλά γενικά για τη μοίρα όλων των ανθρώπων της Νεμέας. Και

Δεύτερον, γιατί είχα τέλεια άγνοια - μαύρα μεσάνυχτα που λέμε, πράγμα που είχε κι όλος ο άλλος κόσμος - για τα φριχτά εγκλήματα που διέπρατταν στα βουνά οι κομμουνιστές σε βάρος του δύσμοιρου Κοσμάκη: για τα μαρτύρια, τους σαδισμούς - ίσως και βιασμούς - και προ παντός για τις σφαγές, τις πολλές σφαγές, μερικές μάλιστα και δημόσιες, και κάποτε άλλοτε ομαδικές, αμέτρητες σφαγές, κι ότι άλλο σατανικό κι αποτρόπαιο κακούργημα μπορεί να βάλλει ο νους του ανθρώπου...

Σ' αυτή λοιπόν την ψυχολογική κατάσταση βρέθηκα εκείνη την ημέρα, κι έκανα αυτό που έκανα, και μόνον ο θεός ξέρει πόσο μου έχει στοιχίσει. Πρώτα-πρώτα γιατί δεν μπόρεσα να σώσω τους ανθρώπους - αν το είχα καταφέρει, θα ήμουν ευτυχής στους αιώνες. Και δεύτερο γιατί, σαράντα κι ακόμα χρόνια τώρα - για να μην τρελαθώ, να μην αυτοκτονήσω - κάνω συνεχή φοβερό πόλεμο με τις απαίσιες όσο κι αδυσώπητες τύψεις, ότι τάχα αν δεν είχα πάει στο βουνό, ίσως ο αδελφός μου να ζούσε σήμερα...

Το απόγευμα λοιπόν κίνησα και πήγα - μόνος μου - στο Πετρί, όπου ήταν ο τόπος συγκέντρωσης των ομήρων, για την πιο πέρα προώθησή τους. Εκεί βρήκα περί τους 15 - 20 κρατούμενους, μεταξύ των οποίων ήταν και μια γριά γυναίκα. Της βαριόμοιρης αυτής της είχαν ήδη πάρει - διαδοχικά - πέντε άτομα από το σπίτι. Κι ούτε έμαθα αν βρισκόταν εκεί ως κρατούμενη, ή, παρακινημένη από αισθήματα στοργής και αυτοθυσίας, είχε έρθει με προορισμό το βουνό, σε αναζήτηση των παιδιών της. Η γυναίκα δεν γύρισε πίσω, ούτε κανένα από τα πέντε παιδιά της. Τρομερό !... Εκεί - μετά από πολύ καιρό - είδα και το Γιώργη το Σουλιώτη, υπ' αριθμόν ένα κακούργο και σφαγιά του Ε. Α. Μ. - ως τότε δεν ήξερα τίποτα σχετικώς.

Το τελευταίο περιστατικό από κείνο το βράδυ, θυμάμαι ότι ήταν ένας μικρός περίπατος που κάναμε οι δυό μας με τον Κυριάκο. Και ότι σε κάποια μάλιστα στιγμή με ρώτησε μήπως έπρεπε να το σκάσει προς το ποτάμι, και να διαφύγει. Αμφιβάλλω, του είπα, αν θα τα καταφέρεις. Κι έπειτα, τι θα γίνονταν η Μαρίκα, κι οι υπόλοιποι δικοί του. Γιατί ήταν δεδομένο ότι οι αντάρτες αντίποινα για όσους αποτολμούσαν απόδραση.

Σε λίγο μας πλησίασε και η Μαρίκα, αποχαιρετίσθηκαν με σπαραγμό - ιδίως η Μαρίκα - και ποτέ δεν ξανασμίξανε. Τους χώρισε για πάντα το κακούργικο μαχαίρι κάποιου χασάπη του ΕΛΑΣ...

Κοιμηθήκαμε όλοι κάτου στο τσιμέντο, χωρίς οποιοδήποτε σκέπασμα, πλάι δε εκεί, κοιμήθηκαν και τρείς αντάρτες - σίγουρα κάποιος από δαύτους, θα φύλαγε σκοπός, πιο έξω.

ΕΑΜ

Αρχίζω τώρα να παρουσιάζω - από την αρχή - το ξεκίνημά μου για το Πετρί κ.λπ., σύμφωνα με τις από τότε ημερολογιακές μου σημειώσεις. Πάμε.

12/7/44. Για να προλάβω κι αποφύγω - αν τα καταφέρω - τη σύλληψη υπό των ανταρτών του θείου μου του Κώστα, και επίσης για να συμπαρασταθώ του κουμπάρου μου τον Κυριάκου του Αναστασίου - τον πιάσανε σήμερα οι αντάρτες - γενικότερα δε ενδεχομένως για να φανώ χρήσιμος και σ' όλη τη Νεμέα, ξεκίνησα σήμερα τ' απόγευμα πεζή για το Πετρί, κι από κει για άγνωστη κατεύθυνση.

Η συμφορά που βρήκε τη Στυμφαλία στο προχθεσινό πέρασμα των Γερμανών είναι τρομαχτική και δίχως προηγούμενο, επίκεντρο δε είχε τα χωριά Καλλιάνοι και Ψάρι. Φωτιά πέρα για πέρα και στο κάθε τι: σε σπίτια, σε μεμονωμένα καλύβια, σε θημωνιές από σπαρτά ως ακόμα και σ' αθέριστα χωράφια. Ευτυχώς τα ανθρώπινα θύματα ήταν περιορισμένα.

Από 'δώ - το Πετρί - παίρνω καθαρότερη γνώμη για την τεράστια, την παγκόσμια κοινωνική πάλη που γίνεται στις μέρες μας. Η πρωτοφανής στην ιστορία συσχέτιση με τον πόλεμο όλων των προβλημάτων που απασχόλησαν ως σήμερα τους ανθρώπους - η συμπύκνωση δηλαδή όλων αυτών των κάθε λογής προβλημάτων και επιδιώξεων και η καταφυγή στα τόσο καταστροφικά σημερινά όπλα για την επίλυσή τους είναι μια γιγαντιαία προσπάθεια, που ίσως δεν έχει ξαναγίνει. Κι ίσως να επιτύχει να δικαιώσει - επί τέλους! - τους πολλούς, κι όχι τους λίγους όπως γινότανε ως τώρα.

13/7/44. Ξεκινάμε πεζή στις 4:30 το πρωί, κρατούμενοι, συνοδοί, κι εγώ, και μετά εφτάωρη υπέροχη διαδρομή φτάσαμε στη Λαύκα. Όλοι οι κρατούμενοι νοιώθουν πολύ δυστυχείς, γιατί δεν ξέρουν τι τους περιμένει εκεί που πάμε. Συζητώντας με το Νίκο το Σταθόπουλο, διατυπώνει την άποψη ότι όλοι αυτοί του Ε.Α.Μ. δεν είναι παρά εσμός από στυγνούς κι αδίσταχτους τρομοκράτες κι εγκληματίες, και πως σαν έρθει η ώρα της ειρήνης, κι αρνηθούν να παραδώσουν τα όπλα, θα επικηρυχτούν για πέντε - δέκα λίρες ο καθένας τους, και θα λυτρωθεί ο τόπος, από την παρουσία τους...

Σαν φτάσαμε στη Λαύκα μας πήγαν στο πρώτο πάτωμα κάποιου κεντρικού χτιρίου, όπου υπήρχαν κι άλλοι μερικοί κρατούμενοι. Όλοι της παρέας μου κρατήθηκαν εκεί, ενώ εγώ κατέβηκα κάτου σε αναζήτηση επαφής με το γιατρό το Γρηγορόπουλο, τον οποίον είχα προκρίνει για να συζητήσω το θέμα μου. Ο γιατρός έλλειπε, και χρειάστηκε να περιμένω ως το βράδυ για να τον ιδώ.

Μεγάλος σαματάς γίνεται γύρω, από αντάρτες και χωριάτες, με κύριο φυσικά θέμα τις πρόσφατες επιδρομές των Γερμανών, και τις συμφορές που προκάλεσαν στην περιοχή. Σε κάποια στιγμή με πλησιάζει κάποιος φοιτητής ονόματι Ζάρκος, και ούτε λίγο ούτε πολύ αρχίζει να με ειρωνεύεται, λέγοντας μεταξύ άλλων

— ... ώστε σας ενοχλεί το αίμα, κύριε Γλαρέτα, ε; ...

Δεν τού 'δωσα σημασία, γιατί αφ' ενός τον θεώρησα τρελούδι, κι όψιμο ψευτο-επαναστάτη, αφ' ετέρου κατάλαβα πως εδώ μύριζε μπαρούτι που λέμε, και χρώσταγα να είμαι επιφυλαχτικός.

Λίγο αργότερα με φωνάζει από το μπαλκόνι ο Σταθόπουλος. Ανεβαίνω επάνω, κι απροσδόκητα μου επιτίθεται άσχημα ο Αναστασίου - προφανώς γιατί καθυστέρησα να τους ενημερώσω σχετικά με το θέμα τους. Κοκκίνισα από τη στενοχώρια μου, αλλά και δάγκωσα τη γλώσσα μου, γιατί δεν ήταν τώρα ώρα για παρεξηγήσεις. Αντίθετα με τον Αναστασίου, κάποιος άλλος με υπερασπίστηκε, εκφράζοντας μάλιστα και την ευγνωμοσύνη του, απλώς και μόνο για την παρουσία μου εκεί, στο πλευρό τους. Ο Σταθόπουλος μου 'δωσε κάποιο γράμμα για το Θάνο το Γιομπρέ, που ήταν έφεδρος αξιωματικός, και διευθυντής λόχου του ΕΛΑΣ, με την παράκληση να πάω να τον βρω, και να του το δώσω - σχετικά μου είχε μιλήσει και στο δρόμο. Υποσχέθηκα να δώσω το γράμμα, και να συζητήσω σχετικά με το Γιομπρέ, και κατέβηκα κάτου, όπου ήταν ένα μεγάλο προαύλιο καφενείου, με παγκάκια.

Είχα πέσει από τα σύννεφα. Η ζωή των κρατουμένων - καθώς και όσων επρόκειτο να συλληφθούν εν συνεχεία - δεν πολύ λογαριαζόταν εδώ. Έτσι το πρώτο πράγμα που έκανα ήταν να γράψω γράμμα στο θείο μου τον Κώστα, και μεταξύ άλλων τον παρακινούσα να παρουσιαστεί αμέσως στην Τοπική Επιτροπή του Ε.Α.Μ, και να βάλλει στη διάθεσή της όλη του την περιουσία, εν συνεχεία δε να εργαστεί σκληρά για την επικράτηση της επανάστασης. Κάτι ανάλογο έγραψα και στους Πιπεραίους στο Λιόντι, τα δε γράμματα τα έστειλα με την Κυρία Βασιλείου, που είχε έρθει ως τη Λαύκα για να βοηθήσει τον άντρα της, που ήτανε κρατούμενος.

Τελικά συναντήθηκα με το Γρηγορόπουλο, ο οποίος και δεν έδωσε καμιά σημασία στο θέμα μου, λέγοντας μεταξύ άλλων ότι η επανάσταση δεν κάνει συμψηφισμούς με τους αντιδραστικούς, αφ' ενός, αφ' ετέρου ότι κάθε μέρα πεθαίνουν χιλιάδες - χιλιάδες άνθρωποι ανά τον κόσμο από πείνα κι αρρώστιες, και συνεπώς εν ονόματι της επανάστασης, οι δικές μας εδώ φθορές σε ζωές ανθρώπων, ήταν χωρίς σημασία. Τα έχασα. Οι ελπίδες μου για την αποστολή μου, για τη σωτηρία του Κυριάκου και λοιπών φυλλορρόησαν στο άψε σβήσε.

Ο Γιομπρές έμαθα ότι βρισκότανε τέσσερεις περίπου ώρες μακριά, στου Ντούσια. Στο ημερολόγιο μου γράφω επί λέξει: Προς εξυπηρέτηση του σκοπού μου έφυγα κατά το βράδυ μ' ένα παλιομούλαρο για το χωριό Ντούσια, για να συναντήσω τον Αμάραντο - ψευδώνυμο του Γιομπρέ. Ό,τι ιδιαίτερα με εντυπωσίασε στη διαδρομή αλλά και μέσα στο Ντούσια, ήταν αφ' ενός η οργάνωση του αντάρτικου, και αφ' ετέρου - ιδίως αυτό - το αίσθημα δέους και μυστηρίου που δοκίμασα περπατώντας ανάμεσα από τα χαλάσματα του καθ' ολοκληρίαν πυρπολημένου χωριού. Για πρώτη φορά μετά την εκστρατεία της Αλβανίας κοιμάμαι σπαρτιάτικα, ήτοι ντυμένος, και διπλωμένος μ' ένα κουτσουρεμένο αντίσκηνο.

14/7/44. Ξύπνησα με τη σάλπιγγα, υπό το φως δε της ημέρας γνώρισα καλύτερα τόσο το αντάρτικο όσο και τη συμφορά του χωριού. Λίγο μετά έφυγα για τη Λαύκα, χωρίς ουσιαστικά να πετύχω τίποτα. Μου 'δωσε βέβαια ο Αμάραντος κάποιο σχετικό γράμμα για τον Αρχηγό του Εφεδρικού Ε.Λ.Α.Σ., για να κληθεί, λέει, στο αντάρτοδικείο, κατά την εκδίκαση της υπόθεσης Σταθόπουλου και λοιπών. Δεν ελπίζω και πολλά πράγματα.

Το αντάρτικο αρχίζει να με εντυπωσιάζει, γι' αυτό και γράφω: Μέρα με την ημέρα και ώρα με την ώρα έρχομαι σε καλύτερη επαφή με τους εδώ εκπροσώπους του κινήματος - έτσι χαρακτηριζόταν το ΕΑΜ - κι έτσι καταφέρνω να μπω βαθύτερα στο νόημα και το σκοπό του αγώνα. Φιλοξενήθηκα στο σπίτι του Χώρα.

15/7/44. Ο Αρχηγός του εφεδρικού ΕΛΑΣ έφυγε κατά την

Αρκαδία, κι έτσι τζίφος κι αυτή η προσπάθεια. Πάντως θα συνεχίσω να παρακολουθώ το θέμα, και μακάρι να φανεί από κάπου φως.

Καταπιάνομαι ενεργητικότερα στην Ε.Τ.Α. (Επιμελητεία Του Αντάρτη), και σήμερα έκανα σεφτέ στο συσσίτιό της.

Δεν ξέρω τι διάβολο θα γίνει με τον Κώστα, πάει να μου φύγει το μυαλό. Δεν βλέπω πώς μπορώ να τον βοηθήσω, έστω κι αν γυρίσω πίσω στη Νεμέα. Ουσιαστικά τώρα, όλες μου τις ελπίδες για τη σωτηρία του, τις έχω εναποθέσει στο θεό...

Ό,τι συναντώ και γνωρίζω εδώ γύρω από το επαναστατικό κίνημα, προκαλεί μέσα μου σωστό σεισμό, και νοιώθω να γίνονται τρομακτικές εκρήξεις πυρκαγιάς στην ψυχή μου, εκεί που από χρόνια τώρα φώλιαζε η επιθυμία, η ιερή σπίθα της επανάστασης για μια καλύτερη πανανθρώπινη ζωή. Βρίσκομαι εδώ από την περασμένη Τετάρτη και παρ' ότι πολύ προσπάθησα να πιάσω κάπου δουλειά, δεν έκανα τίποτα ακόμα.

16/7/44. Μελετάται η τοποθέτησή μου ως προϊσταμένου του Εμπορικού Τμήματος της Ε.Τ.Α. Πολλά προβλήματα με βασανίζουν, αλλά εκείνο που κυρίως με καίει, είναι το ζήτημα του Κώστα, χωρίς δυστυχώς και να μπορώ να κάνω κάτι.

17/7/44. Συνεπεία των εις Αλέαν και εκείθεν επιδρομών των Γερμανο - Ράλληδων, καθώς και των συγκρούσεών τους μετά των ανταρτών στη Νεμέα, κόσμος κι άλλος κόσμος ανεβαίνει προς τα εδώ για ν' αποφύγει τον κίνδυνο, όλη δε τη νύχτα γινόταν μεγάλος σαματάς.

18/7/44. Ανάλαβα - προσωρινώς - τη διεύθυνση του Εμπορικού Τμήματος τη Ε.Τ.Α. Γι' αυτό και κοιμήθηκα πολύ αργά, καταγινόμενος με το αμπαλάρισμα των διαφόρων υλικών προκειμένου να προωθηθούν για κάπου αλλού, για μεγαλύτερη ασφάλεια.

19/7/44.   Ξύπνησα στις 4, κι ως τις 12 καιγόμουνα από πυρετό δραστηριότητας, ώσπου να τα φόρτωσα όλα. Αταξία... νάτη και πάλι μπροστά μου, μού 'κανε δε τα νεύρα κόσκινο. Επαναλαμβάνω, κι απευθυνόμενος στον εαυτό μου θα το φωνάζω αδιάκοπα, πως αν κανείς δεν κάνει την τάξη θρησκεία του, είναι αδύνατο να φτάσει ψηλά και να ανταποκριθεί στον προορισμό του.

Μεσημέρι. Όλος ο κόσμος βρίσκεται σε ανησυχία, που τη φουντώνει η ξαφνική εμφάνιση κινήσεων ψηλά στο βουνό της Λαύκας, χωρίς κανένας να μπορεί να ειπεί αν είναι Γερμανοί ή αντάρτες. Γι' αυτό και ξεκινάμε αμέσως και εκτάκτως, και μετά πεντάωρη πορεία φτάνουμε στα Καλύβια. Στο δρόμο μας πολυβόλησε ένα αεροπλάνο, χωρίς ευτυχώς θύματα, αλλά είδα κι έπαθα να συγκρατήσω τη Νίνα του Μελιγαλά.

Είχα επίσης κι ένα πρώτο δείγμα, ότι όλος αυτός ο κόσμος των ανταρτών δεν είχε καμιά σχέση με την πατριωτισμό και την αυτοθυσία των πολεμιστών της Αλβανίας. Μας τα είχε γυρίσει ένα μουλάρι - το φορτίο του δηλαδή - στη δε επίκλησή μου για βοήθεια, κανένας από μερικούς αντάρτες που βρέθηκαν εκεί δεν έτρεξε να συνδράμει. Οπότε λέω:

— Ε, ρε βρωμιά που υπάρχει κι εδώ!...
    (με τον όρο "αλλού", εννοούσα την παράταξη της
    δεξιάς).

Ένας από δαύτους με κοίταξε πολύ άγρια, και τότε κατάλαβα καλύτερα ότι έπαιζα εν ου παικτοίς, που λέμε...

Η άποψη του Φενεού είναι θαυμασιωτάτη, τη χαίρομαι δε για δεύτερη φορά - την πρωτογνώρισα το '41, που είχα έρθει ως εδώ με τον Παπανδριανό.

Ιδιαίτερα μου άρεσε το χωριό Καλύβια, όπου και καταλύσαμε, με εντυπωσιάζει δε αφ' ενός γιατί είναι χτισμένο σε καλή θέση, αφ' ετέρου γιατί έχει άφθονα νερά, κι ακόμα γιατί το στολίζουν πολλά και ποικίλα δέντρα, η δε βλάστησή του κυριολεχτικά οργιάζει.

Κοιμήθηκα πολύ αργά χτες βράδυ, ξύπνησα δε επίσης πολύ πρωί. Με αποτέλεσμα το φως της λάμπας που ακόμα ψευτόκαιγε το πρωί που ξύπνησα, να το εκλάβω από τη ζαλάδα μου και την κούραση σαν ένα κομμάτι πρωινού θυμωμένου ήλιου, πού μπαίνε τάχα μέσα, από κάποια χαραμάδα...

Πήγα αποστολή στη Γκούρα, απ' όπου και γύρισα το μεσημέρι κατάκοπος. Κατά τις δύο η ώρα προωθούμεθα και πάλι, γιατί ο εχθρός μας πλησιάζει. Παίρνουμε το δρόμο της Ζαρούχλας, ξεπερνώντας δε το μοναστήρι του Φενεού χανόμαστε μέσα στο δάσος. Δεν θυμάμαι να γνώρισα ομορφότερο δάσος απ' αυτό. Αν το διάβαινα σε καλύτερους καιρούς, ασφαλώς θα αποταμίευα σύννεφα χαράς και ρομαντισμού.

Βγαίνοντας στην πλατεία κι αγναντεύοντας προς τη Νεμέα, βλέπω γιγάντιες στήλες καπνού ν' ανεβαίνουν στον ουρανό, καθαρό σημάδι φοβερού εμπρησμού της πολιτείας από τους Ούνους και τους τσολιάδες. Τα σύγχρονα Ιμπραΐμικα μπουλούκ-ασκέργια, αναβιώνουν τα κακουργήματα της τουρκοκρατίας, και κάνουν το πάν για να τα ξεπεράσουν σε βαρβαρότητα.

Στη Ζαρούχλα φτάσαμε κατά το βράδιασμα, αμέσως δε έφυγα με αποστολή για το δάσος προς τα Καλάβρυτα. Ταχτοποιήθηκα δε τελικά, οπότε και γύρισα με μεγάλη παρέα από άντρες και γυναίκες στη Ζαρούχλα, όπου και διανυχτερεύσαμε σ' ένα παλιόσπιτο.

Η Ζαρούχλα είναι χωριό του Δήμου Μονακρίδος, χτισμένο σε μια μικρή κοιλάδα στους πρόποδες των Αροανίων και σε υψόμετρο 1.050 μέτρα. Κάποτε στο μέρος αυτό ήσαν 800 τόσα σπίτια, αλλά τώρα είναι - δεν είναι 70. Οπωσδήποτε έχει θαυμάσιο κλίμα, πολύ πράσινο και πολλά - πολλά νερά, συγκέντρωνε δε παλιότερα πολλούς παραθεριστές - είναι πραγματικά ένα μικρό κομμάτι Ελβετίας.

20/7/44. Πέρασα μια ανήσυχη νύχτα, ξύπνησα δε με το φώτισμα. Η προσφυγιά από τη Στυμφαλία, Φενεό κλπ. συνεχίζει ν' ανηφορίζει προς τα εδώ, είναι δε πολύ μελαγχολικό το θέαμα που προσφέρουν - ο κίνδυνος από την επιδρομή είναι τρομερός, γι' αυτό κι ο κόσμος τα εγκατέλειψε όλα.

Κατά το μεσημέρι κυκλοφόρησε μια φήμη πως οι Γερμανο -τσολιάδες φτάσανε στο Φονιά, και πως κινούνται και από τα Καλάβρυτα. Μετά απ' αυτό προκλήθηκε αναστάτωση, φάγαμε δε βιαστικά κάτι μισοβρασμένες φακές, και προωθηθήκαμε αμέσως. Εγώ παρέμεινα στο χωριό ως το απόγευμα, οπότε πήγα και συνάντησα τους άλλους στον καταυλισμό, αλλά λόγω λάθους του οδηγού περιπλανηθήκαμε.

Πάντως αποζημιωθήκαμε για το λάθος, γιατί έτσι ανεβήκαμε στην κορφή του ορεινού όγκου Παστρωπά, απ' όπου και αγναντέψαμε την περιοχή του κεντρικού Χελμού, εκεί που ως γνωστό ξετυλίχτηκε το ειδύλλιο του Τάσου και της Γκόλφως. Εκεί επίσης καθώς λέει το παραμύθι, βρίσκεται και τ' αθάνατο νερό. Κοιμηθήκαμε στην ακροποταμιά, κοντά στην πηγή του Κρυονεριού, μέσα στα έλατα, παρά δε τους φόβους μας ότι θα κρυώναμε επειδή δεν είχαμε ρούχα, κοιμηθήκαμε θαυμάσια.

21/7/44. Κάναμε έναν θαυμάσιο περίπατο πλάι στο ποτάμι, με κατεύθυνση προς την πηγή, χαιρόμασταν δε και δε χορταίναμε τα τρελά παιχνιδίσματα του νερού με τα φυτά και τα δέντρα, καθώς και το γλυκολάλημα των πουλιών. Κατά τις 11 μάθαμε πως οι Γερμανοί φεύγανε για την Καστανιά, κι αμέσως κατηφορίσαμε προς τη Ζαρούχλα. Σύντομα μάλιστα παρουσιάστηκε πάλι αεροπλάνο, ήταν δε κωμικοτραγικό το θέαμα του όχλου που τρέχαμε όλοι μας σαν δαιμονισμένοι, για να κρυφτούμε.

Φτάνοντας στον πύργο του χωριού, κι αφού ξεπεζέψαμε να ξεκουραστούμε, μας ήρθε άλλη είδηση - εντολή, να γυρίσουμε πάλι στον καταυλισμό, και να πάρουμε αυστηρά μέτρα ασφαλείας, γιατί ο εχθρός κινείται από παντού γύρω μας και βρισκόμαστε σε μεγάλο κίνδυνο. Οι πολλές γυναίκες προκάλεσαν και πολλή φασαρία, αλλά τελικά φτάσαμε πάλι στο Κρυονέρι. Εκεί, αφού μοιραστήκαμε λίγα τρόφιμα, χωριστήκαμε σε ομάδες, εγώ δε με μερικούς άλλους ανεβήκαμε στην κορφή Λυκόλακκες. Στη διαδρομή υποφέραμε πολύ λόγω της ανηφοριάς. Δεν προλάβαμε όμως ν' ανασάνουμε, και νάσου καινούργιος σύνδεσμος φέρνοντας την είδηση πως ο εχθρός μένει στάσιμος, οπότε μπορούμε να γυρίσουμε στις θέσεις μας. Καινούργιος καυγάς από τις γυναίκες για τις αδικαιολόγητες ταλαιπωρίες, αλλά νάσου άλλος αγγελιοφόρος, να μείνουμε ακίνητοι εκεί που ήμασταν.

Για πρώτη φορά από τον καιρό της θητείας μου φύλαξα σκοπός. Σε κάποια στιγμή νόμισα πως άκουσα πατήματα, κι είδα κι έπαθα ώσπου να βεβαιωθώ πως επρόκειτο περί κάποιου που κοιμότανε, αλλά ονειρευότανε... πως πάταγε σταφύλια...

[Αυτά τα φρικιαστικά κι αποτρόπαια, που ακολουθούν, έγιναν γνωστά μετά τα Δεκεμβριανά, μετά δηλαδή τη συντριβή του ΕΛΑΣ και την απελευθέρωση της υπαίθρου από την Εαμοκρατία. Ο λόγος που τα παραθέτω εδώ, είναι επειδή συντελέστηκαν τούτες τις μέρες, το τρίτο δηλαδή δεκαήμερο του Ιούλη 1944, που έγιναν και οι εκτεταμένες υπό των Γερμανο-τσολιάδων εκκαθαρίσεις ανά τη Στυμφαλία και το Φενεό.

Επειδή υπήρχαν σοβαροί φόβοι να πετύχουν τα Τάγματα Ασφαλείας να βρουν και να απελευθερώσουν τους κρατούμενους υπό του Ε.Α.Μ., οι κομμουνιστές (αυτοί κυβερνούσαν το Ε.Α.Μ.) τους πέρασαν όλους από λεπίδι. Μάλιστα. Όλους από μαχαίρι. Τους μετέφεραν σε κάποια τεράστια τρύπα - καταβόθρα (όχι πολύ μακριά από τη Μονή Φενεού) και εκεί τους έσφαξαν όλους, σαν τα κατσίκια. Και τους πέταξαν στην καταβόθρα...

Κι ο απλός άνθρωπος αναρωτιέται: ποια ιδεολογία, και ποιος στόχος και ποιος σκοπός μπορεί να αγιάσει τέτοια μέσα, τέτοιες φρικαλεότητες ; - Κανένας. Εκείνοι που κάναν αυτά τα κακουργήματα - κάτι παρόμοιο έγινε και στη Μεσσηνία, κι αλλού, κι αλλού... - δεν είναι άνθρωποι. Είναι αιμοδιψή τέρατα ανάμεσα στους ομοίους τους, είναι σαρκοβόρα κτήνη και θηρία της αποκαλύψεως. Μεγαλύτερη βλαστήμια και ντροπή κι εξευτελισμός για τον άνθρωπο, άλλη απ' αυτή δεν γίνεται. Η κατάρα του θεού να πέσει εκδικητής και τιμωρός απάνω τους, και να τους κάψουν όλες οι φωτιές της κόλασης.

Θα παρουσιάσω επίσης ένα πολύ χαρακτηριστικό σημάδι της απερίγραφτης σύγχυσης και αλλοφροσύνης που επικρατούσε στον αδερφοφάγο εκείνο πόλεμο - ακόμα και μέσα στις διάφορες παρατάξεις.

Κάπου σ' ένα χαμόσπιτο στην είσοδο της Ζαρούχλας, βλέπουμε φυλακισμένο κάποιον παλιό ακραιφνή κομμουνιστή, το Σταύρο τον Παλυβό. Παραξενεύτηκα. Τού έδωσα από το παραθυράκι λίγα τσιγάρα, και τον ρώτησα τί του συνέβαινε, ο δε Σταύρος μου απαντάει :

— Απλούστατα, μου συμβαίνει αυτό που λένε: σαν τρελαθεί η σκύλα, γυρίζει και τρώει τα κουτάβια της...

— Σώπα καημένε, του λέω, κάποιο λάθος θα έχει γίνει, και θα σ' απολύσουν, μην ανησυχείς.

— Θα προλάβουν; μου απαντάει εκείνος, ή θα περάσει πρώτη από 'δώ η Ο.Π.Λ.Α., και θα με καθαρίσει;...

Ο.Π.Λ.Α. σήμαινε ομάδες εκτελεστών του Ε.Α.Μ., που περιέτρεχαν κάμπους και χωριά και σκότωναν αβέρτα αντιφρονούντες - αντιδραστικούς τους λέγανε τότε - ιδίως τυχόν κρατούμενους. Ανατρίχιασα. Τον καθησύχασα και πάλι, κι έφυγα, μ' ένα κεφάλι ασήκωτο από τις πολλές μαύρες σκέψεις για όλους μας, για όλους τους Έλληνες.

Τη γλύτωσε τότε ο ταλαίπωρος ο Σταύρος, για να σκοτωθεί αργότερα στη Νεμέα, μαζί με μερικούς άλλους, από κουκουλοφόρους της δεξιάς. Σταμάτησαν κάποιο πρωί το λεωφορείο Νεμέα - Αθήνα, κοντά στου Μάη το γεφύρι, τους κατέβασαν, διώξανε το λεωφορείο, και μετά τους κατακρεούργησαν.

Και για να τελειώνω με το μακάβριο θέμα των σφαγών, λέω ότι στη Λαύκα γνώρισα μια μέρα και το Στάθη, τον Αρχι-εισαγγελέα ας πούμε, του Ε.Α.Μ. Ο Στάθης ήταν εξτρεμιστής αριστερός, είχε δε κάνει πολλά χρόνια στις φυλακές της Ακροναυπλίας. Τώρα ήταν ο κριτής της μοίρας όλων των συλλαμβανομένων ανά την Αργολίδα-Κορινθία κλπ. ως αντιδραστικών, από δε το στόμα του έβγαινε μια μόνο λέξη: θάνατος. Έτσι, είχε στείλει χιλιάδες αθώους ανθρώπους στον τάφο, μεταξύ τους δε και τους συγγενείς μου τους Παπαδοπουλαίους.]

22/7/44. Είμαστε περί τους 80 όσοι έχουμε συνταυτίσει τη μοίρα μας, 80 δε είναι και οι γνώμες μας για το τί πρέπει κάθε φορά να γίνει, κι έτσι γίνεται χάβρα των Εβραίων.

Περάσαμε μια πολύ ανήσυχη μέρα, το δε κακό αποκορυφώθηκε όταν το απόγευμα ακούσαμε πυκνά πυρά κατά το Χελμό. Κάθε τόσο φτάνουν οι πιο αντιφατικές ειδήσεις, αλλά πάντως φαίνεται ότι είμαστε περικυκλωμένοι. Σχέδια κι άλλα σχέδια κάναμε όλη τη νύχτα για τη διαφυγή μας, ο δε λιγοστός ύπνος μας ήταν γεμάτος εφιάλτες.

23/7/44. Ξυπνήσαμε πολλές φορές τη νύχτα, κυρίως λόγω την έντονης κίνησης των αεροπλάνων, φοβερή δε προβλέπαμε τη σημερινή ημέρα. Και γι' αυτό και κάναμε ο καθένας μας ότι μπορούσαμε, για την κάποια αυτοπροστασία μας. Καινούργια συμβούλια, και πάλι μοιράσαμε ο, τι πρόχειρο τρόφιμο υπήρχε, και μετά σκορπιστήκαμε στο δάσος.

Κατά το μεσημέρι μας ήρθαν καθησυχαστικές ειδήσεις, ότι δηλαδή εξελίσσονται κάπως ευνοϊκά οι επιχειρήσεις του εσωτερικού αυτού πολέμου, μετά δε απ' αυτό γυρίσαμε πάλι στο Κρυονέρι.

Πάνου στο καταλάγιασμα ήρθε καινούργια είδηση, πως τ' αγρίμι μας κοντοζύγωσε, μονομιάς δε όλοι μας ζαρώσαμε στο καβούκι μας. Λίγο αργότερα διαψεύστηκε κι αυτή η είδηση, κι έτσι παραμείναμε μετέωροι, έτοιμοι να δεχτούμε το καλύτερο ή το χειρότερο.

Κατά το βράδυ μάθαμε πως οι Γερμανοί φτάσανε στη Ζαρούχλα - εγώ το έμαθα στο δρόμο πηγαίνοντας για παρατήρηση, γυρίζοντας δε στην κατασκήνωση τους βρήκα όλους λείψανα. Ορμήσαμε κατά το βουνό, αφού δε φτάσαμε σε κάποιο σημείο, εγώ πήγα πάλι σκοπός. Σαν μούσγκωσε γύρισα πίσω στους άλλους αλλά δεν τους βρήκα γιατί είχαν σκορπίσει, μερικούς μάλιστα Ζαρουχλιώτες που έρχονταν κατά το μέρος μου τους εξέλαβα για Γερμανούς, κι έτρεξα να κρυφτώ.

Λίγο αργότερα βρήκα μερικούς συναγωνιστές και μαζί προχωρήσαμε προς την κορφή του βουνού, ώστε να μπορέσουμε να ξεφύγουμε από τον κλοιό, και να βρεθούμε πίσω από τον εχθρό. Η κακοτοπιά ήταν απαίσια και σχεδόν μπουσουλάγαμε για ν' ανεβούμε, μερικοί δε εγκατέλειψαν την αναρρίχηση.

Αφού αποκάναμε από την κούραση, σωριαστήκαμε κάτου, κάπου στον αυχένα ενός βράχου. Λόγω κακοτοπιάς υποφέραμε πολύ στον ύπνο. Δεν έχω ψωμί ούτε νερό, γιατί έχασα το σύντροφό μου. Ευτυχώς που ήταν δροσερή η νύχτα, κι έτσι δεν υποφέραμε από δίψα.

24/7/44. Ξύπνησα πολύ νωρίς και κατάγινα στην εξεύρεση παρατηρητηρίου.   Κατά τις 6:15 ακούγονται τα πρώτα πυρά κατά την περιοχή του Ξερόκαμπου και ψηλότερα, είμαι δε πολύ στενοχωρημένος που βρίσκομαι μακριά από τις γυναίκες και ιδιαίτερα από τη Νίνα. Παρά τη συναίσθηση του χρέους μου να βρεθώ κοντά τους, μένω ακίνητος, γιατί ίσως οι κινήσεις μου να επισημανθούν, πλέον δε ούτε και ξέρω πού βρίσκονται.

Όλη την ημέρα την περάσαμε επιφυλακή. Ο εχθρός κινήθηκε προς τη ρεματιά και τα πέριξ χωριά, ακούσαμε δε ότι έγιναν και μικροσυγκρούσεις με τους αντάρτες. Θεωρώ χρέος μου εδώ, να εξάρω το θάρρος και την αντρειοσύνη των Ζαρουχλιωτών.

Πεινάω πολύ αλλά περισσότερο με κουράζει η δίψα. Κι είναι μια ειρωνεία σ' αυτή μου τη δίψα η θέα του ποταμιού χαμηλά στη χαράδρα...   Κυλάει ατάραχο κι αδιάφορο το αφιλότιμο - μου φαίνεται μάλιστα πως με κοροϊδεύει, με τη μουρμούρα του. Να φτάσω κάτου, κι έφτασα... φωτιά θα του βάλλω.

Το βράδυ φύλαξα σκοπός προχωρημένου φυλακίου. Επιστρέφοντας το πρωί στην κατασκήνωση, συνάντησα τ' αγέρι της αυγής να τραβάει σ' άγνωστη κατεύθυνση. Περνώντας το ποτάμι προχωρήσαμε μέσα στο δάσος, και λίγο αργότερα σταματήσαμε κάπου.

Αργά το απόγευμα μαθαίνουμε πως βρισκόμαστε σε άμεσο κίνδυνο - ο εχθρός έχει συγκεντρώσει πολλές δυνάμεις, και πρόκειται να χτυπήσει το δάσος. Περίτρομοι ξεκινάμε πάλι, και προχωρούμε, λίγο δε μετά καταφτάνει άλλος σύνδεσμος με διαταγή του Φρουραρχείου να χωριστούν οι γυναίκες από τους άντρες, αν δε τις πιάσουν, να ειπούνε πως κρύφτηκαν από φόβο - οι άντρες φυσικά να κρυφτούν όπως μπορούν. Πάνω σ' αυτή τη συζήτηση, ακούστηκαν τα πυρά του εχθρού, και ό, τι επακολούθησε δύσκολα περιγράφεται.

Θεόρατα κατάμαυρα σύννεφα πανικού ξεπετάχτηκαν, οι

γυναίκες άρχισαν τις φωνές και τα κλάματα αντιδρώντας στο χωρισμό, τα δε μικρόπαιδα, κρατώντας πάσο, κλαψούριζαν σαν κατσούλια. Πετάξαμε λοιπόν οι περισσότεροι ό,τι βαρύ είχαμε, μερικοί μάλιστα και τις κουβέρτες τους, και τα παλτά τους και σκορπιστήκαμε ανάκατα μέσα στο δάσος, μην καλά - καλά ξέροντας πού πάμε. Στην περιπλάνηση της πορείας μας συναντηθήκαμε πάλι μερικοί, παρατηρώντας δε κάποια χαλάρωση στα πυρά, αναθαρρήσαμε λίγο.

Κατά το απόγευμα μάθαμε ότι οι περιοχές Φενεού και Στυμφαλίας είναι ελεύθερες, κι έτσι κατεβήκαμε πάλι στο Κρυονέρι, προκειμένου να ξενυχτίσουμε εκεί, τη δε επομένη να φύγουμε για τα μετόπισθεν.

26/7/44. Ξύπνησα αργά κάπως λόγω του ξεβιδώματος της προηγηθείσης περιπέτειας, μετά δε από πολλές συζητήσεις φύγαμε για τη Ζαρούχλα. Εκεί μας δυσκόλεψαν να φύγουμε γιατί δεν ήταν απολύτως βέβαιοι πως είχε αποσυρθεί ο εχθρός, αλλά παίρνοντας την ευθύνη επάνω μας προχωρήσαμε για τα Καλύβια, κι από κει για το Μοσιά όπου και φτάσαμε το βράδυ, χωρίς ευτυχώς να μας συμβεί τίποτα.

Το ρήμαγμα, οι φωτιές, οι σκοτωμοί κι η τρομοκρατία που προκάλεσαν τα σύγχρονα Ιμπραίμικα μπουλούκ-ασκέρια του Χίτλερ και των Γενίτσαρων ξεπέρασαν κάθε προηγούμενο γι' αυτή την περιοχή, με φρίκη δε θα τα διηγούνται στους μεταγενέστερους, όσοι τα έζησαν.

Χαρακτηριστικά σημάδια εγκλημάτων και βανδαλισμών είναι τα όσα απαίσια έγιναν στο μοναστήρι, επίσης σ' ένα σπίτι στη Λαύκα, όπου κάψανε εννέα πατριώτες, κυριολεκτικό δε ξεθεμελίωμα προκάλεσαν στη Λυκούργια και τη Σκοτεινή, όπου στα ερείπιά τους από χτες μοιρολογάνε κουκουβάγιες.

Συνοδέψαμε ως το νεκροταφείο τα λείψανα εκείνων που κάηκαν στο σπίτι κάποιου ονόματι Λουμάνη, συγκλονιστική δε ήταν η εντύπωση που μού κάνε η θέα των καβουρντισμένων σωμάτων, καθώς επίσης και το σφιγμένο σε γροθιά χέρι ενός εκ των πατριωτών, που ποιος ξέρει σε ποια μεγαλειώδη κρίση πίστης και επανάστασης να παρέδωσε το πνεύμα. Έφυγε με τη γροθιά σφιγμένη, σύμβολο και έννοια υψηλή κι ακατάληπτη για μας. Ανώνυμε ήρωα μας γεια σου! Αναπάψου εκεί που βρίσκεσαι τώρα, και βεβαιώσου πως αλύγιστοι θα συνεχίσουμε την πορεία που με το παράδειγμά σου μας χάραξες, την πορεία προς τη λευτεριά.

Πολύ μου έχουν στοιχίσει οι τελευταίες εκατέρωθεν εκτελέσεις καθώς κι οι γενικές καταστροφές - ιδιαίτερα της Νεμέας, κι αναρωτιέμαι πού θα το βγάλει ο άχαρος τούτος δρόμος. Βρισκόμαστε ήδη στη Λαύκα. Από το παράθυρο του σχολείου αγναντεύω τον αλωνιστικό οργασμό των Λαυκιωτών, και για χιλιοστή φορά θαυμάζω την ακάματη και δημιουργική δύναμη της αγροτιάς.

Για πρώτη φορά ύστερα από πολύ καιρό άκουσα απόψε ραδιόφωνο. Όλος ο κόσμος στριμώχνεται κάτου από την ταράτσα του Μήλιου για ν' ακούσει πολεμικά νέα, κι όλοι μας κρεμόμαστε από το μαγικό δείχτη του ραδιοφώνου.

Κάπου - κάπου ακούμε και μουσική, πότε ελαφριά πότε μελαγχολική και βαριά, σποραδικά δε τ' αυτί μας τσιμπάει και ελληνικές νότες. Η παρεμβολή της μουσικής αυτής, ιδιαίτερα της εύθυμης, στη γεμάτη από επαναστατικούς καπνούς ατμόσφαιρά μας μάς ξαφνιάζει κάπως, γιατί μας αποκαλύπτει πως δεν πολεμάνε μόνο, αλλά και γλεντάνε μερικοί από τους κολασμένους της γης.

30/7/44. Με απασχολεί πολύ ο αγώνας, και προχωρώ βήμα - βήμα στο εσωτερικό του. Σχετικά με το Τμήμα μου - το Εμπορικό Τμήμα - σκέπτομαι από τώρα και προσπαθώ να βρω τις βάσεις πάνω στις οποίες θα στηρίξω μεταπολεμικά το τεράστιο αυτό έργο.

Ανεβαίνοντας το βράδυ στην αγορά, συνάντησα να

φέρνουν κάποιον Ταγματαλήτη αιχμάλωτο.   Βρισκόταν σε κακά χάλια γιατί τον είχαν σακατέψει στο ξύλο στα χωριά απ' όπου πέρασε - λυπήθηκα πραγματικά για την κατάντια του. Τον πήγαν στην πλατεία του χωριού, όπου και μαζεύτηκε όλος ο κόσμος, όλη η Λαύκα.   Αφού τον γιουχάισαν και κοροϊδεύτηκαν κάμποσο μαζί του, τον άρχισαν στο ξύλο. Τον χτύπησαν τόσο που μισοπεθαμένε, μετά δε απ' αυτό του ρίξανε νερό για να συνέλθει, και να γροικάει το μαρτύριό του, και στο τέλος χίμηξε κάποιος της Ο.Π.Λ.Α. (ο Γιώργης ο Σουλιώτης) και τον έσφαξε.

Δεν ξέρω τι εξέλιξη θα πάρει ο ψυχικός μου κόσμος, αλλά τώρα ομολογώ ότι δεν είμαι ικανός για τέτοια πράγματα. Και τα θεωρώ κατώτερα γνήσιων επαναστατών.   Ίσως κι ο αδερφός μου να υπέκυψε κάτω από τις ίδιες - ή και χειρότερες - συνθήκες. Δεν έχει σημασία. Η βάση μένει η ίδια : Να είμαστε άνθρωποι.

Ορισμένες επιφυλάξεις μου ως προς την εκτέλεση του Κώστα, τις διέλυσε σήμερα ο ερχομός του Χρήστου του Καραπάνου, που βεβαίωσε ότι τον εκτέλεσαν .

Ανάμικτα συναισθήματα χαράς και λύπης μου πρόσφερε σήμερα με το παίξιμο του ακορντεόν του, ο αυτόμολος Ιταλός ονόματι Νίκος.

Αδικαιολόγητη πια κάθε αμφιβολία πως κυρίως το κακό σύστημα ανάπτυξης και διαβίωσης της προπολεμικής κοινωνίας, ευθύνεται που τόσος κοσμάκης βρίσκεται στην αμάθεια και το σκοτάδι, που κατ' ουσίαν δεν ζει τη ζωούλα του. Τραγικό θύμα της κι εγώ, αγωνίζομαι τώρα για το σταμάτημα του κακού, για τη δημιουργία μιας καλύτερης κοινωνίας.

Οριστικά πια μου ανετέθη η υπευθυνότητα του Εμπορικού Τμήματος της Ε.Τ.Α. Έτσι μπαίνω σ' έναν κύκλο ευρύτατης δράσης, πράγμα που θα 'κανα με δυσκολία αν δεν επρόκειτο για τον αγώνα. Και εξηγιέμαι πως θα το 'κανα με δυσκολία, γιατί στη δράση αυτής ιδιαίτερα της μορφής, χάνω κυριολεχτικά τον εαυτό μου.

2/8/44.   Τα συγκινητικά γράμματα από τα κορίτσια του Δανόπουλου που πήρα σήμερα, για το χαμό του αδερφού μου, αντί να μ' ανακουφίσουν μ' έριξαν βαθύτερα στο καμίνι του πόνου.

Γιγάντιες άσπρες πασχαλιάτικες λαμπάδες μου φέρανε στο νου οι όρθιοι άσπροι κορμοί των πεθαμένων έλατων στην απέναντι βουνοπλαγιά, καθώς τους αγνάντευα σήμερα από το παράθυρο της αποθήκης, εικόνα που ολότελα με βύθισε για λίγο στη ρέμβη και τη μυστικοπάθεια...

4/8/44.   Έρχονται ώρες που ο πόνος μου για το χαμό του αδερφού μου φτάνει σε άγριο παροξυσμό, και τότε νοιώθω να κουβαρομαζεύομαι και να σπαράζω σα βροντοβαρεμένο αρκούδι.

5/8/44.   Από τη δουλειά που κάνω βεβαιώνομαι πως είμαι οπωσδήποτε στο στοιχείο μου, ότι δηλαδή μ' αρέσει το εμπόριο, η συναλλαγή με τους ανθρώπους.   Χάρις στην καλή οργάνωση, καθώς και στην όρεξη για δουλειά που δείξαμε, η Λαϊκή αγορά πέτυχε πέρα για πέρα.   Η βουή και το κακό του συνωστισμού, με μετέφεραν σε παλιά μου μεγαλεία...

7/8/44. Και σήμερα δουλέψαμε, και μάλιστα πιο σκληρά, κι έτσι το εδώ έργο μας τελείωσε.   Νοιώθω πολύ άτονος λόγω της υπερκόπωσης.   Από τους ανθρώπους που είδα, την πιο καλή γνώμη σχημάτισα για τους κατοίκους του Στενού.   Το βράδυ βγήκα λίγο περίπατο στον μοναδικό κεντρικό δρόμο του χωριού, πολύ δε αποθύμησα τη σκηνογραφία της πεδιάδας του Φενεού, καθώς και των απέναντι βουνοπλαγιών.   Ένα μεγαλόσωμο πουρνάρι, τυλιγμένο με κισσό, μου πρόσφερνε επίσης μια πολύ όμορφη παράσταση.

8/8/44. Ετοιμαστήκαμε πρωί - πρωί και κατά τις 9 φύγαμε για τη Λαύκα. Καβάλα σ' ένα ψαρί μουλάρι προχωρούσα πιο μπροστά, μόνος μου, ανενόχλητα απολαμβάνοντας την όμορφη θέα των γύρω τοπίων. Στη Λαύκα φτάσαμε κατά το μεσημέρι, χαρήκαμε δε πολύ που τους βρήκαμε όλους καλά. Δεν είναι υπερβολή αν σας πω πως νοιώθουμε σαν να βρισκόμαστε σε στενό οικογενειακό περιβάλλον.

9/8/44. Κουραστήκαμε πολύ για να βάλλουμε πάλι σε τάξη το υλικό της αποθήκης. Ο ορίζοντας της δουλειάς μου πλαταίνει μέρα με την ημέρα, κι έτσι μου παρουσιάζεται μια μοναδική ευκαιρία για το καθολικό γνώρισμα του εαυτού μου, και τη συμπλήρωση της επαγγελματικής μου κατάρτισης. Παράλληλα, με την ανάπτυξη δράσης λυτρώνομαι κάπως από το βάρος του συναισθηματικού εαυτού μου, που ως γνωστό πολύ με   παιδεύει. Μ' αρέσει πολύ να βρίσκομαι κοντά σε διαλεχτά επαναστατικά, φιλοσοφικά, αλλ' ακόμα και καλογραμμένα φιλολογικά βιβλία. Επίσης να έχω μια γραφομηχανή, πολύ χαρτί, ελεύθερο ορίζοντα, και χρόνο φυσικά, και πολλούς διαλεχτούς ανθρώπους γύρω μου. Μέσα σε τέτοιον κύκλο νοιώθω πολύ καλά, και φυσικά αποδίδω περισσότερο.

10/8/44. Πηγαίνω στην Αλέα να οργανώσω τις Λαϊκές αγορές Αργολίδας, μεταξύ δε άλλων έχω μαζί μου και το Λάμπη τον Παρασκευόπουλο.

Αμέτρητες θεόρατες πράσινες βεντάλιες τα έλατα, ενισχυμένα και από τη δροσιά του δάσους μας προστατεύουν αποτελεσματικά από την αφόρητη καλοκαιριάτικη ζέστη, και κάνουν ευχάριστη τη διαδρομή μας. Πολύ μ' αρέσει η θέα προς τη θέση Αγνολιά, στο διάσελο της Καντήλας, εκεί που συνορεύουν η Αρκαδία με την Αλέα και τη Στυμφαλία, γιατί πραγματικά απορροφιέται κανείς και κυριολεχτικά μεταρσιώνεται...

12/8/44. Ευεργετική η κούραση, αφού εξασφαλίζει βαθύ και αδιατάραχο ύπνο. Έχω συνέλθει κάπως - νοιώθω καλύτερα. Κατεβαίνοντας για να πιάσω δουλειά, συνάντησα μια ξανθόμαλλη παιδούλα ως 10 χρονών, να ποτίζει τις ντοματιές και τ' άλλα ζαρζαβατικά του κήπου της. Όμοιο με αλλόκοτο, πανέμορφο λουλούδι το κοριτσάκι, μ' έκανε με την παρουσία του να νοιώσω πολύ ευτυχής.

Η Λαϊκή αγορά άνοιξε κατά τις 8, ξεθεώθηκα δε κυριολεχτικά από τη φασαρία και την πολλή δουλειά. Εκείνες τις μέρες είχαν γίνει στην Αλέα συγκρούσεις Ταγματαλητών - Εαμιτών, εδώ δε σ' ένα σχολείο βρίσκονταν κρατούμενοι κάμποσοι από τους συλληφθέντες αντιφρονούντες, μεταξύ των οποίων και μια συγγενής μου, Καπαρελιώτισα. Δυστυχώς δεν μπορούσα να κάνω το ελάχιστο. Την ίδια μέρα τους προώθησαν για το Φενεό, και κύριος είδε τι θ' απογίνουν. Αλλά εκείνο που κυρίως με κατατάραξε ήταν τα βασανιστήρια στα οποία κάποιος αντάρτης υπόβελνε έναν κρατούμενο. Έκαιγε σίδερα έξω στην αυλή, τα οποία και κόλλαγε μετά πάνω στο σώμα του κρατούμενου, για να του αποσπάσει - τάχα - μαρτυρίες, ο δε δύστυχος αυτός ούρλιαζε μέχρι τον Ουρανό. Η Νίνα διαμαρτυρήθηκε γι' αυτή την κακουργία στο Σπήλιο το Σκουργιά, δικηγόρο της Νεμέας, αλλά δε βαριέσαι... Τρομερό, δεν θα ειπεί τίποτα - σε ζούγκλα έχει μεταβληθεί το πανελλήνιο...

Το απόγευμα έφυγα για το Λιόντι. Ανεβαίνοντας προς το διάσελο μου ξέφυγε το μουλάρι, και γιατί ήταν τσινιάρικο χρειάστηκε να το πάω κυνηγώντας μέχρι τη Μεγάλη Βρύση, μέχρις ότου μπορέσω να το πιάσω. Στην περιοχή του

Φαρμακά πέρασα από τοπία και ξάγναντα, που σε άλλους καιρούς μου κρατούσαν τόσο ευχάριστη συντροφιά. Ξαναζώ ρεμβαστικά τις όμορφες εκείνες στροφές της ζωής μου, κι άλλοτε γίνομαι βασιλιάς, ενώ άλλοτε, άγνωστο γιατί, μελαγχολώ στο έπακρο.

Στο Λιόντι έφτασα κατά το ηλιόγερμα, το δε απαρηγόρητο κλάμα κάποιου αετόπουλου - έτσι λένε οι αντάρτες τα μικρά παιδιά - ήταν... η μπάντα της υποδοχής μου. Τους βρήκα όλους καλά, κι ανακουφίστηκα. Η διαπίστωση δε επίσης πως από τη λεηλασία του σπιτιού κάτι είχε σωθεί από τα βιβλία μου, κάποια σημάδια από το ταπεινό πέρασμά μου είχαν διαφυλαχτεί, μού φέρε βαθιά ανακούφιση.

13/8/44. Κοιμήθηκα στ' αλώνι, πέρασα δε πολλές ώρες αγρύπνιας διαλογιζόμενος τη θέση και τη μοίρα των γύρω αγαπημένων μου προσώπων. Έφυγα πρωί, γιατί έπρεπε να βρίσκομαι στο πόστο μου ως το μεσημέρι. Σ' όλη τη διαδρομή ως τη Λαύκα ταξίδεψα μόνος μου, κι αυτό - όπως πάντα μου συμβαίνει - μού 'φερε μεγάλο ψυχικό βάρος.

Άμετρες βασανιστικές ενδοσκοπήσεις, και παρατηρήσεις: ότι ξύπνησαν τελευταία μέσα μου καινούργιες ανησυχίες, καινούργιες ευθύνες, πως έγινα κατά πολύ πιο επαναστατικός, κ.λπ., κ.λπ., κι άκρη δεν βρίσκεται...

Έφτασα καλά στη Λαύκα. Κόπιες, νούμερα, μηχανοποίηση, να τι με περίμενε εδώ.

15/8/44. Πολλές, και πολύ παράξενες μεταπτώσεις σημειώθηκαν μέσα μου σήμερα. Πότε ένιωθα μια αλλόκοτη ζάλη, πότε μια δυνατή επιθυμία για δράση, άλλοτε πάλι μια τάση για το κακό, την καταστροφή. Κάποτε λυπόμουνα που ζούσα, κι όχι λιγότερες φορές με τσαλαβούταγε η ανία, μια γενική αδράνεια, κάτι σαν παράλυση. Κοιμήθηκα λίγο το μεσημέρι, για να ξυπνήσω σε ακόμα χειρότερα χάλια.

Κατά το βράδυ έμαθα από κάποιο γέρο πως τάχα ο Κώστας ζει ακόμα. Φυσικά αυτό δεν είναι αλήθεια. Είναι απλώς ένα ακόμα τετράγωνο ψέμα, παραγεμισμένο με ειρωνεία και σαρκασμό, το δε αποτέλεσμά του ήταν να μου οργώσει ξανά άγρια και βαθιά τη νωπή όσο κι αγιάτρευτη πληγή μου.

Κάποιους βράχους μυθικούς, αγιασμένους από το χρόνο, την ιστορία και την πίστη θυμήθηκα σήμερα, γιορτή της Παναγιάς. Και μαζί μ' αυτούς θυμήθηκα ό,τι δικό μου πιο αγαπημένο, που πέρασε και χάθηκε στη σκοτεινιά του τάφου: τη Γιωργίτσα, το Μήτσιο, τον Κώστα...

17/8/44. Καινούργια συμφορά κόνεψε από χθες για τη Νεμέα και τα χωριά της. Τ' αγιασμένα χώματά της λερώνονται ξανά από τα βρωμοπόδαρα του καταχτητή, ο δε αέρας κι ο χώρος της τρώνε τώρα κι ανασαίνουν βόλια και μπαρούτι.

19/8/44. Μου ανατέθηκε να μιλήσω ως προϊστάμενος του Εμπορικού Τμήματος της επαρχίας μας, στο συνέδριο της Παν - Κορινθιακής Ε.Τ.Α., μπροστά δηλαδή σε περισσότερα από 200 άτομα. Ο τόσο παλιός κι ακοίμητος πόθος μου να μιλήσω μπροστά σε πολύ κοινό, σε όχλο ει δυνατόν, ώστε να πάρω κοινωνικό θάρρος, που τόσο πολύ μου λείπει και γι' αυτό αφάνταστα το λαχταρώ, φαίνεται πως αρχίζει επί τέλους, να ικανοποιείται.

20/8/44. Μίλησα στο συνέδριο, τα είπα πολύ καλά και δικαιούμαι ένα μεγάλο μπράβο - πρόκειται για τον πρώτο αξιόλογο δημόσιο λόγο μου, και είθε να είναι η απαρχή μιας λαμπρής συνέχειας. Τίποτα πιο αποτελεσματικό για την καταπολέμηση της συστολής και την απόκτηση κοινωνικού θάρρους, τίποτα πιο αποτελεσματικό από τις δημόσιες ομιλίες μας. Χαιρετίζω με ενθουσιασμό τη σημερινή μου εξόρμηση και με ανυπομονησία περιμένω καινούργιες τέτοιες ευκαιρίες.

Ουσιαστικά ό, τι μου λείπει είναι η τριβή, μόνο η τριβή, και αισιοδοξώ για τη συνέχεια.

Έμαθα το θάνατο της Ντίνας - πέθανε χθες το πρωί, η δε κηδεία της έγινε σε ώρα συναγερμού.

Μου πρότειναν να αναλάβω ρόλο διαφωτιστή στο κόμμα. Αυτό αν γίνει θα με αναπτύξει πνευματικά, αλλά καταλαβαίνω ότι δεν είμαι εντελώς ώριμος για μια τόσο σοβαρή αποστολή. Εννοώ οπωσδήποτε να κατέχω καλά με ό, τι καταπιάνομαι.

23/8/44. Υπερένταση. Κάνω διανομές εμπορευμάτων για τη Στυμφαλία, και χαλάει ο κόσμος.

Έξω ψευτοσιτίζει. Το φθινόπωρο πλησιάζει δειλά - δειλά, με προπομπό τη δροσιά που τώρα πέφτει, καθώς και τον ελαφρά συννεφιασμένο ουρανό. Να καλωσορίσει λοιπόν το φθινόπωρο, και ας ελπίσουμε πως στο ξετύλιγμά του θα 'ρθεί και η πολυπόθητη λευτεριά.

[Το ημερολόγιό μου διακόπτεται εδώ. Εν τω μεταξύ έχουμε μεταφερθεί στην Καστανιά, όπου και παραμείναμε μέχρι την αποχώρηση των Γερμανών, οπότε κατεβήκαμε στου Στιμάγκα, και μετά στην Κόρινθο.]

19/9/44. Διαπιστώνω πως με συστηματική ανάπτυξη των πνευματικών μου δυνάμεων, θα μπορούσα ν' ανέβω αρκετά ψηλά.

Κατέβηκα με το συναγωνιστή Κλεάνθη σε μερικά ορεινά χωριά της Βόχας, για θέματα του κινήματος, κάπου δε μάλιστα εκεί "κοπάνησα" έναν ακόμα λόγο. Το απόγευμα γυρίσαμε στη Μονή της Λέχοβας, συνέχεια δε πήγαμε στο Γερμανο - καμένο Κλιμέντι, καθώς και στο Καίσαρι. Μ' άρεσε πολύ το Κλιμέντι, σε περασμένα δε χρόνια μου λένε ότι συγκέντρωνε πολλούς παραθεριστές.

[Και νέα - μηνιαία σχεδόν - διακοπή του ημερολογίου μου. Σ' αυτό το ενδιάμεσο έχουν αρχίσει να αποσύρονται οι Γερμανοί από την Ελλάδα, κι έτσι ξεθαρρέψαμε και κατεβήκαμε αρχικώς στου Στιμάγκα.

Αρχές Οχτώβρη θαρρώ προωθηθήκαμε στην Κόρινθο, γιατί ήδη οι Γερμανοί έχουν αποσυρθεί από σχεδόν ολόκληρο τον Ελληνικό χώρο. Παρά ταύτα το αντάρτικο του Ε.Α.Μ. δεν διαλύεται, γιατί κύριος όπως είπαμε στόχος του ήταν η κατάληψη της εξουσίας.]

6/11/44. Διαπιστώνω μεγάλη αστάθεια στις πολιτικές πεποιθήσεις μου, υποθέτω δε ότι θα τελικά θα σταθώ αριστερά, ή τουλάχιστον στο σοσιαλιστικό χώρο.

9/11/44. Τρείς χαρές δοκίμασα σήμερα, διότι: 1ον Σταθεροποιήθηκε η δραχμή - 50 δις η κάθε δραχμή. 2ον Εξασφάλισα ζώο στην Αδριανή, κι έτσι θα μπορέσει να σπείρει. και 3ον Έκανα συντροφιά με μερικούς Εγγλέζους, στο σπίτι του φίλου μου του Μάριου Μαργαρίτη.

2/12/44. Κατάστρωσα πρόγραμμα άμεσων επιδιώξεων, και ελπίζω να πετύχω. Το αργότερο ως το ερχόμενο Φθινόπωρο πρέπει να έχω ταχτοποιήσει τη νύφη μου, και επίσης να έχω παντρευτεί. Για την ώρα τίποτα δεν με σκοντάφτει στην προτίμησή μου προς την Ουρανία του Δανόπουλου.

4/12/44. Επισκέφτηκα τους τάφους των αδικοσκοτωμένων παλληκαριών, στο περιβόλι του Νέγρη, συγκινήθηκα δε πάρα πολύ. Ακανόνιστα σκάμματα, σκόρπια κόκκαλα εδώ κι εκεί, αλλού μισο-παραχωμένα κι αλλού εντελώς στην επιφάνεια, δυό - τρείς σταυροί της προκοπής κι αρκετοί άλλοι ταπεινοί κι απέριττοι, φτιαγμένοι από σταυρωμένα κλαδιά δέντρων ή κλιμακίδες. Κι ακόμα μερικά στεφάνια από πένθιμα λουλούδια, φρυγανιασμένα κι αυτά από τους τελευταίους πάγους, αποτελούνε την όλη μαρτυρία, την όλη σκηνογραφία του θυσιαστηρίου των ηρώων μας...

Γνωρίστηκα με τη δεσποινίδα Μαλαγάρη κι είμαι ενθουσιασμένος μαζί της, τόσο γιατί θα βοηθηθώ στα Αγγλικά, όσο και γιατί θα χαίρομαι μια εξαιρετική συντροφιά.

5/12/44. Από χθες ολόκληρη η Ελλάδα βρίσκεται σε επανάσταση, εξ αιτίας της αξιώσεως των Άγγλων να κυβερνηθούμε από τη Μοναρχία. Στην Αθήνα οι συγκρούσεις δίνουν και παίρνουν, τα δε θύματα πρέπει να είναι πολλά. Φιλοξενήθηκα στο σπίτι του κ. Μεγαρίτη, χάρηκα δε ένα θαυμάσιο βράδυ.

9/12/44. Η Κόρινθος πλημμύρισε σήμερα από κόσμο, που ήρθε εδώ για να συγκροτήσει συλλαλητήριο κατά της κυβέρνησης εμφυλίου πολέμου του Παπανδρέου, πήρα δε πολλές φωτογραφίες του πλήθους. Ξαναπήγα σήμερα στους τάφους των ηρώων, όπου τράβηξα και μερικές φωτογραφίες.

10/12/44. Η ταχτική μου επαφή με την πολύ όμορφη δεσποινίδα Μαλαγάρη, με βεβαιώνει πως στην εκλογή του γάμου μου ελάχιστα θα πρέπει να με απασχολήσει η σωματική ομορφιά. Γιατί δυστυχώς, - ίσως και ευτυχώς - μόνα τους τα κάλλη δεν μετράνε και τόσο στην κατάχτηση της ευτυχίας στη ζωή - μόνο οι θησαυροί της ψυχής και του νου εξασφαλίζουν το ύψιστο τούτο αγαθό.

11/12/44. Το πιο σημαντικό γεγονός για σήμερα ήταν η έκτακτη από εδώ αναχώρηση των Άγγλων για την Καλαμάτα. Το πλιάτσικο έδωσε και πήρε από τους τυχερούς αργοπορημένους - γιατί μαθεύτηκε μετά τις 9 το βράδυ. Εγώ δίνοντας μια λίρα, πήρα ένα κιβώτιο κονσέρβες κρέας και ψάρι.

Σχετικά με την προσωπική μου στάση, παρ' ότι ψευτόξερα τη γλώσσα, δεν επωφελήθηκα να κάνω πλιάτσικο -

καιρός και για λίγη σοβαρότητα...

12/12/44. Με κέντρο την Αθήνα, η παλλαϊκή επανάσταση βαστάει και θεριεύει. Αυτό που γίνεται τώρα εκεί, είναι σίγουρα ιστορικό γεγονός, και θα το διηγούνται οι αιώνες: Χτυπιέται ο παλιός με τον καινούργιο κόσμο, το παρελθόν με το παρόν, χτυπιέται ο κόσμος προ του πολέμου, με αυτόν που προβάλλει μεταπολεμικά. Για σήμερα θαρρώ θα κερδίσει το παρελθόν, αλλά για πολύ λίγο θα χαρεί αυτή του τη νίκη - ο δέκατος γύρος ανήκει αναπόφευκτα στο παρόν και στο μέλλον.
Γιορτάζω. Πήγα στον Αη - Σπυρίδωνα της Κορίνθου, καλά σχετικώς πέρασα την ημέρα μου, ελπίζω δε του χρόνου να είμαι παντρεμένος.

14/12/44. Χαίρομαι τη συντροφιά του Δημητράκη του Γλατζίνα καθώς και της δίδας Μαλαγάρη, σοβαρή δε ικανοποίηση δοκιμάζω από την πρόοδό μου στα Αγγλικά. Υπακούοντας στη φωνή της ψυχής μου, έδωσα σήμερα στον έρανο για τα θύματα της Αθήνας - για τα θύματα των Άγγλων, του νέου μας καταχτητή - ολόκληρο το σακί τη σταφίδα που είχα εδώ, για τη συντήρησή μου.

17/12/44. Για πρώτη φορά από τότε που πήγα στο αντάρτικο, ξαγρύπνησα χθες βράδυ σκεφτόμενος τα πολύ προσωπικά μου, το παρόν και το μέλλον μου. Κατέληξα να μείνω προς το παρόν στην Κόρινθο, και βλέποντας και κάνοντας. Και το ποιο σημαντικό είναι ότι - σχεδόν - κατέληξα να παντρευτώ την Ουρανία.
Πέρασα ευχάριστα σήμερα, μαθαίνοντας ποδήλατο, κάτι που πολύ μ' αρέσει. Σοβαρά επίσης με απασχολεί να μάθω οδήγηση αυτοκινήτου, και θα το προχωρήσω ολοταχώς. Νοίκιασα ένα αρκετά καλό δωμάτιο, κι έτσι ελπίζω να καλυτερέψει λίγο η ζωή μου.

22/12/44. Κατέβηκα στη Νεμέα - Λιόντι για τις γιορτές των Χριστουγέννων, γύρισα δε αυθημερόν στην Κόρινθο. Η Ουρανία για την οποία και κυρίως πήγα προς τα εκεί είναι δυστυχώς άρρωστη, κι έτσι δεν προχώρησα στο θέμα, όπως λογάριαζα. Βρίσκεται σε κακό χάλι από πλευράς υγείας αλλά παραδόξως, αντί τώρα να λιγοστέψει το ενδιαφέρον μου γι' αυτήν, μεγαλώνει αντίθετα.

28/12/44. Παραπονιέμαι και πάλι πικρά για την έλλειψη καλής οργανικής αντίστασης κατά του κρύου, συνεπεία του οποίου και πολύ υποφέρω. Έχει χιονίσει παντού γύρω, και κάθε ασκήμια από τις ελεεινές στέγες των Νεμεάτικων σπιτιών, σκεπάστηκε από τα λευκά σεντόνια της νύμφης του βορρά. Στον ουρανό πηγαινοέρχονται τα σύννεφα, από καιρό δε σε καιρό μας χαιρετάει ο αναιμικός ήλιος του Γενάρη.

31/12/44. Βλέπω ταχτικά στον ύπνο μου το μακαρίτη τον αδερφό μου τον Κώστα, σα συλλογίζομαι δε ότι από τους τέσσερους μας έμεινα μόνο εγώ, πάω να τρελαθώ από τη στενοχώρια μου, ενώ άλλοτε πάλι περιπέφτω σε αδιαφορία και νοιώθω σαν ζό.

Σήμερα εξαφανίζεται το 1944 και στη θέση του προβάλλει το 1945. Στις στροφές του χρόνου που πέρασε γνωρίσαμε τόσες συμφορές και τόσες δοκιμασίες, που η ψυχή μας θα φαρμακώνεται στη θύμησή τους σ' όλη μας τη ζωή. Στο διάβολο λοιπόν να πάει ο πικροδότης τούτος χρόνος, κι ας ευχηθούμε ο διάδοχός του αφ' ενός μεν να γιάνει τις πληγές μας, αφ' ετέρου δε να κάνει πανανθρώπινα όμορφη από δω και μπρος τη ζωή.

Για τον καινούργιο χρόνο λογαριάζω:

1ον Να αποκαταστήσω την κατερειπωμένη υγεία μου.

2ον Να παντρευτώ.

3ον Να βελτιώσω τα Ελληνικά, καθώς και τα Αγγλικά μου.

4ον Να αποφασίσω και προχωρήσω στη δράση για το χώρο και τον τρόπο της πιο πέρα ζωής μου. Και

5ον Να ταχτοποιήσω τη νύφη μου τόσο έναντι του εαυτού της, όσο και έναντι των παιδιών της.

Η σημερινή οικονομική μου δυναμικότητα είναι περί τις 10.000 οκάδες σταφίδα, ήτοι περί τις 100 χρυσές λίρες Αγγλίας.

Κάναμε θαυμάσιο γλέντι απόψε, στο συνεργείο ραφτικής.

Εάν η Ουρανία είναι καλά στο τέλος του Γενάρη, θα πάρω άδεια και θα πάω να την ιδώ, και επίσης θα της μιλήσω για την πρόθεση μου να την παντρευτώ. Είναι η μόνη κοπέλα που πραγματικά με συγκινεί, και που πιστεύω πως θα είναι ο καλύτερος οδηγός μου στη ζωή. Δεν έχει όμορφο σαγόνι ούτε σαγηνευτικό στόμα, και σώμα, αλλά παρά ταύτα μ' αρέσει, και θα θεωρηθώ ευτυχής αν αφ' ενός δεν είναι δεσμευμένη κάπου αλλού, και αφ' ετέρου αν αποδεχτεί την πρότασή μου.

Εάν αποτύχω, φυσικά θα αναζητήσω αλλού διέξοδο, αν και για την ώρα δεν βλέπω γύρω μου άλλη αξιόλογη περίπτωση, κάτι τι δηλαδή το ανάλογο.

1η ΓΕΝΝΑΡΗ 1945. Αν κρίνει κανείς από την καλοσύνη του καιρού, καθώς και την επανάληψη του γλεντιού στο συνεργείο, δεν μας υποδέχτηκε κι άσχημα ο καινούργιος χρόνος. Στο αποψινό γλέντι γνωρίστηκα με τη δεσποινίδα Μαργαρίτα Κώνστα, η οποία και πολύ μου άρεσε. Να - λέω - μια γυναίκα που θα μού έκανε πολύ, αν και το εσωτερικό της ήταν το ίδιο ελκυστικό όσο και το εξωτερικό, όσο η εμφάνισή της δηλαδή.

3/1/45. Μίλησα επ' αρκετόν με τη Μαργαρίτα, και λυπήθηκα που διαψεύστηκα στις χθεσινές ενθουσιώδεις κρίσεις μου.   Η προτίμησή μου στην Ουρανία προάγεται μέρα με την ημέρα.

23/1/45.   Λογίζομαι ευτυχής που κατέληξα στην Ουρανία, κι αυτό μεταξύ άλλων γιατί διακατέχομαι από τη βεβαιότητα ότι ταιριάζουμε.   Λίγα πράγματα με κάνουν τόσο δυστυχή και τόσο πολύ με φοβίζουν, όσο τα δράματα ασυμφωνίας χαρακτήρων, δείγματα των οποίων, δυστυχώς, έχω άφθονα γύρω μου.

24/1/45.   Μ' απασχολεί πολύ η ασφάλειά μου εδώ στην Κόρινθο.   Κάθε μέρα γίνονται συλλήψεις Ελασιτών, και τίποτα δεν αποκλείει να με πάρει και μένα το σχέδιο.

25/1/45.   Έμαθα ότι πιάσανε το συνεταίρο μου στην Αθήνα, κι αυτό πολλαπλασίασε τους φόβους μου.   Πέρασα μια ανήσυχη νύχτα, αλλά κατέληξα να μείνω εδώ, κι ότι θέλει ας γίνει.   Χθες τράκαρα στο δρόμο τον κακούργο Ταγματαλήτη τον Παραβάτη, που έπιασε τον αδερφό μου, μαθεύτηκε δε επίσης ότι σήμερα γύρισε στην Κόρινθο ο αλισφακιάς ο Πανούσης.

Αλλόκοτη φουρτούνα εκδίκησης ξεσηκώθηκε μέσα μου, αλλά θα προχωρήσω τάχα στην εκδίκηση, που τιμάει τους άντρες, ή θα χωνέψει η φουρτούνα στο υπόγειο της ψυχής μου, για να βγουν αφροί και μπουρμπουλήθρες στην επιφάνεια, να καμουφλάρουν τη δειλία μου;

27/1/45.   Κάνω πολύ ανήσυχο ύπνο, βλέπω δε του κόσμου τα εφιαλτικά όνειρα.   Η ατμόσφαιρα γύρω μου βάρυνε απαίσια. Ο, τι πιο μισητό υπάρχει για μένα, που όχι απλώς μου δάγκωσε αλλά μού έφαγε την καρδιά, το βλέπω τώρα να κυκλοφορεί γύρω μου και να με προκαλεί.   Έτσι καταξεσχίζεται ο ψυχικός μου κόσμος και γίνομαι ανείπωτα δυστυχής, πλέον δε, κινδυνεύω και να συλληφθώ από μέρα σε μέρα.

Για ν' αποφύγω την πανούκλα του φόβου, που μου φέρνει ασφυξία, αποπειράθηκα να φύγω για τη Νεμέα, ή το Άργος, αλλά την τελευταία στιγμή το μεταβρήκα.

28/1/45. Συνεχίζω να υποφέρω τρομερά από νευρικότητα. Αδιάκοπα στριφογυρίζει στο μυαλό μου η συμφορά του αδερφού μου, με αποτέλεσμα ο πόνος μου να φτάνει σε φοβερό παροξυσμό. Η θλιμμένη μορφή του με παρακολουθεί συνεχώς, και σαν σφουγγάρι σβήνει από τον ουρανό της ψυχής μου κάθε υπόνοια χαράς που αποκοτάει να ξεμυτίσει.

Το απόγευμα παρακολουθήσαμε με το Δημητράκη ποδοσφαιρικό ματς μεταξύ Αχιλλέως και Άγγλων.

29/1/45. Η οικονομική μας καταστροφή ολοκληρώθηκε: 5 - 6 τόνους μαύρη σταφίδα που είχαμε στην αποθήκη μας της οδού Σοφοκλέους, καθώς και - προ παντός - δώδεκα ολόκληρες χιλιάδες κουτιά σιγάρα που κρατούσαμε στο σπίτι του Γιώργου, στην Κολοκυνθούς, ακολούθησαν την τύχη του μαγαζιού της Νεμέας, δηλαδή λεηλατήθηκαν κι αυτά, από τους Ταγματαλήτες. Τούτα τώρα μάλιστα αρπάχτηκαν από τον αδερφό κάποιας εγκαταλειμμένης γκόμενας του Λιάπη, σε συνεργασία με κάποιον άλλον των Ταγμάτων Ασφαλείας, από το Ψάρι, το Νίκο το Βλάχο. Κι η στερνή στροφή του θλιβερού επίλογου: ο Γιώργος μπήκε φυλακή.

Την πρώτη οικονομική καταστροφή την αντιμετώπισα ψύχραιμα, ενώ τώρα βλέπω ότι θα υποφέρω άσχημα. Αλλά και κάποτε λέω - για να παρηγορηθώ προφανώς - πως ίσως να είναι και για το καλό μου, η πρόσθετη τούτη δοκιμασία. Ύστερα από τα παραπάνου σε σκέπτομαι εντονότερα Ουρανία, γιατί τώρα δεν μου είσαι απλώς αγαπητή, αλλά πολύτιμη. Από τον Πάνο τον Παπαπάνο μαθαίνω ότι κινδύνεψα να φυλακιστώ - αυτό δεν το περίμενα στα σοβαρά.

1/2/45. Εξέθεσα σε σοβαρό κίνδυνο τον εαυτό μου σήμερα - να φυλακιστώ κ.λπ. - για να πετύχω αποφυλάκιση του Γιώργου: Κοντολογίς πήρα εγώ έναντι των αρχών όλη την ευθύνη για ό, τι τον βαραίνει. Πήρε αντίγραφο από την Αστυνομία της δήλωσής μου η θεία μου - που είχε έρθει ως εδώ γι' αυτό το σκοπό - κι έφυγε πάλι για την Αθήνα. Νοιώθω ικανοποίηση γι' αυτό που έκανα, αν και για καλώς εννοούμενους πολίτες, η ενέργειά μου αυτή δεν είναι παρά κοινωνικό χρέος, και μάλιστα από τα απλά.

4/2/45. Χάρις στο Μητσιόπουλο μου επετράπη να φύγω από την Κόρινθο. Έτσι έφυγα από δώ για να αποφύγω τη φυλάκιση, αλλά λογάριαζα χωρίς τον κακούργο και Ταγματαλήτη Πέππα - προπολεμικώς είχε κάνει έγκλημα - που με μπλόκαρε στο Δαφνί, όπου και με φυλάκισε.

Η "έντιμος" Χωροφυλακή με λεηλάτησε κανονικά. Ό,τι κυρίως κλαίω είναι η φωτογραφική μηχανή κι όλο το φωτογραφικό υλικό, καθώς και μερικές εκθέσεις μου, σχετικές με τη σκλαβιά και τις οδύνες της κατοχής.

Ξενύχτισα κάπου στο Χαϊδάρι, μαζί με πολλούς άλλους κρατούμενους. Το άλλο πρωί είδα αυτό το κάθαρμα και προσπάθησα να τον μεταπείσω. Εν τω μεταξύ φυσικά έβραζα μέσα μου, και γι' αυτό σε κάποια στιγμή που έβλεπα ότι δεν κατάφερνα τίποτα, τον άρχισα στο βρισίδι. Οπότε τον ακούω να ξεφωνίζει:

— Βρέ, κι είχα αρχίσει να κλονίζομαι, και παρ' ολίγο να σ' απολύσω!...

Κοντολογίς μας μετέφεραν στις φυλακές του Αιγάλεω, όπου περάσαμε δυό περίπου βδομάδες στοιβαγμένοι ο ένας πάνου στον άλλον. Αδιαχώρητο. Για τουαλέτα μάς επέτρεπαν δυό μόνο φορές το μερόνυχτο, κι έτσι αναγκαστικά κατουράγαμε μέσα στο κρατητήριο. Μετά μας πήγαν στα ανάκτορα, όπου η κατάσταση ήταν καλή, γιατί επί τέλους είχαμε χώρο να κινιόμαστε, καθώς και ελεύθερη τουαλέτα. Με επισκέπτονται ταχτικά οι Λιαπαίοι, σποραδικά δε κι οι Πιπεραίοι, για να μου φέρουν τρόφιμα.

Κάθε μέρα είχαμε σκηνές μέσα στο θάλαμο από συγγενείς θυμάτων του ΕΛΑΣ, που έρχονταν και φωνάζανε - κάποτε και χειροδικούσαν - σε βάρος κρατουμένων, που τους θεωρούσαν υπεύθυνους για το χαμό των δικών τους. Κοντολογίς υπήρχε τρομοκρατία.

Μια μέρα έρχεται κάποιος αξιόλογος των Ταγμάτων, και μετά από ακατάσχετο βρισίδι κατά των κομμουνιστών, με ρωτάει εμένα:

— Εσύ τί είσαι;

κι εγώ από αντίδραση κι όλος θυμό - χωρίς να το πιστεύω - του απαντάω:

— Κουκουές.

Ένοιωσα σαν να τού έδινα γροθιά στο στομάχι. Το φυσικό επακόλουθο ήταν να μ' άρχιζε στο ξύλο. Αλλά παραδόξως τον ακούω να λέει:

— Κουκουέδες σας λέμε εμείς, για βρισιά.

Και το επεισόδιο έληξε εκεί.

Σε μια άλλη περίπτωση, μια παρέα από Αρβανίτες (από τα μεσόγεια δηλαδή) είχαν στριμώξει άσχημα έναν φουκαρά δασκαλάκο, που τον λυπήθηκα. Τότε θυμήθηκα κάτι παρόμοιο που διηγείται ο Γκόρκυ στο βιβλίο του "Στα ξένα χέρια", και κοντολογίς τους άρχισα στο βρισίδι, όλους αυτούς, υπερασπιζόμενος το δασκαλάκο. Το σόλοικο είναι ότι όταν εκείνος μετά από λίγο αποπειράθηκε να μ' ευχαριστήσει για την υποστήριξη, εγώ τον αντιμετώπισα σχεδόν εχθρικά, και κείνον...

Μεγάλη λοιπόν η φασαρία μέρα και νύχτα μέσα στο θάλαμο - φυλακή, αλλ' αυτό μας κάνει μάλλον καλό, γιατί διακόπτει το φοβερό βασανισμό που μας προκαλούν οι πολλές μας μαύρες σκέψεις.

Έτσι πέρασε όλος ο Φλεβάρης, χωρίς να ξέρουμε τα παρακάτω. Τελικά κατά τις δέκα του Μάρτη υπογράφτηκε η συμφωνία της Βάρκιζας, και αποφυλακιστήκαμε, προκειμένου να δικαστούμε αργότερα για ό,τι κατηγοριότανε ο καθένας μας.

Βγήκα κάποιο βράδυ από τη φυλακή, καθώς δε κατέβαινα τη Σταδίου - μ' ένα μπόγο από σκεπάσματα στον ώμο - συνάντησα κάπου στην Ομόνοια το θείο μου το δάσκαλο, και το Νίκο τον Πιπέρη.

20/3/45.   Μετά την αποφυλάκισή μου - όπως σχεδόν πάντοτε ύστερα από κάθε δυσάρεστη κατάσταση - εγκατέλειψα την καταχώρηση των συμβάντων μου, αλλά επανέρχομαι τώρα για να γράψω τα παρακάτω, πολύ ουσιαστικά θαρρώ.

Όλα γύρω μου κλονίζονται κι αμφιβάλλουν για το Σπύρο, αλλ' εγώ συνεχίζω να πιστεύω σ' αυτόν. Πιστεύω στη γρήγορη ανασύνταξή μου, και στο ανέβασμά μου σε επίπεδα ψηλότερα από εκείνα στα οποία βρισκόμουνα ως τώρα. Και πιο ξάστερα: Δεν πιστεύω ότι θα κάνω πολλά χρήματα - ότι δηλαδή θα γίνω πλούσιος που λέμε - αλλά βεβαιώνω ότι θα ζήσω καλύτερα, κι ίσως η σημερινή οικονομική καταστροφή μου, να 'χει σαν αποτέλεσμα μια καλύτερη εξέλιξη αύριο στην όλη κατοπινή ζωή μου.

Σήμερα έγραψα γράμμα στους θείους μου στην Αμερική, ζητώντας τη βοήθειά τους για να με πάρουν πέρα, τούτο δε το γράμμα θα το παρουσιάσω χωριστά.

23/3/45. Το ξαναθυμήθηκα σήμερα να γράψω κάτου κάτι από θέματα που με απασχολούν. Αγαπώ λοιπόν την Ουρανία και θα την κάνω εξάπαντος γυναίκα μου. Δεν νοιώθω γι' αυτή την κοπέλα εκείνον τον ορμητικό, τον αλόγιστο, τον ακατάσχετο έρωτα - που συνήθως χτυπάει τους ερωτευμένους - αλλά μιας άλλης μορφής αγάπη, λιγότερο ίσως ειδυλλιακής αλλά πιο ουσιαστικής, περισσότερο βιώσιμης. Έλκομαι κυρίως από τον εσωτερικό της κόσμο, από την ομορφιά της ψυχής της, και που όπως πιστεύω συνδυάζεται με καλή υγεία, και αξιοσύνη.

Μέσα στο Μάρτη συγκέντρωσα ότι οικονομικά λείψανα περισώθηκαν στη Νεμέα και στην Αθήνα, και προσπαθώ να κάνω εμπόριο στην πρωτεύουσα. Εν τω μεταξύ αποφυλακίστηκε κι ο Γιώργος, που κάθισε κι αυτός μέσα, κάμποσο καιρό.

Ύστερα από πολυήμερα ψαξίματα για αποθήκη, καταλήξαμε και πάλι στου Γαβριηλίδη. Έτσι από σήμερα εγκαινιάζουμε την καινούργια μας επιχειρηματική δραστηριότητα - στην Αθήνα τώρα - με καλούτσικες αναλόγως προϋποθέσεις, αφού όλος ο κόσμος είναι ρημαγμένος οικονομικά.

ΑΠΡΙΛΗΣ 1945. Πήρα οριστικά την απόφαση να παντρευτώ την Ουρανία. Υπήρχε βέβαια το κώλυμα της Τασίας, αφού εκείνη μου είχε αρχικώς προταθεί από την Τουρκολιού να παντρευτώ, πλην εγώ δεν την ήθελα. Το μεράκι μου ήταν η Ουρανία, αλλά δίσταζα, το θάρρος δε για να προχωρήσω μου το έδωσε η θεία μου η παπαδιά.

Έτσι κάποια μέρα γυρίζοντας από το Λιόντι πέρασα από το Δανοπουλέικο, όπου και κάλεσα ιδιαιτέρως την Ουρανία, και της τόσκασα το παραμύθι. Επεφυλάχθη να μου απαντήσει, λόγω της Τασίας. Εγώ πάντως το είχα σχεδόν βέβαιο, και γι' αυτό αποχωριζόμενοι της πάτησα ένα φιλί της Ουρανίας, για αρραβώνα, που λέμε. Εκείνη έγινε παπαρούνα, αλλά τήρησε και τα προσχήματα, λέγοντάς μου:

— Πώς πήρατε το θάρρος...

Ίσως ήθελε να ειπεί:

— ... Ενα μόνο;...

Κάπου στο τέλος τ' Απρίλη θαρρώ είχαν όλα ταχτοποιηθεί, και κοντολογίς αρρεβωνιαστήκαμε. Κορυφαίο γεγονός της ζωής μας οι αρρεβώνες μας, αφού ήταν προάγγελος δημιουργίας οικογένειας και συμβίωσής μας σ' όλη μας την κατοπινή ζωή. Εν τούτοις δεν χαιρόμασταν αυτή τη χαρά μας όσο θα έπρεπε. Η μεν Ουρανία εξ αιτίας του θέματος της Τασίας, εγώ δε αφ' ενός γιατί ήμουν από κάθε άποψη ερείπιο, αφετέρου δε γιατί η ψυχή μου ήταν πολύ σκοτεινιασμένη - συνέχιζα να ζω υπό το κράτος του φόβου - μεταξύ άλλων - για τυχόν νέα σύλληψη και προφυλάκισή μου. Συγκεκριμένα η Μαρίκα και μερικές άλλες χήρες είχαν στραφεί εναντίον μου, ότι τάχα μπορούσα να σώσω τους άντρες τους, και δεν το έκανα. Ταράχτηκα σαν το έμαθα. Γι' αυτό κι έγραψα ένα πολύ τσουχτερό γράμμα της Μαρίκας, το οποίο και παρουσιάζω χωριστά. Μετά απ' αυτό ήρθε εκείνη και με βρήκε, και κοντολογίς σταμάτησε ο κατατρεγμός μου από κει.

Τελικά ως προς τη συνεργασία μου με το Λιάπη φτάσαμε στο χωρισμό, το δε μερτικό του καθενός μας ήταν περίπου 15 - 20 χρυσές λίρες Αγγλίας, ποσό δηλαδή εντελώς ασήμαντο. Συνέχισα φυσικά να ψευτο-κινούμαι, αλλά χωρίς αποτέλεσμα, εξ αιτίας ελλείψεως κεφαλαίου, καθώς και οργάνωσης.

Oupavia, 1948

HURRICANE

Τώρα θα παρουσιάσω περιληπτικά τη ζωή μου στη διετία Μάης 1945 - Ιούλης 1947. Τα εν λόγω κύρια σημεία τα είχα πριν από χρόνια γράψει κάπου, τα παρουσιάζω δε σχεδόν αυτούσια, γιατί τα βρίσκω αρκετά κρουστά, και ζωντανά. Ενδιάμεσα υπάρχουν βέβαια πολλά κενά, γι' αυτό και λογαριάζω να επανέλθω αργότερα σε μια πληρέστερη περιγραφή της τόσο δραματικής εκείνης περιόδου της ζωής μου, αλλά για την ώρα θα αρκεστώ σε τούτες μόνο τις γραμμές.

ΜΑΗΣ 1945. Τούτο το μήνα μου συνέβησαν πολύ φοβερά πράγματα. Έπαθα πρώτα - πρώτα αιμόπτυση εγώ ο ίδιος, και δεύτερο η Ουρανία προσεβλήθη από φυματίωση. Οι συμφορές αυτές, συνδυασμένες με τον κατατρεγμό, την οικονομική καταστροφή και το σκοτωμό του Κώστα, με ξεθεμέλιωσαν κυριολεχτικά. Η φύση μου με βοηθάει να φέρνομαι με κάποια στωικότητα μπροστά στις κρίσιμες στιγμές της ζωής μου, αλλ' αυτή τη φορά ομολογώ πως νικήθηκα. Έκλαψα περισσότερο από κάθε άλλη φορά, και απογοητεύτηκα όσο ποτέ.

20/5/45. Ξαφνικά κι αναπάντεχα κάπου στην πλατεία Θεάτρου ένοιωσα το στήθος μου να φρουμάζει, κι αμέσως το στόμα μου γέμισε αίμα!...
Τα 'χασα. Σύρθηκα ως του γιατρού του Μαυραγάνη, ο οποίος μου συνέστησε ανάπαυση, και μετά ακτινογραφία και εξέταση πτυέλων. Γύρισα στο ξενοδοχείο της οδού Ευριπίδου όπου έμενα, με το κεφάλι και την ψυχή σωστό Βεζούβιο εν δράσει. Σκληρές προσπάθειες ν' αναθαρρήσω, γιατί σοβαρά κινδύνευα να αυτοκτονήσω, πέφτοντας κάτου από το μπαλκόνι

του τρίτου ορόφου του ξενοδοχείου που έμενα. Τρομερό!

21/5/45. Σαν σήμερα γιόρταζε άλλοτε ο αδερφός μου ο Κώστας. Σαν σήμερα γνωρίζαμε στο σπίτι μας στη Νεμέα την πιο μεγάλη χαρά - τη χαρά της νιότης, της δικής μας και της φύσης - και σα σήμερα - σήμερα μαθαίνω ότι είμαι φυματικός!... Έτσι το ήθελε το φριχτό ριζικό μου. Μ' έφαγαν ο πόλεμος, η κακία του κόσμου, κι η ευαισθησία μου.

22/5/45. Φαρμακερό γράμμα στην Ουρανία. Της γράφω τη συμφορά μου και την απελευθερώνω από το δεσμό μας. Και βέβαια έχω και πυρετό. Δευτερώνει το κακό και... ελπίζω να τριτώσει αύριο με την εξέταση των πτυέλων. Τρικυμία στο μυαλό, ενώ κάτου στην Ευριπίδου χαλάει ο κόσμος από τις φωνές των υπαίθριων πωλητών.

23/5/45. Το έστειλα το γράμμα στην Ουρανία, κι ότι θέλει ας γίνει. Μετάνιωσα μπορώ να ειπώ γι' αυτό που έκανα - για το γράμμα προς την Ουρανία - αλλά τώρα πια είναι αργά.

Μάης 1932 , Μάης 1935 , Σεπτέμβρης 1941 , Μάης 1945 είναι μήνες έναρξης τραγωδιών για μένα. Νίκησα στις τρείς κατά σειρά πρώτες περιπτώσεις, και παρ' όλη την απελπισία που με κατέχει τώρα, θα πρέπει να πιστέψω πως θα νικήσω και πάλι. Σε λίγο θα πάρω την απάντηση για τα πτύελά μου, που θα βαρύνει σημαντικά στο πάρσιμο τούτης ή εκείνης της απόφασης.

Αργά βράδυ. Επειδή έχω πυρετό δεν μπόρεσα να μάθω τ' αποτελέσματα για τα πτύελα - γιατί άλλωστε να μην κλάψω αύριο, αφού μπορώ να τ' αποφύγω σήμερα;

24/5/45. Πέρασα την πιο ανήσυχη νύχτα, με λιάνισαν η πίκρα, ο πυρετός κι η αγωνία. Και φυσικά , δεν έχω κανέναν κοντά μου.

25/5/45. Τέλειωσα κάποιο επίκαιρο γράψιμό μου, με τον τίτλο: "Ο Τέταρτος". Πρόκειται για σπαραχτικό στεναγμό οδύνης κι απόγνωσης, για δακρύβρεχτη διαμαρτυρία στον ίδιο το θεό, για τη σκληρή μοίρα που επεφύλαξε σε όλους μας, σε όλο το Γλαρεταίϊκο.

Σε λίγες μέρες υποχώρησε ο πυρετός και στάθηκα πάλι στα πόδια μου. Κατέβηκα μάλιστα και στη Νεμέα για να ιδώ την Ουρανία, για να της πω από κοντά τα συμβάντα μου, και λοιπά. Η Ουρανία έλλειπε, είχε αρρωστήσει πριν δυό μέρες, και την είχαν πάει στο νοσοκομείο στην Κόρινθο. Πήγα και την είδα την άλλη μέρα. Είχε πυρετό, και έβηχε άσχημα. Από το νοσοκομείο της είπαν να πάει στην Αθήνα, γιατί ή κατάστασή της ήταν σοβαρή.

Ανεβήκαμε μαζί στην Αθήνα - η Ουρανία, η Ελένη κι εγώ, καταλύσαμε δε σε κάποιο ξενοδοχείο στην οδόν Δώρου. Από το γιατρό το Μαυραγάνη, τις εξετάσεις των πτυέλων, καθώς και τις πλάκες, επιβεβαιώθηκε η συμφορά - η Ουρανία ήταν άρρωστη από φυματίωση !...

ΙΟΥΝΗΣ 1945. Η προσωπική μου περίπτωση παρουσιάζεται βελτιωμένη κάπως, αλλά της Ουρανίας η κατάσταση χειροτερεύει από μέρα σε μέρα. Είμαι καταμεσής στο σταυροδρόμι των σκέψεων, να φύγω ή να μείνω κοντά της. Βρίσκομαι σε πολύ μεγάλο δίλημμα. Αν πάρω τον πρώτο δρόμο θ' αποφύγω πολλές περιπέτειες και λύπες, και θα σωθώ από ολοκληρωτικό αφανισμό που έρχεται με φούρια καταπάνω μου. Κάνοντας όμως έτσι θα έχω προδώσει κάθε ιδανικό μου, θα έχω προσβάλλει ό, τι εκλεχτό και ωραίο προσκύναγε ως τώρα η ψυχή μου. Γι' αυτό και θα μείνω κοντά της.

Στην προσπάθειά μας να τη γιατρέψουμε τα δώσαμε όλα,

αδιαφορήσαμε τελείως για τον εαυτό μας, ιδιαίτερα δε με κατέπληξε η αυτοθυσία της αδερφής της, της Ελένης. Έτσι, αντί να τη βάλλουμε στη "Σωτηρία" και να αποφύγουμε το σταυρό, τη μεταφέραμε στο Χαλάνδρι, και ζήσαμε πλάι της.

ΙΟΥΛΗΣ 1945. Τα καθημερινώς πολλαπλασιαζόμενα οικονομικά μου χάλια, ήρθε να διορθώσει κάπως μια επιταγή διακοσίων δολαρίων από τους θείους μου από την Αμερική. Η ωφέλεια ήταν πιο μεγάλη στο ηθικό μου ιδίως, που είχε ξεπέσει πάρα πολύ. Υποφέρω εν τούτοις απαίσια. Είμαι διαρκώς ζαλισμένος από τις ασίγαστες και ακατανίκητες σκέψεις της φοβερής καταστάσεώς μου, και τη νύχτα με βασανίζουν εφιάλτες. Η Ουρανία κατακαίγεται από τον πυρετό, και τραντάζεται ολόκληρη από τον πολύ κι αλλόκοτο βήχα, χωρίς κανένα παρήγορο σημάδι.

ΑΥΓΟΥΣΤΟΣ 1945. Και βέβαια έχουμε και χειρότερα: λαβαίνω τηλεγράφημα από την ξαδέρφη μου τη Ντίνα ότι είναι άρρωστη, και πηγαίνοντας να την ιδώ τη βρίσκω τρελή!!!... Έμεινα περί τις 10 μέρες κοντά της, κι έστυψα κυριολεχτικά την ψυχή μου, για να τη βοηθήσω, στην κρίση της.

Ναι, συνεχίζεται το κακό: πέθανε ο θείος μου ο Σταύρος! Είναι να τρελαθεί κανείς, μ' αυτή την επέλαση των συμφορών και του θανατικού.

Αποφάσισα να ξαναφτιάξω το μαγαζί της Νεμέας, για συνεταίρο δε είχα προκρίνει το Λάμπη τον Παρασκευόπουλο, αλλά δυστυχώς πάει στρατιώτης. Έτσι αναγκαστικά κατέληξα στο Σπύρο το Σταύρακα. Αυτός ο άνθρωπος είναι χειρότερο οικονομικό ρημάδι από μένα, διαθέτει όμως μια αξιόλογη ενεργητικότητα, καθώς και ζηλευτή ευλυγισία, που ως γνωστό είναι από τα κύρια εμπορικά προσόντα. Ορκίζομαι και πιστεύω για μια ακόμα φορά στις ηθικές δυνάμεις.

ΣΕΠΤΕΜΒΡΗΣ 1945. "... Κι αν της ζωής σου το έργο μπορείς να το βλέπεις συντρίμμια, και να σκύβεις ξανά, να το χτίζεις ξανά, με φθαρμένα εργαλεία..." (είναι λόγια του Kipling). Σ' αυτή την κατάσταση βρίσκομαι στο σημερινό μου ξεκίνημα. Πιστεύω όμως στην επιτυχία μου, και η πίστης μου αυτή δικαιώνεται μέρα με την ημέρα.

Συμβάλλομαι επί προμηθεία με τον κ. Σταϊκίδη, κι έτσι αποκτώ μια σταθερή εμπορική βάση στην Αθήνα, στην οδόν Σοφοκλέους. Σ' αυτή μου την ενέργεια αποδίδω μεγάλη σημασία, γιατί προορίζεται να με φέρει σε επαφή με ολόκληρη την αγορά Αθηνών - Πειραιώς, τα μέγιστα δε να με βελτιώσει ως έμπορο.

Η Ουρανία το βιολί της. Περνάει μια τρομερή κρίση συνεπεία πνευμονικής διάρρηξης, που φτάνει ως το σημείο να βγάζει υγρό από το στόμα. Ο Μαυραγάνης την ξέγραψε, και μας συνέστησε να της ετοιμάσουμε τα νεκρικά, αλλά τελικά σώθηκε χάρις σε κάποιο γιατρό ονόματι Κατσιλάμπρο.

ΟΧΤΩΒΡΗΣ 1945. Οι δουλειές μου εξελίσσονται ικανοποιητικά, εργάζομαι δε σκληρότατα.

Παίρνω ακόμα διακόσια δολάρια από το θείο μου Τομ. Λαβαίνω επίσης και την πρόσκληση για την Αμερική, την οποίαν και υποβάλλω

ΝΟΕΜΒΡΗΣ 1945. Προχωρώ περίφημα στις δουλειές μου, κι εκείνους που ως τα χθες τους θεωρούσα για σπουδαίους εμπόρους, τους βλέπω τώρα... αφ' υψηλού.

ΔΕΚΕΜΒΡΗΣ 1945. Μπορώ να ειπώ ότι βρίσκομαι στο κατακόρυφο της ανιούσης μου. Προσβάλλομαι από κρυολόγημα σ' ένα ταξίδι μου στη Λειβαδιά, κι αδυνατώ να περιγράψω τον τρόμο που δοκίμασα, γιατί το θεώρησα για καινούργια πλευρίτιδα - σαν εκείνη του '35. Ευτυχώς το πρόλαβα το κακό κι έγινα γρήγορα καλά, δοκίμασα δε άγρια χαρά για τη διάσωσή μου από καινούργιες περιπέτειες.

ΓΕΝΝΑΡΗΣ 1946. Χάνω κάμποσα χρήματα, από πτώση της τιμής της σταφίδας.   Η κατάσταση της Ουρανίας όλο και χειροτερεύει, και γι' αυτό καταγινόμαστε για την απόκτηση εισιτηρίου για τη "ΣΩΤΗΡΙΑ". Νοιώθω αβάσταχτη ψυχική κούραση.

ΜΑΡΤΗΣ 1946.
    Επί τέλους η Ουρανία μπαίνει στο νοσοκομείο. Είναι σε φοβερά χάλια, σ' αυτό δε το μήνα διέτρεξε πολλές φορές τον έσχατο κίνδυνο. Είμαι υποχρεωμένος να εγκαταλείψω τη μεγάλη πέτρα του σταυροδρομιού όπου τώρα κάθομαι, και μάλλον αποφασίζω να βγω από τη δυσάρεστη αυτή κατάσταση - να εγκαταλείψω δηλαδή την Ουρανία, μια και οι ελπίδες για την διάσωσή της είναι πια ελάχιστες. Σχετικά εξηγούμαι καλύτερα σ' ένα ιδιαίτερο σημείωμά μου, γραμμένο στις 26 αυτού του μήνα. Εν τούτοις η ευγένεια αυτών των ανθρώπων, και προ παντός η αλλόκοτη δυστυχία τους, εξασκούν απάνω μου μια ακατανίκητη επίδραση - με αφοπλίζουν...

ΑΠΡΙΛΗΣ 1946. Αποτολμώ μια μεγάλη παραγγελία θειαφιού, από το οποίο και περιμένω πολλά κέρδη.

ΜΑΗΣ 1946. Υποφέρω από μια φοβερή ατονία, και προσπαθώ παντοιοτρόπως να συνέλθω, αλλά χωρίς αποτέλεσμα.   Οι επισκέψεις μου στην Ουρανία αραιώνουν - είναι φοβερή η ψυχική, αλλά και η σωματική μου κόπωση. Ευτυχώς η ταλαίπωρη αυτή αρχίζει κάπως να συνέρχεται.

ΙΟΥΝΗΣ 1946. Καθολική ψυχοσωματική αποδιοργάνωση - περπατάω σχεδόν τρικλίζοντας.

ΙΟΥΛΗΣ 1946. Τα περιώνυμα θειάφια δεν εφορτώθηκαν, κι έτσι αντί των "πολλών κερδών" που λογάριαζα, ζήμιωσα κάμποσα χρήματα. Παρά ταύτα εξακολουθώ να πιστεύω πως η εισαγωγή εμπορευμάτων εκ του εξωτερικού, είναι η πιο επικερδής δουλειά. Γι' αυτό και ανακατεύτηκα με εισαγωγή καφέδων.

ΑΥΓΟΥΣΤΟΣ 1946. Για να ανακτήσω τις δυνάμεις μου, πηγαίνω να περάσω λίγο καιρό στη Βυτίνα, όπου είχε πάει προς τούτο και ο φίλος μου ο Τσερμπές. Μαζί μου έχω και τη Βασιλική του Πιπέρη, αρχίσαμε δε θαυμάσια τον παραθερισμό μας. Δυστυχώς, μετά δεκαήμερο περίπου αρρωσταίνει βαριά ο Τσερμπές, και πεθαίνει - ξενύχτισα κι ένα βράδυ παραστέκοντας τον άρρωστο φίλο μου, γιατί η γυναίκα του είχε "φέξει" από την πολλή ξαγρύπνια. Μετά απ' αυτό κατεβήκαμε όλοι στο Άργος για την ταφή. Είναι απερίγραφτη η πίκρα όλων μας, ο δε επικήδειος που έβγαλα στον αξέχαστο φίλο μου, ήταν πολύ συγκινητικός. Έτσι διεκόπη ο παραθερισμός και γύρισα πάλι στην Αθήνα, με εντελώς άδεια χέρια από πλευράς ανάκαμψης της υγείας μου.

ΟΧΤΩΒΡΗΣ 1946. Κατακαίομαι από πυρετό δραστηριότητας και ελάχιστα αντιλαμβάνομαι την καλώς εννοούμενη ζωή, που περνάει φευγαλέα πλάι μου και χάνεται για πάντα. Θυσιάζω το παρόν, που είναι ολότελα δικό μου, για χατίρι του μέλλοντος, που είναι τόσο αβέβαιο. Η ίδια ιστορία. Η ιστορία των περισσοτέρων ανθρώπων που πεθαίνουν σήμερα για να ζήσουν καλύτερα αύριο. Αύριο!... Αχ! αυτό το ασύλληπτο αύριο, που για τους πιο πολλούς μας δεν γίνεται ποτέ "Σήμερα"...
Την Ουρανία τη βλέπω μονάχα οσάκις έρχεται - πεζή βέβαια - στο Χαλάνδρι. Μου είναι ψυχικά αδύνατο να την

επισκέπτομαι στη "Σωτηρία". Εξελίσσεται ικανοποιητικά και φαίνεται πως θα γίνει οπωσδήποτε καλά. Στην ψυχή της απλής αυτής γυναίκας φωλιάζει μια πανίσχυρη θέληση, και μια υπομονή καταπληκτική, γι' αυτό και θα νικήσει.

ΝΟΕΜΒΡΗΣ 1946. Τα οικονομικά μου βελτιώνονται μέρα με την ημέρα, και εκτός απροόπτου μπορώ βάσιμα να υπολογίζω σε μια σύντομη και ολοκληρωτική οικονομική ανεξαρτησία. Στο μυαλό μου στριφογυρίζουν τα πιο μεγαλεπήβολα σχέδια, και είμαι αποφασισμένος να παίξω ανοιχτά και σε μεγάλους πόντους. Όλα καλά αλλά κατατρύχομαι από μια τρομερή νευρασθένεια, και καταλαβαίνω τον εαυτό μου πολύ εξαντλημένο.

ΔΕΚΕΜΒΡΗΣ 1946. Ξαφνικά, όλα ανατρέπονται, κι από τις ψηλές κορφές της επιτυχίας και της χαρούμενης ζωής που προσέγγιζα να φτάσω, γκρεμίζομαι ξαφνικά στο χάος, στα τάρταρα. Έπαθα και πάλι αιμόπτυση, και το χειρότερο, τα πτύελά μου είναι θετικά!...

Πέρασα μια κρίση άνευ προηγουμένου στην πλούσια ιστορία των ασθενειών μου, και πολλές φορές σκέφτηκα το θάνατο - άσε που σε μια αιμόπτυση παρ' ολίγο να πνιγώ, από το αίμα, από αναρρόφηση!...

ΓΕΝΝΑΡΗΣ 1947. Είμαι καλύτερα και φαίνεται πως θα ζήσω, αν μη τι άλλο, τουλάχιστον για να γνωρίσω καινούργιες, χειρότερες συμφορές. Η Ουρανία μ' επισκέφτηκε δυό φορές, χωρίς βέβαια να μάθει τίποτα για τη συμφορά μου, που όπως διαμορφώνονται τώρα τα πράγματα, μπορεί να θεωρείται και δική της συμφορά.

ΦΛΕΒΑΡΗΣ 1947 Πήγα σε δυο καθηγητές, και μου καθόρισαν μια καινούργια, κάπως ενεργητικότερη   ζωή.

Βελτιώνομαι μέρα με την ημέρα, και αναθαρρώ κάπως.

Τα οικονομικά μου ως ήταν επόμενο χειροτερεύουν, ελπίζω όμως να γίνω εγκαίρως καλά, για ν' αποφύγω την καινούργια οικονομική διάλυση, που επέρχεται ραγδαία.

Η Ουρανία με επισκέφτηκε και πάλι, η αλληλογραφία δε που ανταλλάσσουμε, και κυριότερα ο κοινός πόνος, μας δένουν μέρα με την ημέρα, όλο και περισσότερο.

25 ΜΑΡΤΗ '47. Βρίσκομαι στο Χαλάνδρι υπό ανάρρωση, μετά την προσβολή μου από φυματίωση. Ο καιρός είναι μάλλον νεφελώδης, αλλά τίποτα δεν λιγοστεύει την ομορφιά της μέρας. Η Άνοιξη παρελαύνει παντού θριαμβευτικά, και το μεγαλείο της Εθνικής μας γιορτής προβάλλει σ' όλη του τη λάμψη και την τραγική μεγαλοπρέπεια. Κρίμα μόνο που τώρα ο εμφύλιος πόλεμος, η φαρμακερή αυτή κόμπρα, δαγκώνει με λύσσα την ψυχή μας, κι έτσι όλα μέσα μας είναι πένθιμα, βαριά, νεκρωμένα.

ΑΠΡΙΛΗΣ 1947. Πέθανε ο βασιλιάς Γεώργιος ο Β .

Το Πάσχα μας ήρθε και η Ουρανία, και κάναμε χρυσή παρέα. Τώρα τελευταία γράφω πολύ συχνά στην Ουρανία, μερικά δε μάλιστα από τα γράμματά μου έχουν ανώτερη πνοή και τέχνη. Ομολογώ πως τώρα μ' απασχολεί πολύ περισσότερο από κάθε άλλη φορά, τόσο που - για πρώτη φορά - ζηλοτύπησα λίγο, εξαιτίας της αλληλογραφίας της με κάποιον τρίτον... Πήρα γράμμα από το θείο μου τον Τομ, καθώς και επιταγή χιλίων δολαρίων.

Έκανα εξέταση πτυέλων και για πρώτη φορά - επί τέλους! - βρέθηκαν αρνητικά. Αισθάνομαι αρκετά καλύτερα, αλλά η ολοκληρωτική αποκατάσταση της υγείας μου είναι ακόμα μακριά, σκληροί δε και συνεχείς πρόσθετοι αγώνες θα χρειαστούν προς τούτο. Η δίψα για ζωή, τα όνειρά μου, καθώς και οι βαριές υποχρεώσεις μου στα παιδιά μου (εννοώ τ' ανίψια μου), ελπίζω να μου δώσουν όλη τη χρειαζούμενη δύναμη για τη νίκη.

ΜΑΗΣ 1947. Μπήκε με τις καλύτερες ενδείξεις τούτος ο μήνας: Νοιώθω πολύ καλύτερα αφ' ενός, αφ' ετέρου κατάφερα και ψευτοσιγούρεψα τα εναπομένοντα λίγα χρήματά μου, επίσης συμφώνησα με το Σταύρακα να παίρνω κάποιο στοιχειώδες κέρδος, για τη συντήρησή μου, πλέον δε σιγούρεψα και το μαγαζί της Νεμέας - φύλαξε τα ρούχα σου, για να 'χεις τα μισά...

Έτσι ανακουφίστηκα σημαντικά, γιατί απαλλάχτηκα από τη διαρκή ανησυχία που προκαλεί η παρακολούθηση τιμών κ.λπ. - προ παντός άλλου, έχω ανάγκην ηρεμίας. Αλλά εν τούτοις και δυστυχώς, ελάχιστες μόνο μέρες κράτησε ο εν λόγω ψυχικός μου κατευνασμός. Κάποιες καινούργιες αφορμές αναφάνηκαν για να με βασανίζουν, και μάλιστα οι πιο πολλές από δαύτες είναι κουτές.

Και όμως πρέπει, οφείλω να ηρεμήσω, και θα ηρεμήσω. Γιατί μόνο έτσι θα καταφέρω να πραγματοποιήσω τη σωματική και ψυχική μου ανοικοδόμηση. Και να μπορέσω στη συνέχεια να κάνω χρήματα, να μορφωθώ, να πάω στην Αμερική, να προστατέψω επαρκώς τ' ανίψια μου, να παντρευτώ, ακόμα ν' αποχτήσω και παιδιά. Ένας άνθρωπος σαν και μένα, που γεννήθηκε στο σκοτεινό υπόγειο της φτώχειας και του κατατρεγμού της μοίρας και που παρ' όλα αυτά μπόρεσε ν' ανέβει στο φως, και να διακριθεί, δεν μπορεί παρά πάντα να νικάει, να νικάει τα πάντα, ακόμα και τη μοίρα του.

"Όποιος δεν έχει υγεία δεν έχει τίποτα". Σωστά. Έτσι, κι εγώ τώρα που είμαι άρρωστος δεν έχω τίποτα, τίποτ' άλλο εκτός από τη θέληση. Τη θέληση να γίνω καλά. Και τότε πια τα πάντα θα είναι δικά μου. Δεν θα θεωρήσω πως έκανα τίποτα το σημαντικό στη ζωή μου, αν δεν κερδίσω την τωρινή μάχη. Και θα την κερδίσω οπωσδήποτε, και μάλιστα σύντομα, και οριστικά.

Από ραδιοφώνου μεταδίδονται πολλά ωραία, τερπνά, χρήσιμα και διαδαχτικά πράγματα, καταλαβαίνω δε ότι ωφελούμαι πολύ, παρακολουθώντας τα. Θαρρώ πως θα θυμάμαι για χρόνια τη βιογραφία του ορφανού κι απροστάτευτου Ηπειρώτη ονόματι Καπλάνη, που άκουσα σήμερα. Χάρις στην προσωπική του αξία όχι μόνο πλούτισε, αλλά έγινε επίσης και λαμπρός άνθρωπος, και εθνικός ευεργέτης.   Να και δυό - τρία ακόμα κείμενα αυτών των εκπομπών, που πολύ μου άρεσαν.

ΠΙΣΤΙΣ Σκοποί και Ιδανικά

Κάθε άνθρωπος πρέπει να έχει κάποιο ανώτερο σκοπό στη ζωή του, κάποιο μεγάλο ιδανικό για την πραγματοποίηση του οποίου να μη διστάζει ακόμα και για την υπέρτατη θυσία.

Δεν έχει καμιά σημασία αν γεννηθήκαμε σ' ένα παλάτι ή σε κάποιο καλύβι. Έχουμε όλοι μας τις ίδιες δυνατότητες να διακριθούμε και να καταχτήσουμε τη ζωή, αρκεί να το θέλουμε. Κανένας άνθρωπος και κανένας δαίμονας δεν μπορεί ν' αντισταθεί στην ορμή και τη θέληση εκείνου που ξέρει να θέλει κάτι, όσο μεγάλο κι αν είναι αυτό το "κάτι", φτάνει να είναι ευγενικό και συγκεκριμένο.

Η υπέρτατη αυτή πίστη ανέδειξε το Γαλιλαίο, τον οποίον δεν έκαμψαν ούτε οι δυσκολίες της ζωής, ούτε οι απειλές, ούτε η φυλακή, ούτε η αρρώστια, και δεν μπόρεσε να τον αποστήσει του σκοπού του ούτε κι αυτή ακόμα η τύφλωσή του.

Ο απόδημος ελληνισμός είναι η καλύτερη απόδειξη του θαύματος της αυτοδημιουργίας.

Η ΑΞΙΑ του ΧΡΟΝΟΥ

Η χαμένη περιουσία ξαναγίνεται με βαριά δουλειά και οικονομίες. Η μόρφωση αποχτιέται με τη φιλομάθεια, καθώς κι η υγεία ξαναγυρίζει με την εγκράτεια και τα φάρμακα, ο χρόνος όμως που έφυγε δεν γυρίζει πίσω πιά.

Δεν υπάρχει χειρότερη σπατάλη και μεγαλύτερο κρίμα από τη σπατάλη του χρόνου, και για τίποτα δεν τιμωρούμαστε σκληρότερα στη ζωή μας.

Αν ο μεγάλος και σοφός Νεύτων κρατούσε παντού ρολόι, χαρτί και μολύβι για να μη χάνει ούτε κι ένα λεπτό, τότε τι θα πρέπει να κάνουμε εμείς οι απλοί άνθρωποι ;

Η Αγγλική παροιμία "Time is money", ελάχιστα και μόλις - μόλις μας φανερώνει την ανέκφραστα μεγάλη σημασία και σπουδαιότητα του χρόνου.

Ο χρόνος είναι ένα κομμάτι από τη ζωή μας: είναι η ίδια η ζωή μας. Κι' όταν λέμε χρόνο εννοούμε, ακόμα και περισσότερο και ιδιαίτερα τα λεπτά, τις στιγμές, τα δευτερόλεπτα. Γιατί από κει ξεκινάει το κακό. Όσο πιο πολύ αισθανόμαστε, τόσο και πιο πολύ ζούμε. Και ζούμε πιο πολύ όταν αγαπάμε και νοιώθουμε και σεβόμαστε και αξιοποιούμε το χρόνο, ακόμα και την τελευταία του στιγμή, που περνάει βιαστικά από μπροστά μας και χάνεται και δεν ξαναγυρνάει.

Περί φτώχειας και κακοτυχίας

Τα σπουδαιότερα πράγματα στη ζωή μας τα μαθαίνουμε στο σχολείο της κακοτυχίας.

Καμιά αντιξοότητα δεν πρέπει να μας λυγίζει. Η ανάγκη κι η κακοτυχία μάς τροχίζουν τη θέληση, και στέκονται κύριες αφορμές για την άνοδό μας.

Οι Αθηναίοι έστησαν ανδριάντα στο δούλο Αίσωπο, ακριβώς για τη φτώχεια και την κακοτυχία του.

Οι μεγαλύτεροι άνθρωποι της ιστορίας, δοκιμάστηκαν άγρια και για πολύ καιρό πριν διακριθούν.

Τίποτα Δεν Γίνεται Χωρίς Κόπο

Όσο ταπεινός κι αν είναι κι όσο χαμηλά κι αν βρίσκεται κανείς, κι όσες κι αν είναι οι στερήσεις που τον δέρνουν, κι αν ακόμα του λείπουν όλα, δεν πρέπει να πιστεύει πως δεν μπορεί να γίνει κάποιος μια μέρα. Ο Edison, κι ο Stevenson και τόσα άλλα φτωχόπαιδα της ιστορίας που έγιναν μεγάλοι, μας το αποδείχνουν.

Χρειάζεται όμως θέληση και πίστη και δουλειά, κι όλα αυτά συγκεντρωμένα σ' ένα σκοπό. Οι ελεύθερες ώρες μας, καλά χρησιμοποιημένες, μπορούν να μας φέρουν κοντά, και ψηλότερα ακόμα από κάθε όνειρο, κι από κάθε προσδοκία μας.

ΙΟΥΝΗΣ 1947. Βρίσκομαι στα Τρίκαλα της Κορινθίας, σκοπός μου δε είναι η αποκατάσταση της υγείας μου. Είμαι πολύ ευχαριστημένος από το μέρος, και αισιοδοξώ ότι θα πετύχω του σκοπού μου.

Τελευταία διαβάζω κάποιο Ψυχοεκπαιδευτικό Σύστημα, του Αθανασούλη, το βρίσκω δε πολύ ενδιαφέρον. Αξιόλογα επίσης είναι και μερικά άλλα της αυτής κατηγορίας βιβλία, όπως του Jackot, του Carton, του Adler κ.λπ. Και κοντολογίς θα προσπαθήσω να επωφεληθώ των οδηγιών τους για την όλη ανάπλασή μου, στο μέγιστο δυνατό βαθμό.

Βοηθάω λίγο την Ελένη στα Αγγλικά, κι αυτό με ευχαριστεί ιδιαίτερα. Συνέδραμα την οικογένεια του θείου μου του δάσκαλου, καθώς και τους Λιαπαίους, για να έρθουν να παραθερίσουν εδώ. Και προσπαθώ να φέρω και τα Γλαρετάκια, αν και δεν πολύ - ελπίζω ότι θα τα καταφέρω.

"Ευτυχεί κανείς εργαζόμενος για τους άλλους". Ναι, αυτό είναι πολύ σωστό, και γι' αυτό θα το υιοθετήσω σαν βασική μου αρχή, σ' όλη μου τη ζωή.

Χάρις σ' ένα ραδιοφωνάκι με μπαταρίες που έχω, εκτός από τραγούδια και μουσική ακούω συχνά και το B.B.C., κι έτσι βελτιώνομαι στα Εγγλέζικα.   Η Ελένη, παρ' ότι πολύ γερή στην όψη, υποφέρει από δέκατα, κι αυτό σοβαρά με ανησυχεί

22/7/47.   Εδώ τελειώνω την περιγραφή των συμβάντων της ζωής μου, από τότε που γεννήθηκα, ως τα μέσα του Ιουλίου 1947. Από εκεί και δώθε τηρώ ανελλιπώς το σχετικό ημερολόγιο μου.

Σπύρος και Ουρανία, 1948

www.ingramcontent.com/pod-product-compliance
Lightning Source LLC
Chambersburg PA
CBHW061241120726
48001CB00001B/81